范 佳 ◎ 著

南方丝绸之路

SILK ROAD

丝茶文化及交流研究

新华出版社

图书在版编目（CIP）数据

南方丝绸之路丝茶文化及交流研究 / 范佳著 . —北京：新华出版社，2022.1

ISBN 978-7-5166-6182-6

Ⅰ.①南… Ⅱ.①范… Ⅲ.①丝绸之路—文化交流—文化史—研究—南方地区 Ⅳ.① K203

中国版本图书馆 CIP 数据核字（2022）第 021203 号

南方丝绸之路丝茶文化及交流研究
著　　者：范　佳

责任编辑：赵怀志
封面设计：顽瞳书衣

出版发行：新华出版社
地　　址：北京石景山区京原路 8 号　　　　**邮　　编：**100040
网　　址：http://www.xinhuapub.com
经　　销：新华书店
购书热线：010-63077122　　　　　　**中国新闻书店购书热线：**010-63072012

照　　排：北京人文在线文化艺术有限公司
印　　刷：三河市龙大印装有限公司
成品尺寸：170mm×240mm　　1/16
印　　张：16　　　　　　　　　　　**字　　数：**214 千字
版　　次：2023 年 1 月第一版　　　　　**印　　次：**2023 年 1 月河北第一次印刷
书　　号：ISBN 978-7-5166-6182-6
定　　价：65.00 元

南方丝绸之路是一条横贯中国、东南亚、南亚直至欧洲，跨越南海、印度洋连接亚欧大陆的重要国际政治、经济、文化等国际通道。现有研究成果和大量考古、文献资料表明，南丝路沿线区域有着长期且持续的交往关系，各区域在交往中相互在政治上取得平衡，经济上进行交流，文化上相互影响。因此，南方丝绸之路研究不仅对于中国政治、经济、文化等研究有着重要的意义，对于亚欧地区的政治经济和文化研究也有着重要的意义。

从古典文献学角度对南方丝绸之路进行研究是本书的重点。现有南方丝绸之路的研究成果多囿于考古领域，学者对南丝路秦汉时期之前的研究关注更多，成果也更多，对南丝路汉魏时期以后的研究则相对缺乏。本书以文献为基础，对南方丝绸之路研究的时间段更多是延伸至汉魏以后，在考古学研究成果的基础上，充分占有古典文献资源，以丝绸和茶叶为主要研究对象，对涉及南丝路丝茶经济文化交流的历史主要线索和主要特征进行了较为深入的研究和论证。在对南丝路茶叶、丝绸相关文献进行整理、比较、解读的基础上，基于文献实证分析形成本书的主要观点。

在南方丝绸之路经济文化研究的大背景下对丝绸文化及交流情况进行探讨。南方丝绸之路的经济文化交流研究一直是丝绸之路研究中的重点，丝绸之路存在的基础是地区间经济文化交流的强烈需求，政治互信、经济发展、文化互补一直是丝绸之路沿线地区进行交往的原因。南丝路的经济文化交流对国家政治、社会发展都产生了重要影响，将其中的问题探讨清楚有助于更好地理解国家交往中的目的和意义，认识经济发展的原因和动力。分析不同地区间文化形因，相互影响下地区文化所呈现出的相同与不同之特征及南丝路文化圈的特性。

　　丝绸和茶是南方丝绸之路经济文化交流研究中最主要的两种经济形态和文化形态。"国家置市舶司于泉、广，招徕岛夷，阜通货贿，彼之所阙者，丝、瓷、茗、醴之属，皆所愿得。"在很长的历史时期中，中国出口的商品主要如文献所述，其中足见丝绸、茶叶在中国古代经济中的重要地位。丝绸在古代欧亚国家之间的商贸活动中起着货币功能，其原因在于丝绸这一商品在国际市场中需求旺盛。除考古资料外，大量文献资料表明丝绸对于国家经济的重要性，正如诸葛亮所说，蜀汉经济"唯仰锦也"。南丝路丝绸经济文化以成都地区为盛，同时由云南地区、贵州地区、广西地区共同支撑南丝路丝绸经济文化的发展，并由南丝路境内传播至境外东南亚地区，从文献来看，有明显的传播线索和接受演变过程。南丝路茶业经济文化也以巴蜀地区为典型，并由南方民族地区茶业经济文化共同发展进步为整体趋势，以历史时期为线索，沿南丝路区域由北至南再出国境到达东南亚地区，在沿线区域呈现出明显的经济文化发展脉络。巴蜀茶业文化沿南丝路向云贵地区、东南亚辐射和发展，南丝路茶业经济后期的商业发展，由于受茶叶专卖、茶马贸易等官方政治经济因素影响，发展逐渐缓慢并受到境外茶业经济的较大冲击。

　　巴蜀地区是南丝路经济文化发展和传播的中心之一。南丝路丝绸和茶叶经济文化均与巴蜀地区有着密切关系，其经济文化发源、形成、演变在巴蜀地区都有着明显表现。本书以大量文献证明，巴蜀地区是丝绸和茶经济文化交流的主要地区，沿南丝路区域、巴蜀地区的经济文化发展对沿线地区均产生了重要影响，巴蜀地区是南丝路丝绸和茶经济发展的中心之一，同时也是丝绸和茶文化在南丝路形成和传播的中心之一。

　　南丝路经济交流中丝绸货币金融圈的存在。丝绸以货币功用在南丝路经济发展中产生作用并影响经济，从文献实证研究来看，表现在南丝路的朝贡贸易中，丝绸占据了朝贡贸易的主要经济份额，南丝路经济发展中除茶马贸易外，绢马贸易也是经济交流的主要形式，丝绸在南丝路经济运行中承担过赋税缴纳、实物货币、互市货币等重要经济职能，丝绸是南丝路区域国库、军资的重要来源。

最后，需要说明的一点是，本书以"丝绸"和"茶"为主要研究对象，在相关文献的使用上并没有进行明确的历史时期分段，而是围绕二者将文献进行整合并分析。

南方丝绸之路途经区域包括中国南方地区、东南亚地区、南海岛国、南亚地区及欧洲部分地区，从中国南方沿东南亚、南海、印度洋到达欧洲，是横跨亚欧大陆及印度洋海域的重要政治经济文化交流通道。

南方丝绸之路普遍存在地区和国家间的政治、经济、文化、民族等交流关系，相互影响较深，因为地缘关系和区域间政治经济发展的需要，持续不断的各方面交流融合一直存在于南丝路，使得南丝路地区逐渐成为政治经济文化上的共同体。

经济文化交流是南丝路各地区之间最重要的关系形式。不同地区从经济文化交流中得以实现政治交往的目的，并实现不同文明之间的物质交换，互通有无，不同的经济文化因素使得文明的发展更具生命力。从现有考古成果来看，南丝路存在已超过几千年，千年来经济文化交流从未中断，一直伴随南丝路各个文明、民族和政权的存在。经济文化交流是南丝路得以延续发展的根本动力。文明的发展从来都不可能是孤立的，外来文化的新鲜血液会带来很多有益的因素，完善本国文明，推动经济发展。经济文化交流是国家之间最稳定的形式和最永恒的利益，南方丝绸之路在海路上与海上丝绸之路相连，共同构成重要的国际贸易通道，中国的特产丝绸、茶叶、瓷器等商品正是沿南丝路和海丝路运往东南亚和欧洲，而东南亚、欧洲的商品也正是沿这条交流通道运往中国。当然，随之而来的，还有地区间先进生产技术，不同宗教、民俗、文化形态等的相互交流，并且可以明显看出地区间相互影响与接受的痕迹。从三星堆文明开始，南丝路巴蜀文化中便表现出明显的东南亚、南亚及欧洲文化因素。例如，象牙文化、海贝文化等，这些都具有明显的外来文化特征。而史书中也有文献明确记载，缅甸音乐文化对中原音乐文化及巴蜀音乐文化的发展产生过影响。中国西南地区珍宝、玉石、琥珀、香料等物品的传入，从文献记载来看，其主要来源应该是东南亚地区、南亚地区甚至包括中亚地区。

丝绸和茶叶是南丝路中最重要的两项经济文化交流载体。丝绸之路的名称由来自然与"丝绸"密不可分，研究者已经明确指出丝绸在北方丝绸之路中的金融货币作用，而南丝路中的"丝绸"同样具有等质作用，这一点是支撑南丝路经济文化研究整体框架的基础。在中国社会区域中，南丝路地区自古以来是生产丝绸、茶叶的主要集中地，其生产支撑着中国丝绸经济和茶叶经济的半壁，而南丝路中国一线是以巴蜀地区、云贵地区、广西地区为经济文化发展的核心区域，上述地区的经济发展左右着南丝路经济发展的消长。主要可以从以下几个方面来看。巴蜀地区是中国丝绸生产的中心之一。巴蜀地区的丝绸生产可以上溯到黄帝时期的嫘祖，由此可见巴蜀地区丝绸生产的悠久历史。《史记》中明确记载汉代时，在印度地区已有商人在贩卖"蜀布"，成都老官山汉墓考古发现有设备精良的织布机，这说明汉代时巴蜀地区的丝绸织造已相当成熟。同时，长沙马王堆汉墓中发现的帛品有"蜀锦"，新疆考古发现汉魏时期的"蜀锦"，这一切证据清晰地表明，"蜀布""蜀锦"的织造技艺已达到相当成熟的阶段，并且早已进入商业贸易的阶段，这种贸易不仅限于中国地区内，而是早已形成国际贸易的成熟市场。"蜀布"的国际贸易线路正是南丝路的经济文化交流线路。南丝路云贵地区、广西地区的丝绸产业相对于巴蜀地区虽然起步稍晚，但其织造工艺和文化也颇具特色，并在南丝路丝绸产业发展中提供了重要的支撑作用。

南丝路丝绸货币金融圈是南丝路经济交流最重要的特征。从文献来看，南丝路其他国家与中国进行经济交流的主要商品是丝绸和茶叶，尤其是丝绸，其货币金融的地位主要在于其在世界范围内广泛的需求。丝绸在欧洲贵族中有着极高的需求，因此丝绸之路沿线经济可以说均是围绕"丝绸"这一主要商品而展开。在南丝路上，境外国家在与中国的朝贡贸易中，最希望换得的商品无疑是丝绸，这在有关于南丝路朝贡贸易的文献记载中有明确表述。而丝绸在西南夷、南夷、南诏、东南亚等国都有着重要的货币意义。

　　茶马贸易对于南丝路乃至中国政治稳定有着重要意义。在中国历史上的绝大多数时期，中国政治活动的主要区域在北方，而南方地区相对于北方战事较少，统治者更希望以南方相对的政治稳定来达到经略南方的政治目的。综合分析上来看，中国统治者在南方的政治布局是保证政治的稳定和进行政治的威慑，他们并不愿意在南方地区进行大规模的战争行为，因此统治者在南方所采取的很多政治经济政策都是以稳定、羁縻、威慑为主。南丝路地区是茶叶经济文化发展较早、影响较深的地区，早期的茶叶经济发展为巴蜀地区带来的是可观的经济利益，但当统治者发现茶叶逐渐成为西北、西南少数民族包括吐蕃地区必不可少的日常生活必需品时，其经济性质开始发生改变。中国需要北方少数民族的战马，而少数民族需要中国南方的茶叶，于是中国政府便将茶马贸易赋予了政治目的和意义。从唐后期开始，中国的茶叶贸易基本失去经济自由贸易的特性，取而代之的是国家专营和专卖。这种政治经济政策带来的是在国家的主导下，茶叶在南方的广泛种植，因此整个南方包括沿海地区都有着数量巨大的茶园，整个南方地区同时拥有极其繁盛的茶叶文化，包括广大的少数民族地区。但从北宋中期开始，巴蜀地区成为政府指定的茶马专卖主要来源，即南丝路地区的茶叶主要用于"易马"，茶农所生产的茶叶不再到市场进行买卖，而是直接由政府收购。好的一面是生产的茶叶无论优劣都能卖出，不好的一面是破坏了茶叶经济的市场化发展，这为明清以后南丝路茶叶经济的衰落埋下了伏笔。

　　南丝路文化发展与经济发展密切相关。以本书中主要讨论的丝绸文化和茶叶文化来看，其文化发展过程完全是依附于经济发展的。如果没有高度的物质文明作为引领，南丝路沿线也不会形成如此丰富的文化类型。南丝路发达的丝绸文化是建立在经济发展基础上的，其传播力也是基于经济的影响力而增值，其丰富程度随着经济的变化而变化。

巴蜀地区是南丝路的起点，也是南丝路经济文化发展的核心区域之一。成都作为南方丝绸之路的起点，其商品生产、出口贸易、思想文化，对于南丝路的发展无疑都具有重要的引导和支撑作用。按照徐中舒先生的说法，成都在古蜀时期便已成为重要的自由贸易城市①，同时，"成都是连通南北丝绸之路的重要枢纽，对于古代丝绸之路经济带的形成、发展和繁荣起到了十分重要的推动作用"。②成都商品贸易自古以来便十分发达，首先成都是丝绸生产的重要基地，南方丝绸之路尚且不说，南丝路上所流通之丝绸基本产自成都，即使西域丝绸之路，也有大量丝绸来自蜀造。近年来，在新疆吐鲁番阿斯塔那——哈拉和卓古墓群中，先后出土大批织锦，均为蜀锦，其年代从南北朝到唐代均有。除此之外，早期成都的青铜器、金银器、冶铁、冶矿、竹木器、漆器等商品制造，均十分发达，商品大量对外销售。③南方丝绸之路上的贸易商品大多产自成都造或是四川造。而就茶叶生产来说，巴蜀地区无疑也是重镇。首先，从历代文献记载来看，巴蜀地区的茶叶产量和向中央提供的产量均为各地区之冠。其次，从茶叶发展历史来看，巴蜀地区是茶叶人工种植的发源地之一，对于人类茶叶文明有着不可估量的贡献。最后，从茶叶经济文化的传播路径来看，巴蜀地区的茶叶经济文化发展应该稍早于南方的云南、贵州、广西地区。南方民族有将诸葛亮视为"茶祖"的文化现象，唐代南诏时期的茶叶文化，受到魏晋时期中原和巴蜀地区茶叶文化的影响。从这些现象中，可得出茶叶经

---

① 徐中舒.成都是古代自由都市说［J］.成都文物，1983（1）：16–17.
② 段渝.成都在丝绸之路经济带中的历史地位［N］.成都日报，2015–04–15（4）.
③ 段渝.四川通史（第一册）［M］.成都：四川大学出版社，1993：127–149.

济文化从中原沿巴蜀地区向南方传播的趋势。

云南地区、贵州地区、广西地区的茶叶、丝绸经济文化发展是南丝路丝茶文化及交流的重要组成。云南地区的茶文化历史悠久、颇具特色，其禅茶文化内涵较丰富，茶叶产业在茶马贸易中得到迅速发展。明朝开始，贵州地区、广西地区先后被纳入榷茶的范围，茶叶产业均得到一定程度的发展。在丝绸文化及产业发展方面，南方民族地区也形成自身特点，丝绸织造技艺不断提高，丝绸文化成为百姓生活中不可缺少的部分，产生了各个地区的代表性丝绸品种，诗文中曾留下对这些丝绸进行吟咏的记录，还有被作为贡品的文献记录。这些因素表明南丝路地区的丝茶文化及经济交流得到较为充分的发展并产生影响。

南丝路的经济文化发展与海上丝绸之路关系密切。可以说，海丝路极大地扩展了南丝路经济文化发展的区域和影响力，尤其是宋代以后。南丝路经济文化交流线路除中、西、东三条线路外，水路上经长江经济带又沿海丝路经南海到达东南亚、南亚。考古资料、文献中均有关于巴蜀经济与长江流域地区的交流证据，而海丝路的外贸物资中也有大量巴蜀地区的特产。在古代，水路运输是最适宜的货运方式，相比南丝路只能在山路间的货运方式，海上运输具有明显的优势，于是巴蜀地区的商品也经长江向海丝路聚集。

第一章 研究现状与价值

本章主要对南方丝绸之路研究史进行梳理，对南方丝绸之路国内外研究现状进行整理。同时，对国内外主要代表性论文、论著等的不同观点进行归类和分析，明确研究者关心的问题、认同的方面、争论的焦点等，从不同观点的比较中明确南方丝绸之路已经取得的研究成果和研究进展，认识南方丝绸之路研究中的不足，分析丝绸和茶叶问题在南方丝绸之路研究中的现状与价值。

第一节 "南方丝绸之路"问题的提出

一、从"丝绸之路"到"南方丝绸之路"

"丝绸之路"这一概念的正式提出始于德国地理学家李希霍芬。1877年，李希霍芬在其著作《中国——亲身旅行和据此所作研究的成果》一书中指出，从公元前114年至公元127年间，中国与中亚、中国与印度之间存在一条以丝绸贸易为媒介的西域交通道路，李希霍芬将其命名为"丝绸之路"。"丝绸之路"这一说法一经提出便得到中外学者的一致认可并引起热议。事实上，考古资料早已证明，中国通往中亚、南亚的交通贸易通道古已有之，很多学者也已开始关注这条西域之路。

　　"丝绸之路"的说法正式提出之后，学者们对其进行了深入而全面的研究，将其内涵不断丰富和完善。李希霍芬最初以"丝绸"命名这条西域通道，缘于中国的丝绸贸易在整个中亚、南亚以至欧洲社会中，都极为发达。中国的商品——丝绸，受到印度、欧洲等贵族的喜爱，丝绸在当时是奢侈品，下层普通民众是没有能力购买的，因此，丝绸便通过这条西域通道源源不断地运往中亚、南亚和欧洲。当然，这条通道的贸易物品远不止丝绸。后来，国内外的学者研究发现，不仅中国对外贸易的商品不止于丝绸，中国对外经济文化交流的通道也不止于这条西域之路。所以，研究者逐渐提出"草原丝绸之路"，主要指从中原向北穿越古阴山、燕山一带长城沿线，经蒙古草原、中西亚北部，最后到达欧洲的欧亚大陆贸易通道；"海上丝绸之路"，主要指从中国东南沿海出发，经过中南半岛和南海诸国，穿越印度洋，进入红海，最后抵达东非和欧洲；"南方丝绸之路"，从成都出发，经云南、贵州，进入东南亚、南亚最后到达欧洲，主要指中国西南地区经东南亚、南亚与欧洲进行经济文化交流的通道。

　　可以看出，从李希霍芬提出"丝绸之路"这一说法，国内外学者便就这一概念的内涵和外延进行了极为重要的扩展和丰富。目前，中国"一带一路"背景下的"丝绸之路"解读早已超越了李希霍芬当初所提出的概念范畴。事实上，从国家这一产物出现，或者早于国家的早期形态酋邦，甚至于早于酋邦的原始部落开始，"交流"就是最普遍存在的一种人与人、部落与部落、酋邦与酋邦、国家与国家之间的互动关系。而任何互动都不可能是单一的、单向的，所以，中国向外输出丝绸、茶叶、瓷器等商品，也输出了造纸术、印刷术、火药等科学技术；而国外向中国输入玉石、香料、马匹、大象等商品，也输入玻璃制作技术、西方医学以及宗教等物质文化和精神文化。因此，现代意义上的"丝绸之路"是指中国与国外经济、文化、民族等各方面进行互动交流的多条通道。

　　下面就"南方丝绸之路"的线路状况进行简要分析。南方丝绸之路国内段的起点为蜀文化的中心——成都，向南分为东、西两路。西路沿牦牛道南下，经今邛崃、雅安、荥经、汉源、越西、西昌、会理、攀枝花、大姚，西折至大理。东路从成都南行至今乐山、犍为、宜宾，再沿五尺道经今大关、昭通、曲靖，西折经昆明、楚雄，进抵大理。两道在大理会为一道，又继续西行，经保山、腾冲，出德宏抵达缅甸八莫，或从保山出瑞丽进抵八莫，跨入外域。

另外还有一条从蜀入滇至外域的国际交通线，在蜀文化与滇文化以及缅、印文化和越南北部红河地区的文化交流中，曾经发挥过重要作用。这条国际线路有西路、中路和东路三条。西路，从缅甸八莫至印度阿萨姆地区，这条道路其实是南方丝绸之路的延伸。中路是一条水路，利用红河下航越南，水陆分程的起点为步头。"通海城南十四日程至步头，从步头船行沿江三十五日出南蛮。"[①] 这条线路是沟通云南与中南半岛交通的最古老的一条水路。从云南通海北至晋宁，再北至昆明，即步入滇、蜀之间的五尺道，可直抵成都。东路，从蜀入滇，至昆明，经弥勒渡擅南盘江，经文山，出云南东南隅，经河江、宣光，循盘龙江（清水河），直抵河内。

"南方丝绸之路"特指中国西南地区对外进行经济交流、文化互动、民族融合的线路，这条道路从西南重镇成都出发，经云南出缅甸，经东南亚、南亚到达欧洲大陆。需要强调的是，这条线路只是"南方丝绸之路"最负盛名的西线。而"南方丝绸之路"的中线为从四川经云南到越南和中南半岛的交通线，历史上称为"**步头道**"和"**进桑道**"。"南方丝绸之路"的东线为从四川经贵州、广西、广东至南海的"**牂牁道**"，或称为"**夜郎道**"。三条线路共同构成南方丝绸之路的完整区域。由此可见，南丝路是一条跨越云、贵、川、渝、粤多地，贯穿亚洲、欧洲的重要交通线路。[②]在本书中，主要以"南方丝绸之路"的西线途经地区为主要研究对象，同时也涉及南丝路的中线和东线区域。

---

① （唐）樊绰撰 . 向达校注 . 蛮书校注［M］. 北京：中华书局，2018：145.

② 段渝 . 南方丝绸之路与中西文化交流［N］. 中国社会科学报，2014-08-13（633）.

二、20 世纪 20—40 年代 "中缅印" 交通研究热潮

如果将 "丝绸之路" 和 "南方丝绸之路" 研究定义为中国与外界政治、经济、文化、民族等交往的广义通道的话，那么这种交往互动的研究绝不是始于 "丝绸之路" 的名称出现之后。距今 4000 年的三星堆古蜀文化时期，已经明确存在对外交流的文化因素，① 而《史记》中所记载的蜀布、邛杖之路，也明确看出中国西南地区发达的对外经济文化交流状况。在长达千年的历史时空里，历经各个朝代更替，对于一个主权国家来说，对外交往是亘古不变、不可或缺的。对于 20 世纪初期 "南方丝绸之路" 研究出现的第一次高峰，将其称为 "中缅印" 交通研究的高峰。

罗群教授等在《20 世纪以来 "南方丝绸之路" 研究述评》一文中将梁启超先生的《中国印度交通》② 视为 20 世纪研究滇缅道路的源头之作：

> 第六，滇缅路。《求法高僧传》所记古代唐僧二十许人遵此路。《求法传》言五百年前有僧二十许人从蜀川牂牁道而出，注云："蜀川至此五百余驿。"记当时由云南经缅甸入印也。③

由此可知，唐代僧人便由此道前往印度求取佛法。

此外，这一时期研究 "中缅印" 通道的代表作还有严德一的《论西

---

① 段渝.商代蜀国青铜雕像文化来源和功能之再探讨［J］.四川大学学报，1991（2）：97–106.

段渝.论商代长江上游川西平原青铜文化与华北和世界古文明的关系［J］.东南文化，1993（2）：1–22.

② 梁启超.梁启超佛学文选［M］.武汉：武汉大学出版社，2011：129.

③ 罗群，朱强.20 世纪以来 "南方丝绸之路" 研究述评［J］.长安大学学报：社会科学版，2015（3）：121–131.

南国际交通路线》①、方国瑜的《云南与印度缅甸之古代交通》②、朱伯奇的《国际交通新路线》③、姚宝猷的《中国丝绸西传史》④、郑天挺的《历史上的入滇通道》⑤、龚学遂的《中国战时交通史》⑥，以及夏光南的《中印缅道交通史》等⑦。

　　彼时，众多学者热衷于"中缅印"通道研究的原因与时代背景密切相关。20世纪20—40年代，第二次世界大战的战火逐渐燃烧到东南亚和中缅边境，当时的东南亚几乎全部沦为欧洲国家的殖民地。东南亚国家强烈希望摆脱欧洲的殖民统治，日本于是以经济支持的方式来到东南亚，由此逐渐将各方面的势力范围扩大到东南亚。这种状况影响了中国在东南亚的政治布局，抗日战争爆发后，日本一方面利用占据东北的地理优势对中国采取猛烈的攻势，另一方面又企图从东南亚对中国形成夹击。在这种情况下，中国迫切需要打通北方和南方对外交通的通道，对于西南地区来说，从云南经缅甸通往印度的通道尤其重要，几乎成为战时西南对外交通的生命线。这也就是我们通常所说的"中缅印"通道。

　　正是在特殊的时代背景下，出现了第一次"中缅印"道路研究的热潮，学者们投入"中缅印"道路研究中，因此这一时期的研究不仅具有学术性，更多的是政治性和时代性的反映，是学者们的学术研究与国家、政治密切融合的重要表现。

---

①　严德一.论西南国际交通路线［J］.地理学报，1938（1）：1—10.

②　方国瑜.云南与印度缅甸之古代交通［J］.西南边疆（昆明版），1941（12）.

③　朱伯奇.国际交通新路线［J］.旅行杂志，1949（6）：41—43.

④　姚宝猷.中国丝绸西传史［M］.北京：商务印书馆，1944.

⑤　郑天挺.历史上的入滇通道［J］.旅行杂志，1943（3）：58.

⑥　龚学遂.中国战时交通史［M］.北京：商务印书馆，1947.

⑦　夏光南.中印缅道交通史［M］北京：中华书局，1948.

三、20 世纪 50—70 年代"中缅印"研究的继续

接下来的 20 世纪 50—70 年代,"中缅印"道路研究得到了继续的深入。

除法国汉学家伯希和的《交广印度两道考》①产生了较大影响外,美国东方学者劳费尔、英国汉学家亨利·法国汉学家玉尔、沙畹、日本学者藤田丰八等,在这方面也都有专门论著问世。此外,英国学者哈威的《缅甸史》②、缅甸学者波巴信的《缅甸史》③则对中印缅早期交通进行了论述,英国学者霍尔的《东南亚史》④对此也有所涉及。中国港台地区学者则以桑秀云的《蜀布邛竹杖传至大夏路径的蠡测》⑤、饶宗颐的《蜀布与Cinapatta——论早期中、印、缅之交通》、严耕望的《汉晋时代滇越道》⑥等为代表。这些研究成果可以说对后来的南方丝绸之路研究影响深远。

四、20 世纪 80 年代"南方丝绸之路"研究的深入

随着中国政治形势的稳定,改革开放政策的提出,各方面事业百废待兴,经济复兴的同时哲学社会科学各方面的研究也迅速跟上,"丝绸之路"作为中国对外经济、文化交流的重要通道迅速重新进入研究者的视野。

1987 年,中共中央发出 13 号文件,号召重开"丝绸之路"。罗群教授等人在论文《20 世纪以来"南方丝绸之路"研究述评》一文的注释中

---

①　〔法〕伯希和 . 交广印度两道考 [M]. 冯承钧,译 . 北京:中华书局,2003.

②　〔英〕哈威 . 缅甸史 [M]. 姚梓良,译 . 北京:商务印书馆,1973.

③　〔缅〕波巴信 . 缅甸史 [M]. 陈炎,译 . 北京:商务印书馆,1965.

④　〔英〕霍尔 . 东南亚史 [M]. 中山大学东南亚历史研究所,译 . 北京:商务印书馆,1982.

⑤　桑秀云 . 蜀布邛竹杖传至大夏路径的蠡测 [A]. 段渝 . 南方丝绸之路研究论集 [C]. 成都:巴蜀书社,2008:122.

⑥　严耕望 . 唐代交通图考(第四卷)《山剑滇黔区》篇三五:汉晋时代滇越道 [M]. 台北:中研院史语所专刊之八十三,1986.

写到，中共中央在 13 号文件中提出重开"南、北丝绸之路"。①

在改革开放、经济复苏的大背景下，对外经济文化交流是必须提上日程的，因此，时任四川省委书记杨汝岱提出四川省"借边出境""借船出海"的对外经贸方针。这无疑为"南方丝绸之路"的研究带来了新的发展动能，四川怎样"借边出境"呢？四川毗邻云南、贵州、广西等地区，这些地区均与东南亚的多个国家直接接壤，因此，四川经南方地区出境的对外贸易无疑是最便利的，而这条贸易线路正是蜀人千百年来通往东南亚、南亚直至中亚、欧洲的线路——"南方丝绸之路"。

可以说，从 20 世纪 80 年代以来，南方丝绸之路的研究才真正进入全面发展阶段，不同于前两个阶段主要集中于道路、线路走向的研究，这一阶段的南方丝绸之路研究可谓是全面开花，在政治、文化、考古、民族、经济、自然风光等方面都成果颇丰。同时，在政府的大力支持下，研究者们发起了多次"重走南方丝绸之路"行动，这种实地考察也为南方丝绸之路的研究带来了更多的第一手资料。

20 世纪 80 年代末期，由川、滇两地的学者对南方丝绸之路进行了第一次全面而深入的实地考察。这一次实地考察的主要范围是南方丝绸之路的国内段线路，主要目的是厘清南方丝绸之路国内段各条线路的走向问题，同时对沿途进行考古探察。事实证明，早期的实地考察十分重要，正是当时的实地考察，保留了大量南方丝绸之路的第一手资料，因为后来随着经济的发展、道路的修筑、水电的开发等，许多考古资料都被永远尘封于历史记忆之中，再也无法公布于世人。第一次重走南方丝绸之路的直接成果包括《南方陆上丝绸路》《西南丝绸之路考察札记》和《西南丝路——穿越横断山》等著作。在这些著作中，研究者保留了极其珍贵的历史资料。

---

① 罗群，朱强 .20 世纪以来"南方丝绸之路"研究述评［J］. 长安大学学报（社会科学版），2015（3）：121-131.

同时，方国瑜、王叔武、蒙文通、任乃强、童恩正、林向、李绍明等学者从各个角度对南方丝绸之路进行了全面而深入的研究，出现了一系列颇具代表性的论文。此外，也出现了一批有关于南丝路研究的专著，召开了一系列学术研讨会。对于这些研究成果，在李绍明研究员《近30年来的南方丝绸之路研究》一文中进行了十分详尽的总结。①

从1980—2016年有关"南方丝绸之路"的论文统计数量来看，南方丝绸之路研究第一次高峰是在20世纪90年代初，即国家重新提出加强对外交流合作方针之后，南方丝绸之路研究顺应时代的需要备受研究者关注。在此之后，南方丝绸之路研究又归于平静，虽然数量上并不占优势，但也不乏代表性研究成果。

五、"一带一路"倡议与"南方丝绸之路"研究

在"一带一路"倡议提出的近几年时间内，"南方丝绸之路"重新迎来研究的高潮时期，新形势下的相关研究成果层出不穷，让南丝路研究与国家经济文化发展密切结合起来。

2013年，习近平总书记正式提出"一带一路"倡议，这意味着中国的对外交流进入全新的阶段。而南方丝绸之路作为中国历史上悠久而重要的西南出境通道，无疑在当今时期有着更重要的意义。因此，近年来，南方丝绸之路相关研究和实践应用都得到重点关注和长足发展，许多学者围绕南方丝绸之路尤其是在新时代背景下南方丝绸之路的发展，提出了许多可供参考的重要观点，出现了大量有关于南方丝绸之路研究的专著、论文等，围绕南方丝绸之路相关主题的国际、国内学术会议相继召开，中外与会者热烈讨论、达成共识，并形成了一系列具有参考价值的会议成果，对南丝路沿线经济文化交流起到了极大促进作用，这也是契合国家倡议布局

---

① 李绍明.近30年来的南方丝绸之路研究［J］.中华文化论坛，2009（1）：157–160.

的研究方向。

正是在"一带一路"大背景的影响下,近年来,南方丝绸之路的研究呈现出更加广阔的视野,同时也更加注重与现实的结合,努力在中国与东南亚、南亚的经济文化交流中寻求研究的新的增长点。

近年来,围绕南方丝绸之路召开的较有影响的国际、国内会议主要包括:巴文化与南方丝绸之路学术研讨会、南方丝绸之路与中华文化传播学术研讨会、南方丝绸之路化石论坛、三星堆与南方丝绸之路学术研讨会、南方丝绸之路学术研讨会等。从这些研讨会的主题和内容来看,跨文化的广阔视野十分明显。正如段渝教授在三星堆与南方丝绸之路学术研讨会召开后发表在《光明日报》上的专论所言:"南方丝绸之路不仅仅是一条贸易通道,它实际上是古代中国同东南亚、南亚、西亚乃至欧洲等地各文明之间碰撞、交流、互动的重要纽带,是欧亚大陆相互影响、促进发展的文明载体,对欧亚文明的发展和繁荣有着非常重要的历史作用,而古代中国与欧亚文明关系的发展又对南方丝绸之路的演变产生了重大影响。"[①] 所以,我们只有将南方丝绸之路放在更广阔的世界文明视域内,才能真正发掘和认识到南方丝绸之路各个方面的内在含义和重要价值。

近几年南方丝绸之路的研究论文,也呈现出了与"一带一路"倡议规划、国际视野、应用实践等密切相关的研究趋势。这些研究论文中有对南丝路沿线文化旅游开发进行研究的,如方伟洁等的《文化线路遗产旅游开发研究——以南方丝绸之路云南永昌段为例》[②]、赵建军的《友好城市机制在南方丝绸之路旅游带建设中的困境与对策》[③]、张蓉等的《南方丝绸之路

---

① 段渝. 在更大背景下研究三星堆与南方丝绸之路 [N]. 光明日报,2015-12-25(8).
② 方伟洁,袁英蕾,杜菲菲. 文化线路遗产旅游开发研究——以南方丝绸之路云南永昌段为例 [J]. 四川民族学院学报,2018(1):74-80.
③ 赵建军. 友好城市机制在南方丝绸之路旅游带建设中的困境与对策 [J]. 大理大学学报,2018(9):123-128.

五尺道旅游开发研究——以盐津县豆沙段为例》①、潘君喜等人的《"一带一路"助推黑井古镇旅游转型》② 等。南方丝绸之路的研究带动了沿线文化产业的发展，其中旅游开发也是其重要的一方面，文化旅游的研究对南方丝绸之路的发展具有重要的促进作用。有对各种文化现象进行研究的，如张伟的《南方丝绸之路与中外文化交流——巴蜀乐舞的发展与变迁为例》③、常雁来的《浅析南方丝绸之路民间美术对外交流的当代价值》④、邹一清的《南方丝绸之路与道教在东南亚的传播》⑤、纳文汇的《"一带一路"建设和重构新南方丝绸之路语境中的宗教文化建设与调适》⑥ 等，对南方丝绸之路沿线的文化现象进行了深入研究。有对当代南方丝绸之路经济带建设与发展进行研究的，如邹一清的《南方丝绸之路对外贸易的研究及展望》⑦、宋志辉等人的《南亚非传统安全形势及其对南方丝绸之路经济带的影响》⑧《南方丝绸之路经济带建设及其与"一带一路"的关系》⑨《南方丝绸之路

————————

① 张蓉，喻丽，巴胜超.南方丝绸之路五尺道旅游开发研究——以盐津县豆沙段为例［J］.名作欣赏，2017（27）：174–176.

② 潘君喜，敖思."一带一路"助推黑井古镇旅游转型［J］.四川旅游学院学报，2017（2）：55–59.

③ 张伟.南方丝绸之路与中外文化交流——巴蜀乐舞的发展与变迁为例［J］.戏剧之家，2018（13）：13–15.

④ 常雁来.浅析南方丝绸之路民间美术对外交流的当代价值［J］.艺术评鉴，2018（4）：179–180.

⑤ 邹一清.南方丝绸之路与道教在东南亚的传播［J］.中华文化论坛，2017（10）：118–126+194.

⑥ 纳文汇."一带一路"建设和重构新南方丝绸之路语境中的宗教文化建设与调适［J］.云南社会科学，2015（3）：135–141.

⑦ 邹一清.南方丝绸之路对外贸易的研究及展望［J］.中国史研究动态，2016（4）：22–28.

⑧ 宋志辉，马春燕.南亚非传统安全形势及其对南方丝绸之路经济带的影响［J］.南亚研究季刊，2017（2）.

⑨ 宋志辉，蒋真明，张齐美晨.南方丝绸之路经济带建设及其与"一带一路"的关系［J］.南亚研究季刊，2016（4）：86–93.

经济带对西部边疆安全的意义》①、杨达等人的《"一带一路"战略下贵州发展路径探析》②、林文勋的《"一带一路"战略与南方丝绸之路经济大走廊构想》③、王志民的《建设南方"丝绸之路经济带"的地缘环境探析》④等，这类研究论文的数量和种类较多，足见经济战略研究在南方丝绸之路研究中的重要性。

所以，近年来在"一带一路"倡议的带动下，南方丝绸之路研究更加注重与国家政治经济文化发展的结合，也呈现出了更加强劲的研究力。

第二节 南方丝绸之路研究文献综述

在近几十年里，南方丝绸之路的研究可谓成绩斐然，现将论文、论著等按照研究类型的不同进行分类述评，梳理已有的研究成果，并明确目前研究中的不足，为未来南方丝绸之路的研究方向提供一些参考。

一、南丝路经济类研究文献

在"一带一路"倡议的大背景下，经济、文化研究是目前南方丝绸之路研究中的热点，同时也是南丝路研究中成果最丰硕的部分。

---

① 宋志辉. 南方丝绸之路经济带对西部边疆安全的意义［J］.西部发展研究，2014：123-131.

② 杨达，林子."一带一路"战略下贵州发展路径探析［J］.贵州大学学报（社会科学版），2017（1）.

③ 林文勋."一带一路"战略与南方丝绸之路经济大走廊构想［J］.云南师范大学学报（哲学社会科学版），2016（2）：83-85.

④ 王志民.建设南方"丝绸之路经济带"的地缘环境探析［J］.当代世界与社会主义，2015（1）：118-124.

段渝教授在《巴蜀丝绸对世界古代文明的贡献》[①] 一文中对巴蜀丝绸的产生、发展、贸易状况等进行了详尽的论述。丝绸作为丝绸之路的重要贸易商品，广泛而长期地存在于北方丝绸之路和南方丝绸之路。巴蜀丝绸产业发达，起源相当早远。黄帝正妃嫘祖被奉为"先蚕"，历史史籍的记载均认为嫘祖是"教民育蚕""治丝茧以供衣服"的先祖，而嫘祖正是巴蜀地区西陵氏之女，嫘祖为今天四川盐亭人，而盐亭也被称为"嫘祖故里"。后，黄帝与嫘祖之子昌意娶蜀山氏之女，驯养家蚕、缫丝织衣的技术便进一步流入巴蜀地区。据此而看，巴蜀地区丝织业历来发达，有其深厚的历史原因。所以，段渝教授认为南方丝绸之路是进行丝绸贸易最早的线路，不无道理。

任乃强教授在《中西陆上古商道——蜀布之路》[②] 中对《史记·西南夷列传》中所提到之"蜀布"进行了详细分析，并借用司马迁之语，将"南方丝绸之路"称为"蜀布之路"。他认为，"蜀布"是蜀地古代行销印缅地区的主要货品，而这种经济交流直接导致了中国与东南亚、南亚乃至欧洲的商品贸易，甚至包括文化、宗教的交流。

童恩正教授在《略谈秦汉时代成都地区的对外贸易》[③] 一文中对秦汉时期以成都为代表的周边地区对外贸易情况进行了全面论述。出于经营西南的需要，从秦王朝到汉王朝，成都都备受历任统治者的关注。成都城在秦朝已颇具规模，到汉朝更是按照商业发展的需要建制完备。成都地区在秦汉时期发展了以成都为中心的商业、手工业区，其中成都、郫都区、雒县主要生产纺织品及铜器、漆器，而临邛则主要生产铁器。而成都地区所产丝绸、铁器、铜器也远销海内外，大大超乎南方丝绸之路的范围。

---

① 段渝.巴蜀丝绸对世界古代文明的贡献［J］.文史杂志，1997（4）：26-28.

② 任乃强.中西陆上古商道——蜀布之路［J］.思想战线，2001（5）：139-140.

③ 童恩正.略谈秦汉时代成都地区的对外贸易［J］.成都文物，1984（3）.

邹一清研究员在《南方丝绸之路对外贸易的研究及展望》①一文中针对南丝路对外贸易的发端、内容、货币、性质及方式等进行了综合论述。蓝勇教授在《明清西南丝路国际贸易研究》②一文中对明清时期南方丝绸之路的国际贸易进行了论述。明清时期，南方丝绸之路的国际商品贸易依然繁荣，交易商品包括丝绸、粮食、布匹、铜、铅、盐等。汤洪教授在《邛竹杖产地再考》一文中不仅以翔实的文献考证了邛竹杖的产地，而且对其作为中国西南地区早期对外经贸交流的重要凭证和早期中外文化交流的重要代表进行了深入分析。张学君教授在《南方丝绸之路上的食盐贸易》③和《续篇》④中对南方丝绸之路沿线主要食盐产地进行了梳理，对7—19世纪川滇产盐基本情况、盐业贸易基本情况进行了简要分析，并用翔实的数据印证了其观点。朱昌利的《南方丝绸之路与中、印、缅经济文化交流》⑤、李桂芳的《秦汉时期的南方丝绸之路与中印交流》⑥王韵的《唐代南方丝绸之路上的中缅经济文化交流》⑦、颜信的《先秦两汉时期中国西南道路与区域交流》⑧、邹怀强的《历史上腾冲与缅甸

---

① 邹一清.南方丝绸之路对外贸易的研究及展望［J］.中国史研究动态，2016（4）：22–28.

② 蓝勇.明清西南丝路国际贸易研究［J］.西南民族学院学报（哲学社会科学版），1993（3）：31–37.

③ 张学君.南方丝绸之路上的食盐贸易［J］.盐业史研究，1995（4）：24–29.

④ 张学君，张莉红.南方丝绸之路上的食盐贸易（续篇）［J］.盐业史研究，1997（3）：11–22.

⑤ 朱昌利.南方丝绸之路与中、印、缅经济文化交流［J］.东南亚南亚研究，1991（3）：7–17.

⑥ 李桂芳.秦汉时期的南方丝绸之路与中印交流［J］.中华文化论坛，2015（4）：113–118.

⑦ 王韵.唐代南方丝绸之路上的中缅经济文化交流［J］.中华文化论坛，2016（8）：52–56.

⑧ 颜信.先秦两汉时期中国西南道路与区域交流［J］.中华文化论坛，2015（1）：155–160.

的翡翠开发和贸易关系》①等论文对南方丝绸之路上中国西南地区主要是川、滇二地与缅甸、印度在丝织、铜器、食盐、茶业、宝石玉器、翡翠、玻璃、漆器、象牙犀角、货币等各方面的贸易交流情况进行了梳理。周志清的《南丝路上的早期金属工业》②主要对秦汉及以前时期川滇地区的青铜文明、青铜冶炼进行分析；对南方丝绸之路沿线冶铜、冶铁的考古遗址进行整理；对云南地区的早期铁器时代进行分析。

茶业是南方丝绸之路经济贸易中仅次于丝绸业的贸易实体。研究成果方面，对云南、四川的茶业发展历史有大量论文，对著名的茶马古道也有不少专门研究。例如，贾大泉等人的《四川茶业史》③、李家光的《巴蜀茶史三千年》④《古蜀名茶的形成与发展》⑤、谭亚原等主编的《云南茶典——闲来妙读云南茶》⑥、方铁的《云南古代的饮茶与制茶》⑦等。但从南方丝绸之路角度研究茶业贸易的论文、著作并不多，屈小玲的专著《南方丝绸之路沿线古国文明与文明传播》⑧中有专章论述"中国西南茶文明及其传播"，蓝勇的《唐宋南方陆上"丝绸之路"的转输贸易》⑨、孙

①　邹怀强.历史上腾冲与缅甸的翡翠开发和贸易关系［J］.学术探索，2005（6）：130-133.

②　周志清.南丝路上的早期金属工业［J］.中华文化论坛，2012（2）：74-80.

③　贾大泉，陈一石.四川茶业史［M］.成都：巴蜀书社，1989.

④　李家光.巴蜀茶史三千年［J］.农业考古，1994（4）：206-213.

⑤　李家光.古蜀名茶的形成与发展［J］.茶业通报，1985（6）：33-37.

⑥　谭亚原，杨泽军.云南茶典——闲来妙读云南茶［M］.北京：中国轻工业出版社，2007.

⑦　方铁.云南古代的饮茶与制茶［J］.楚雄师范学院学报，2012（1）：61-69.

⑧　屈小玲.南方丝绸之路沿线古国文明与文明传播［M］.北京：人民出版社，2016.

⑨　蓝勇.唐宋南方陆上"丝绸之路"的转输贸易［J］.中国社会经济史研究，1990（4）：1-11.

先知的《南方丝绸之路上的文化技艺交流和丝绸盐茶贸易》[①]等论文均对南方丝绸之路的茶业贸易情况进行分析。后面还有对南丝路丝茶贸易研究论文的专门分析。

值得一提的是由四川省钱币学会和云南省钱币研究会在 20 世纪 90 年代共同编撰的《南方丝绸之路货币研究》[②]，这本论文集从多方面对南方丝绸之路的货币进行了深入研究，包括南方丝绸之路在各个历史时段的货币使用情况和演变情况；南方丝绸之路沿线城市的货币流通情况；南方丝绸之路货币铸造情况；南方丝绸之路沿线出土货币与经济互动关系等。可以说，当时在南方丝绸之路货币研究中比较有代表性的论文都收录于《南方丝绸之路货币研究》论文集中，所以此处就暂时省略对南丝路货币单篇论文研究的述评。

另外，申旭的专著《中国西南对外关系史研究——以西南丝绸之路为中心》[③]在结合南方丝绸之路各条线路道路考察的基础上对每一条线路的经济贸易都进行了总结、整理与论证，涵盖内容十分丰富、结构十分完整。这样一部成体系对南方丝绸之路的道路交通、经济贸易进行论述的专著实在不可多得。

综上所述，南方丝绸之路经济问题研究一直是南丝路研究史上的重点，这方面的成果在南方丝绸之路研究中占据重要分量。在具体问题上，丝绸当然是首当其冲最为研究者所关注的，围绕南丝路丝绸起源、发展、繁荣的经济贸易历史，以任乃强、段渝、蓝勇等为代表的专家学者形成了

---

① 孙先知.南方丝绸之路上的文化技艺交流和丝绸盐茶贸易（上）［J］.四川蚕业，2016（3）：59–61.

孙先知.南方丝绸之路上的文化技艺交流和丝绸盐茶贸易（下）［J］.四川蚕业，2016（4）：57–58，52.

② 四川省钱币学会，云南省钱币研究会编.南方丝绸之路货币研究［C］.成都：四川人民出版社，1994.

③ 申旭.中国西南对外关系史研究——以西南丝绸之路为中心［M］.昆明：云南美术出版社，1994.

一系列丰硕的成果。在丝绸之外，学者们还对南方丝绸之路的金属业、盐业、宝石业、茶业等贸易实体进行了分析与研究。但同时，研究中也凸显出一些问题，一是系统性不够。研究论文多，研究专著很少，各类经济贸易的发展史研究不足，研究零散、碎片。二是对南方丝绸之路的早期经济发展关注多，对唐宋以后时期南丝路的经济发展关注少。蓝勇教授在南方丝绸之路研究成果中对此持相同看法。在《南方陆上丝绸之路研究现状的思考》一文中，蓝勇指出，现阶段，不少研究者认为南方丝绸之路的研究就是古代史的研究，甚至于是考古学的研究，所以对南方丝绸之路的近代史研究很少。[①]三是研究问题过于集中，发现新问题的能力不足。四是对南方丝绸之路境外段经济发展关注少。南方丝绸之路作为一条国际交流线路，其在境外的长度远远大于中国境内，但由于境外文献难以获取，并且涉及大量不同文化的国家，还存在语言文字的障碍，因此境外经济研究在南方丝绸之路研究中就如同一块尚未开发的"处女地"。如果能收集到更多有关于南丝路沿线境外国家的文献资料，则可以研究得出更多有益的成果。

二、南丝路文化类研究文献

南方丝绸之路文化研究同经济研究一样，历来为研究者们所重视。因为对于这样一条国际交流通道，当政者关注的是其经济交流问题，而普通人则对文化交流问题更感兴趣。因此，对于研究者来说，经济和文化两个角度总是最好切入的研究点。

早在有文献记录之前，中国西南地区与东南亚、南亚甚至近东的文化交流就已经存在。最为典型的便是三星堆文明，三星堆遗址所出土的虎斑宝贝、货贝、环纹货贝等大量海贝，其中的环纹货贝与云南省历年发现的

---

① 蓝勇.南方陆上丝绸之路研究现状的思考［J］.中华文化论坛，2008（12）：44-45.

环纹货贝基本相同；还有在三星堆祭祀坑中出土的大量象牙；还有三星堆
青铜雕像、神树、金杖、金面罩等众多与近东文明极为相似的因素等，足
以表明早在公元前 2000 年左右，巴蜀文化已经通过南方丝绸之路与东南
亚、南亚甚至近东文化发生着千丝万缕的联系。①

　　童恩正的《试谈古代四川与东南亚文明的关系》②主要从考古学角度
论证四川文化对东南亚文明的影响。至少在粟米种植、岩葬、船棺葬、石
棺葬、大石遗迹、青铜器和其他手工制品六个方面，古代四川对东南亚文
明有所影响。童恩正还对早期四川文化传播东南亚的各条线路进行了简单
梳理。童恩正在《古代中国南方与印度交通的考古学研究》③中列举了滇文
化中含有印度和西亚文化因素的考古学资料，包括蚀花肉红石髓珠、牛崇
拜、蛇崇拜、钹舞、翼兽、狮形饰、生殖和猎头崇拜、十六位进制、印度
沙金来源、中国白铜之谜、四川发现的早期佛教文物等，种种资料表明，
中国西南文明与印度文明之间有着十分密切的关系，有大量尚待探寻的学
术问题。

　　张增祺的《战国至西汉时期滇池区域发现的西亚文物》④一文写于童恩
正的《古代中国南方与印度交通的考古学研究》之前，正是前文对蚀花肉
红石髓珠的研究引起了童恩正的关注。张增祺在文中除对蚀花肉红石髓珠
论及外，还谈到琉璃珠、海贝、有翼虎错金镶嵌银带扣、狮身人面像等在
滇池区域出土的西亚文物，从而论证中国西南经西亚与希腊、罗马发生经
济文化交流的可能。

————————

　　① 段渝.古代巴蜀与南亚和近东的经济文化交流［J］.社会科学研究，1993（3）：
48-55.
　　② 童恩正.试谈古代四川与东南亚文明的关系［J］.文物，1983（9）：73-81.
　　③ 童恩正.古代中国南方与印度交通的考古学研究［J］.考古，1999（4）：79-87.
　　④ 张增祺.战国至西汉时期滇池区域发现的西亚文物［J］.思想战线，1982（2）：
82-87.

　　林向的《"南方丝绸之路"上发现的"立杆测影"文物》①梳理了南方丝绸之路沿线颇具代表性的"立杆测影"文物遗迹，包括三星堆遗址出土的青铜神树、羊首龙柱、公鸡杖首、太阳神鸟、牙璋等；盐源县出土的青铜树、羊首虎杖、青铜鸡杖等；云南石寨山出土贮贝器上的"表柱"、贵州汉墓出土的青铜树连枝灯、伏羲女娲石刻、广西苗族的"盘龙表柱"等。通过对相关文物遗迹的详细分析，林向认为南方丝绸之路的区域文化特征是中华文化"多元一体"的具体表现。

　　汶江的《滇越考——早期中印关系的探索》②从滇越国的考察入手，进而对中印之间的交通、贸易和文化交流进行探讨。

　　段渝的《巴蜀古代文明与南方丝绸之路》③从多个角度论证了巴蜀古代文明与南方丝绸之路沿线文明的交流与互动。包括巴蜀文化与滇文化在青铜文化上的交流遗迹；巴蜀文化与南中文化的关系；巴蜀文化南传东南亚的原因；巴蜀文化与南亚文化的交流；巴蜀文化与近东和欧洲文明的关系。段渝的《南方丝绸之路：中—印交通与文化走廊》④一文对南方丝绸之路的文化走廊内涵进行了全面的整理与论证。段渝将这条文化走廊分解为古代文明、丝绸文化、宗教文化、古城镇文化、茶文化、玉文化、黄金文化、民族民俗文化、抗战文化等多个部分，基本涵盖了南方丝绸之路文化走廊的全部内涵，让我们对南方丝绸之路文化内涵的理解又更深入了一步。段渝、刘弘的《论三星堆与南方丝绸之路青铜文化的关系》⑤论证了以

───────────

　　①　林向."南方丝绸之路"上发现的"立杆测影"文物［J］.四川文物，2007（4）：31-40.

　　②　汶江.滇越考——早期中印关系的探索［C］.古代西南丝绸之路的研究，成都：四川大学出版社，1990.

　　③　段渝.巴蜀古代文明与南方丝绸之路［C］."丝绸之路与文明的对话"学术讨论会论文集，乌鲁木齐：新疆人民出版社，2006：284-303.

　　④　段渝.南方丝绸之路：中—印交通与文化走廊［J］.思想战线，2015（6）：91-97.

　　⑤　段渝，刘弘.论三星堆与南方丝绸之路青铜文化的关系［J］.学术探索，2011（8）：114-119.

三星堆为代表的古蜀青铜文化沿南方丝绸之路向南传播的证据，三星堆青铜文化对于南方丝绸之路沿线的青铜文化发展有着明显的历时辐射作用，同时，不同文化在南方丝绸之路上传播、交融，最终成就了南方丝绸之路丰富多样的青铜文化类型。

　　邱登成的《从三星堆遗址考古发现看南方丝绸之路的开通》① 主要从三星堆遗址的考古发现论证南方丝绸之路在古代亚洲以至欧亚大陆文化交流方面的作用。刘弘的《巴蜀文化在西南地区的辐射与影响》② 认为巴蜀文化是先秦秦汉时期西南地区发展水平最高的地域文化，它沿南方丝绸之路线路通过"西南夷"地区众多的文化地理单元向南传播，而南方丝绸之路的"零关道"则是秦汉以前巴蜀文化向南辐射的主要通道。刘弘的《古代西南地区"杖"制考》③ 指出西南地区的一些民族在商周至秦汉时期有用杖的习俗，在这种习俗中，"杖"是权力的象征。经考证，"西南夷"的用杖与古蜀国的用杖有着密切关系，而这一习俗的传播正是通过南方丝绸之路进行的。

　　从青铜文化和考古遗迹角度考察南方丝绸之路文化传播、演变、交融的论文还有很多，例如吴红的《三星堆文明和南方丝绸之路》④、肖明华的《南丝路上的云南青铜文化》⑤、郭开云的《姚安地区的青铜文化》、王黎锐的《保山青铜器述略》、江章华的《对盐源盆地青铜文化的几点认识》⑥、段渝的《巴蜀青铜文化的演进》⑦、张曦的《三星堆金杖外来文化

————————

　　① 邱登成.从三星堆遗址考古发现看南方丝绸之路的开通［J］.中华文化论坛，2013（4）：37–44.

　　② 刘弘.巴蜀文化在西南地区的辐射与影响［J］.中华文化论坛，2007（4）：19–35.

　　③ 刘弘.古代西南地区"杖"制考［J］.四川文物，2009（2）：32–42.

　　④ 吴红.三星堆文明和南方丝绸之路［J］.西南民族大学学报（人文社科版），2008（3）：99–104.

　　⑤ 肖明华.南丝路上的云南青铜文化［M］.北京：文物出版社，2007.

　　⑥ 江章华.对盐源盆地青铜文化的几点认识［J］.成都考古研究，2009.

　　⑦ 段渝.巴蜀青铜文化的演进［J］.文物，1996（3）：36–47.

因素蠡测》①、樊海涛的《试论滇国出土文物图像中的怪兽形象》②、霍巍的《盐源青铜器中的"一人双兽纹"青铜枝形器及其相关问题初探》③《四川东汉大型石兽与南方丝绸之路》④、李保伦的《云南"滇东北"地区川滇间的文化交流线》等，均是从南方丝绸之路沿线的考古遗迹分析论证南方丝绸之路文化的传播和发展。

孙先知的《南方丝绸之路上的文化技艺交流和丝绸盐茶贸易》⑤（上篇和下篇）在利用大量史志文献的基础上，对缅甸（史称掸国、骠国）音乐、舞蹈艺术，杂技和幻术经南方丝绸之路传入中国的情况进行了梳理；对诸葛亮南征时为西南少数民族带去的农业技术、织锦技术进行了分析。诸葛亮南征带去的不仅仅是物质上的先进技术，更为重要的是巴蜀先进的文化方式和生活方式。

敖昌群等人的《"南北丝绸之路音乐文化对比研究"考察研究报告》⑥ 在实地考察南北丝绸之路音乐文化基础上，获得许多第一手资料，从资料的分析对比中论证成都在南北丝绸之路音乐文化交融、聚合、传播中的重要地理位置，并以前蜀君主王建陵墓——永陵中保存完好的 24 幅乐舞石刻为例，证明南北丝绸之路上音乐文化的传播与交流。此外，敖昌群还指出，南诏音乐文化《南诏奉圣乐》、缅甸（史称掸国、骠国）音乐文化等正是通过南方丝绸之路从境外经西南地区传播至成都，再经成都传播至中原。

---

① 张曦.三星堆金杖外来文化因素蠡测［J］.四川文物，2008（1）.

② 樊海涛.试论滇国出土文物图像中的怪兽形象［J］.四川文物，2010（4）：46-52.

③ 霍巍.盐源青铜器中的"一人双兽纹"青铜枝形器及其相关问题初探［DB/CD］.三星堆文明·巴蜀文化研究动态，2007（10）：14-23.

④ 霍巍.四川东汉大型石兽与南方丝绸之路［J］.考古，2008（11）：71-80.

⑤ 孙先知.南方丝绸之路上的文化技艺交流和丝绸盐茶贸易（上）［J］.四川蚕业，2016（3）：59-61.

⑥ 敖昌群，王其书，等."南北丝绸之路音乐文化对比研究"考察研究报告［J］.音乐探索 2008（2）：13-15.

　　江玉祥的《"老鼠嫁女"：从印度到中国——沿西南丝绸之路进行的文化交流事例之一》① 通过对相关资料的比较和分析，发现绵竹年画"老鼠嫁女"的故事与缅甸民间故事"老鼠娶亲"、印度民间故事"老鼠嫁女"在情节上都有相似之处。结合南方丝绸之路中国文化与东南亚、南亚文化的交流与互动，这种民间故事的雷同有力地证明了南方丝绸之路文化交流的存在。

　　饶宗颐在《蜀布与 CinaPatta——论早期中、印、缅之交通》② 一文中结合对僄越、蜀布的分析，对中、印、缅的道路交通和文化交流进行了深入论证；藤泽义美（日本）在《古代东南亚的文化交流——以滇缅路为中心》③ 一文中将中国对西南夷的经营从上古时期梳理到唐代，概括了以滇缅路为媒介的中国西南与东南亚北部地区的各个时期的经济文化交流，包括从滇缅道传入中国的帛叠（棉布）、玉石文化、海洋文化、宗教文化等。Haraprasad Ray（印度）的《从中国至印度的南方丝绸之路——一篇来自印度的探讨》④ 在肯定中印交通与交流的基础上，对印度文献、考古资料中与中国西南有所关联的代表性资料进行了梳理，同时对从印度东北至中国的交流线路进行了估测。

　　综上所述，南方丝绸之路文化交流研究内容十分丰富，学者们从境内段、境外段、器物、习俗、各类物质文明、音乐、舞蹈、技艺等各个方面对南方丝绸之路的文化进行了探讨。但在这些研究成果背后，也存在一些值得注意的问题。第一，针对考古发现的文化研究主题相对较多，

---

① 江玉祥. "老鼠嫁女"：从印度到中国——沿西南丝绸之路进行的文化交流事例之一 [J]. 四川文物，2007（6）.

② 饶宗颐. 蜀布与 CinaPatta——论早期中、印、缅之交通 [C]. 成都：巴蜀书社南方丝绸之路研究论集，2008：387-403.

③ 〔日〕藤泽义美. 古代东南亚的文化交流——以滇缅路为中心 [J]. 徐启恒译. 南亚与东南亚资料，1982（2）.

④ 〔印〕Haraprasad Ray，江玉祥译，曾媛媛校. 从中国至印度的南方丝绸之路——一篇来自印度的探讨 [C]. 江玉祥. 古代西南丝绸之路研究，成都：四川大学出版社，1990.

但基于文献发现的文化问题相对较少。就现有研究成果来看，南方丝绸之路文化研究似乎更多是基于考古学界的研究发现，其中讨论较多的话题也是关于南方丝绸之路的青铜器物、出土文物和考古遗址。在研究实践中，就四川的研究团队来看，主要也是考古学专业和历史学专业的研究团队在涉足南方丝绸之路研究，参与单位多为四川的各级博物馆等单位，如果有更多古典文献学、古代文学专业背景的研究者加入南方丝绸之路研究，甚至包括民族民俗类、政治类、经济类研究背景的研究者等，这样南方丝绸之路研究的面必将越来越宽。第二，创新能力稍显不足。以三星堆青铜器物研究为例，虽然这一类的论文数量很多，但绝大多数论文的研究角度大致相同，包括对三星堆黄金面罩的文化解读，研究者的研究方法大致相同，尤其在某一权威研究者提出观点后，其他研究者在探讨同一问题上几乎全部沿用其观点，无出其右。第三，研究问题过于集中。南方丝绸之路的文化内涵是非常丰富的，但文化类研究论文多半都集中于青铜文化和考古遗迹。

三、南丝路丝、茶类研究文献

丝绸和茶叶是南丝路最具代表性的经济文化研究对象。丝绸、茶叶贸易是南方丝绸之路最具代表性的两大贸易物品，可以说，丝绸之路前期的经济发展主要以丝绸为主，而后期逐渐转移到以茶叶为主。而围绕丝绸和茶叶的经济发展，丝绸文化、茶叶文化也成为南丝路文化发展中的重要因素。南丝路丝、茶相关研究文献专章出现的情况较少，主要散见于论文、专著之中，需要将这些文献进行专门的收集与整理，以厘清南丝路丝、茶经济和文化发展的状况。

南丝路丝绸研究专著可查的古籍文献主要有《锦里耆旧传》①《蜀梼

---

① （宋）勾延庆纂.（宋）张唐英撰.（清）吴兰修撰.锦里耆旧传　蜀梼杌　南汉纪——丛书集成初编［M］.北京：商务印书馆民国商务印书馆刊本（复印本）.

机》①等；当代研究专著有《中国丝绸史（通论）》②《中国丝绸史专论》③
《中国丝绸史话》④《丝绸之路贸易史》⑤《丝绸之路文献叙录》⑥《欧洲丝绸
贸易15年》⑦《唐代蚕桑丝绸研究》⑧等。同时，有关于南丝路丝绸研究
的重要信息还可见于《四川通史》⑨《成都通史》⑩《云南通史》⑪以及《唐
代四川经济》⑫《宋代四川经济述论》⑬《唐代经济思想研究》⑭等。《四川通
史》和《成都通史》中有关于先秦时期四川丝绸发展状况的论述，主要
对先秦时期巴蜀丝绸的发展与影响进行了研究，使得南丝路丝绸发展的
起源问题得到了十分清晰的回答，对于南丝路丝绸经济文化问题的历史
延续性进行了颇有意义的研究。古籍文献可查找到关于蜀地丝绸发展、
纹样等资料，丝绸史之类的专著也有大量关于西南地区丝绸文化方面的
研究。丝绸经济方面的研究则更多见于地方通史和经济史研究专著。

丝绸研究论文主要有段渝的《巴蜀丝绸对世界古代文明的贡献》⑮《古

① （宋）勾延庆纂.（宋）张唐英撰.（清）吴兰修撰.锦里耆旧传　蜀梼杌　南汉纪——丛书集成初编［M］.民国商务印书馆刊本（复印本）.
② 朱新予.中国丝绸史（通论）［M］.北京：纺织工业出版社，1992.
③ 朱新予.中国丝绸史（专论）［M］.北京：中国纺织出版社，1997.
④ 刘柏茂，罗瑞林.中国丝绸史话［M］.北京：纺织工业出版社，1986.
⑤ 李明伟，王震亚等.丝绸之路贸易史［M］.兰州：甘肃人民出版社，1997.
⑥ 甘肃省社会科学学会联合会，甘肃省图书馆.丝绸之路文献叙录［M］.兰州：兰州大学出版社，1989.
⑦ 欧洲丝绸宣传委员会编写.欧洲丝绸贸易15年（1975—1989）［M］.北京：中国丝绸进出口总公司，1991.
⑧ 卢华语.唐代蚕桑丝绸研究［M］.北京：首都师范大学出版社，1995.
⑨ 段渝，陈世松，贾大泉.四川通史［M］.成都：四川大学出版社，1993.
⑩ 《成都通史》编纂委员会.成都通史［M］.成都：四川人民出版社，2011.
⑪ 何耀华，李昆声等.云南通史［M］.北京：中国社会科学出版社，2011.
⑫ 李敬洵.唐代四川经济［M］.成都：四川省社会科学院出版社，1988.
⑬ 贾大泉.宋代四川经济述论［M］.成都：四川省社会科学院出版社，1985.
⑭ 唐任伍.唐代经济思想研究［M］.北京：北京师范大学出版社，1996.
⑮ 段渝.巴蜀丝绸对世界古代文明的贡献［J］.文史杂志，1997（4）：26–28.

代中印交通与中国丝绸西传》①、蓝勇的《唐宋川滇、滇缅通道上的贸易》②
《唐宋南方陆上"丝绸之路"的转输贸易》③对唐宋时期以丝绸为主的南方
丝绸之路经济贸易进行了深入研究，以比较翔实的统计数据论证南丝路经
济贸易的本质问题，同时也可以看出丝绸、茶叶贸易在南丝路经济交流中
的重要地位。同时，许蓉生的《宋代成都的丝织业》④、卢华语的《唐代成
都丝织业管窥》⑤、王雪梅等人的《南充蚕桑丝绸文化考论》⑥等论文对四川
地区成都、南充等地丝绸在唐、宋时期的产业特点、丝绸文化发展等问题
进行论证。陈爱蓉等人的《如何丝路成坦途——南丝路上蜀锦的过去、现
在与将来》⑦则对蜀锦的历史轨迹及未来发展等问题进行了深刻的研究。

　　因此，总的来说，虽然南丝路丝绸研究并没有专门论著，但利用散
见于经济史、地方史的著作，可以梳理出很多与南丝路相关的重要文献信
息。同时，现在也有越来越多见解深刻、观点新颖的相关论文，利用这些
文献可以将南丝路研究进一步推进。

　　目前，对于茶叶文化和经济的研究应该说是比较充分的。关于茶文献
全面收集整理的大部头著作已经有许嘉璐主编的《中国茶文献集成》⑧、方
健主编的《中国茶书全集校正》⑨等，这两部书基本已将中国茶方面的文献
收集整理得相当完整，对于今天的茶文化、贸易等方面的研究都具有重要

①　段渝.古代中印交通与中国丝绸西传［J］.天府新论，2014（1）：144-148.
②　蓝勇.唐宋川滇、滇缅通道上的贸易［J］.中国历史地理论丛，1990（1）：153-170.
③　蓝勇.唐宋南方陆上"丝绸之路"的转输贸易［J］.中国社会经济史研究，1990（4）：
1-11.
④　许蓉生.宋代成都的丝织业［J］.西南民族大学学报（人文社科版），2006（11）：
191-195.
⑤　卢华语.唐代成都丝织业管窥［J］.中国社会经济史研究，2009（4）：8-13.
⑥　王雪梅，文建刚.南充蚕桑丝绸文化考论［J］.地方文化研究，2016（1）：38-55.
⑦　陈爱蓉，陈雅劼.如何丝路成坦途——南丝路上蜀锦的过去、现在与将来［J］.四川
戏剧，2016（4）：85-89.
⑧　许嘉璐.中国茶文献集成［M］.北京：文物出版社，2016.
⑨　方健.中国茶书全集校正［M］.郑州：中州古籍出版社，2015.

的参考价值,南丝路茶文化和经济研究借此可以挖掘出大量珍贵的资料。此外,与南方丝绸之路相关的茶文献整理专著还有《民国茶文献史料汇编》①《普洱史话》② 等。古籍类主要包括《茶经》③《续茶经》④《茶典》⑤《茶录》⑥ 等。关于西南地区茶叶历史的专著有贾大泉等人的《四川茶业史》⑦、杨志玲的《近代云南茶业经济研究》⑧ 等。此外,西南地区的通史、经济史、方志类等专著也提供了重要的文献来源,借于上述各类文献的汇总,南丝路茶业文化和经济研究基本能够梳理出比较清晰的线索。

论文中有关于南丝路茶俗文化比较多,涉及各个地域的茶俗文化研究,从国内到国外。研究四川地区茶俗文化的论文有朱建明的《蒙山茶与道教》⑨、汪启明的《蜀茶与古蜀语》⑩、梁中效的《蜀道交通与茶文化传播——立足于宋代的考察》⑪、徐金华的《四川民间文学中的茶俗文化》⑫《四川民俗茶俗文化在民间的传承》⑬、刘盛龙的《四川宜宾农村的茶俗》⑭ 等;研究云南地区茶俗文化的论文有赵维标等人的《对云南南涧茶俗的

① 　本书编委会.民国茶文献史料汇编［M］.北京:全国图书馆文献缩微复制中心,2010.

② 　卫星.普洱史话［M］.北京:社会科学文献出版社,2014.

③ 　(唐)陆羽.茶经［M］.郑州:中州古籍出版社,2010.

④ 　(清)陆廷灿.续茶经［M］.郑州:中州古籍出版社,2010.

⑤ 　(唐)陆羽.茶典［M］.北京:商务印书馆,2017.

⑥ 　蔡襄.茶录［M］.上海:上海书店出版社,2015.

⑦ 　贾大泉,陈一石.四川茶业史［M］.成都:巴蜀书社,1989.

⑧ 　杨志玲.近代云南茶业经济研究［M］.北京:人民出版社,2009.

⑨ 　朱建明.蒙山茶与道教［J］.中国道教,1997(3):40-41.

⑩ 　汪启明.蜀茶与古蜀语［J］.文史杂志,2009(6):46-50.

⑪ 　梁中效.蜀道交通与茶文化传播——立足于宋代的考察［J］.成都大学学报(社会科学版),2009(3).

⑫ 　徐金华.四川民间文学中的茶俗文化［J］.农业考古,1999(2):83-87.

⑬ 　徐金华.四川民俗茶俗文化在民间的传承［J］.农业考古,2004(4):88-91.

⑭ 　刘盛龙.四川宜宾农村的茶俗［J］.农业考古,1994(2):117-118.

探究》①、张海超，徐敏的《云南少数民族传统烤茶习俗刍议》②、昌建纳的《云南少数民族与茶》③、王笛的《浅议普洱茶与道文化的内在联系》④ 等；研究西南少数民族茶俗文化的论文有马林英的《凉山彝族茶俗简述》⑤、刘勤晋等人的《我国西南山地民族"吃茶"习俗起源与现状研究》⑥、赵世林人的《西南茶文化起源的民族学考察》⑦ 等；研究重庆地区茶俗文化的论文有冯祖祥、周重想的《古代巴人与茶文化》⑧ 等；研究贵州地区茶俗文化的论文有何莲、何萍、张其生的《贵州省内民族茶俗》⑨ 等；研究东南亚地区茶俗文化的论文有许思敏、郭雅玲的《马来西亚饮茶多元化及其发展思考》⑩，刘凯欣的《新加坡茶文化》⑪，冼剑民、王雪萍的《中国同东南亚的茶叶贸易与茶文化交流》⑫、耿祝芳的《越南及其茶文化》⑬，罗传沛的《中越茶文化对比刍议》⑭ 等；研究南亚、中亚和西亚茶俗文化的论文有李文杰的《文化视野下的伊朗茶俗》⑮《西亚茶文化探析》⑯《伊朗的

① 赵维标，单治国.对云南南涧茶俗的探究［J］.茶叶通讯，2013（1）：40-42.
② 张海超，徐敏.云南少数民族传统烤茶习俗刍议［J］.云南社会科学，2016（1）.
③ 昌建纳.云南少数民族与茶［J］.茶业通报，2006（2）.
④ 王笛.浅议普洱茶与道文化的内在联系［J］.普洱学院学报，2015（4）.
⑤ 马林英.凉山彝族茶俗简述［J］.农业考古，1996（4）.
⑥ 刘勤晋等.我国西南山地民族"吃茶"习俗起源与现状研究［J］.中国茶叶，2003（6）.
⑦ 赵世林.西南茶文化起源的民族学考察［J］.西南民族大学学报（人文社科版），2000（11）：37-42.
⑧ 冯祖祥，周重想.古代巴人与茶文化［J］.农业考古，2000（4）.
⑨ 何莲，何萍，张其生.贵州省内民族茶俗［J］.蚕桑茶叶通讯，2005（2）：38-39.
⑩ 许思敏，郭雅玲.马来西亚饮茶多元化及其发展思考［J］.安徽农业科学，2017（13）.
⑪ 刘凯欣.新加坡茶文化［J］.农业考古，2000（2）.
⑫ 冼剑民，王雪萍.中国同东南亚的茶叶贸易与茶文化交流［J］.饮食文化研究，2006.
⑬ 耿祝芳.越南及其茶文化［J］.农业考古，2012（5）：300-302.
⑭ 罗传沛.中越茶文化对比刍议［J］.商业文化，2014（11）.
⑮ 李文杰.文化视野下的伊朗茶俗［J］.南宁职业技术学院学报，2006（2）.
⑯ 李文杰.西亚茶文化探析［J］.饮食文化研究，2009.

茶俗及文化内涵》①，勉卫忠、尚衍斌的《伊朗茶文化的形成及其影响》②、林更生的《伊朗的茶文化》③ 等；研究中西方茶俗文化交流的论文有刘馨秋等人的《茶的起源及饮茶习俗的全球化》④、姚伟钧等人的《从茶文化的传播看中外文化交流》⑤、武斌的《近代欧洲的茶叶贸易与中国茶文化的西传》⑥、沈立新的《略论中国茶文化在欧洲的传播》⑦、陶德臣的《南欧西南欧的茶文化》⑧、车乒等人的《丝绸之路上中国茶文化的传播及其对欧洲的影响》⑨、麻欣的《英国茶文化的起源与发展》⑩、丁淼的《中国茶文化在跨国文化交际中的作用研究》⑪、刘勤晋的《中国茶在世界传播的历史》⑫、吴琳的《中英茶文化比较》⑬、杨春冉的《中英茶文化对比研究》⑭、李晓婧的《中英茶文化内涵的对比研究——从物质、精神和语言方面》⑮、何丽丽的《中国茶在欧洲的传播及其影响研究》⑯ 等，研究茶文

---

① 李文杰.伊朗的茶俗及文化内涵［J］.饮食文化研究，2006.
② 勉卫忠，尚衍斌.伊朗茶文化的形成及其影响［J］.饮食文化研究，2006.
③ 林更生.伊朗的茶文化［J］.农业考古，2003（2）：327–328.
④ 刘馨秋，朱世桂，王思明.茶的起源及饮茶习俗的全球化［J］.农业考古，2015（5）：16–21.
⑤ 姚伟钧，刘朴兵.从茶文化的传播看中外文化交流［J］.饮食文化研究，2006.
⑥ 武斌.近代欧洲的茶叶贸易与中国茶文化的西传［J］.中外关系史论丛第21辑——历史上中外文化的和谐与共生：中国中外关系史学会2013年学术研讨会论文集，2013.
⑦ 沈立新.略论中国茶文化在欧洲的传播［J］.史林，1995（3）：100–107.
⑧ 陶德臣.南欧西南欧的茶文化［J］.农业考古，2010（5）.
⑨ 车乒，蓝江湖.丝绸之路上中国茶文化的传播及其对欧洲的影响［J］.福建茶叶，2017，39（8）：336–337.
⑩ 麻欣.英国茶文化的起源与发展［J］.福建茶叶，2016（11）：282–283.
⑪ 丁淼.中国茶文化在跨国文化交际中的作用研究［J］.福建茶叶，2017（1）.
⑫ 刘勤晋.中国茶在世界传播的历史［J］.中国茶叶，2012（8）：30–33.
⑬ 吴琳.中英茶文化比较［J］.黑龙江科技信息，2009（18）：176–176.
⑭ 杨春冉.中英茶文化对比研究［J］.福建茶叶，2016（8）.
⑮ 李晓婧.中英茶文化内涵的对比研究——从物质、精神和语言方面［J］.福建茶叶，2016（7）：397–398.
⑯ 何丽丽.中国茶在欧洲的传播及其影响研究［D］.南京：南京农业大学，2009.

献的论文有金军华的《宋代茶文化文献考述》^①、刘礼堂等人的《唐代茶叶及茶文化域外传播考》^②、王河的《唐宋古逸茶书钩沉》^③ 等。

上述论文仅是和南方丝绸之路茶文化和茶文献相关的部分论文，仅以此，也足见茶文化研究在国内外的广泛程度。茶业文化和茶业经济是南方丝绸之路中十分重要的研究对象，本书中关于茶的研究部分则主要基于上述文献资料，同时，对于上述资料的深度挖掘，也可发现更多基于茶业文化和经济的研究命题。

丝、茶是南方丝绸之路经济文化交流研究中最重要的两个研究实体，梳理二者在南丝路发展进程中重要作用和影响，则对于把握整个南丝路的经济文化交流关系有着非常重要的作用。

第三节　南方丝绸之路经济文化研究现状

一、整体研究概况

南丝路研究主要涉及的领域包括政治、经济、文化、民族、交通、宗教等方面，经济文化研究是目前南丝路研究中最主要的方面。

（一）研究成果比较丰富

从现有研究成果来看，南方丝绸之路的研究成果还是比较丰富的。首先，从研究团队来看，四川、云南等地聚集着一批研究人员在进行着南丝路的专门研究。同时近年来，重庆、贵州、广西、湖北等地的南方丝绸之

---

① 金军华. 宋代茶文化文献考述 [J]. 文艺评论，2015 (8).
② 刘礼堂，宋时磊. 唐代茶叶及茶文化域外传播考 [J]. 武汉大学学报（人文科学版），2013 (3)：81-86.
③ 王河. 唐宋古逸茶书钩沉 [J]. 农业考古，1998 (2)：263-268.

路研究也开始得到重视。以教育部人文社会科学重点研究基地四川师范大学"巴蜀文化研究中心"来说，以段渝教授为核心的研究团队近年来主要围绕南方丝绸之路展开，有研究平台，有研究人员，在专著和论文上取得了丰硕的成果，同时，该团队在社会影响力方面也成绩显著，多次受邀参与地方政府在南丝路方面的政治经济文化建设和研究工作。

从 20 世纪 90 年代开始，南方丝绸之路研究领域陆续出版了一定数量的专著，研究论文也是成果颇丰，涉及的研究领域从比较单一到视野广阔。这些专著和论文大大加强了南丝路研究的深度和广度，从政治、经济、文化、交通等方面，都受到了相关研究者的关注。

（二）取得了一定的社会效应

南方丝绸之路在 20 世纪 90 年代的兴起和近年来的繁荣，与国家战略规划的导向不无关系，而这也与南丝路交流的本质性特征密不可分。近年来，越来越多的地方政府也意识到这一点，国内南丝路沿线的政府机构，在尽力挖掘本地区对外交流的文化因子，这也给予了南丝路相关研究者更加广阔的社会实践推动力。

对南丝路的理论研究者来说，走出书斋，将文化变为鲜活的案例，也是他们所期望的。为此，研究者积极参与地方经济文化建设相关课题，挖掘南丝路的文化价值、文化意义和经济动力，将古老的文明和当代的文化力紧密结合，本着"文化走出去"的国家战略，挖掘文化的社会效应，让古老的文明焕发出新的生命。

（三）形成了一批研究团队

研究成果的获得没有研究团队的支撑是不可实现的，正是这些研究团队的存在和努力，才使得南丝路研究能够拥有今天的成绩。除了前面提到的段渝教授南丝路研究团队，四川大学也有多个研究团队在从事和南丝路有关的研究。20 世纪 90 年代，四川大学童恩正教授的研究团队，在南丝路研究的继承和发展上起到了十分重要的作用。例如，童教授提出巴蜀文明对东南亚文明的早期影响问题，对南方丝绸之路研究的发展十分重要。同时，四川大学研究团队在 20 世纪 90 年代接连出版了两部南丝路研究论文集，可谓是当时南丝路研究的集大成之作，论著中对南丝路研究的方向和方法问题进行了全面的整理和总结。近年来，四川大学历史学院的霍巍教授、彭邦本教授等为代表的研究团队，在南丝路考古、南丝路农业文明等方面，也取得了大量的丰硕成果。还有四川大学南亚研究所的张力教授研究团队，一直致力于当代南丝路问题即南亚问题的研究；四川大学城市研究所研究团队，致力于南丝路城市问题研究，都取得了丰硕的研究成果。除四川大学外，四川师范大学、四川省社会科学研究院、四川民族研究所等科研单位和机构在南方丝绸之路的研究方面也取得了一定的研究成果。

此外，云南、贵州、广西等地区的科研单位和机构，也有一批学者和研究团队在从事南丝路的专门研究。例如，云南大学的方国瑜教授，在南丝路文献整理、南丝路交通问题考释、南丝路民族问题等多方面，都作出了重要的贡献。

另外，蜀、滇、黔、桂等地区的考古工作者、文化部门研究人员等，也为南丝路的研究默默付出努力。这其中不仅包括省级考古文物部门的研究人员，也包括许多市、州、县一级文物管理所和博物馆的研究人员，他们年复一年、日复一日地从最基础也最单调的文物考察工作中探寻有关南方丝绸之路的新的考古证据。还有，各地民族研究问题的专家，对南丝路的民族问题进行了深入的研究，解决了南丝路民族研究中许多疑问。例如，以李绍明为代表的民族问题研究团队，在南方丝绸之路民族问题研究上便取得了很多的成果。

二、目前研究中存在的问题

（一）缺乏系统的文献整理支撑

南丝路问题研究的时间跨度并不算短，也形成了一些研究成果，但遗憾的是，一直没有研究者对南丝路的专门文献进行整理。众所周知，文献整理是人文科学研究中十分重要的基础性工作，文献整理工作做得扎实，则研究事半功倍。而文献整理的过程也是寻找研究中的新问题、发现新思路的重要方法。

南丝路的相关研究成果中，已有一些文献整理著作，如方国瑜主编的《云南史料丛刊》①《中国西南历史地理考释》②等，对南丝路云南地区的史料等进行了较为系统的整理；还有西南各地学者曾编撰过大部头的丛书集——《中国西南文献丛书》③等，将西南地区具有重要参考价值但平常不易获取的文献进行分类整理出版，为南方丝绸之路研究提供了重要的文献参考。近年来，四川省方志办正在和国家图书馆出版社合作，准备陆续出版一系列四川方志集成。另外，中华书局从20世纪90年代开始，陆续出版了一批东南亚国家的史料汇编。这些重要的文献收集整理工作，为南丝路前期研究提供了重要而丰富的文献资料。但同时，这些资料的收集整理也反映出一个问题，就是这些资料均不是为南丝路研究所进行的专门文献整理工作。

综上所述，南丝路研究中还缺乏专门的文献收集整理，因此，这也是一项颇有意义的工作。形成南丝路的专门文献整理，将是南丝路研究中重要的基础工作。

---

① 方国瑜，徐文德，木芹.云南史料丛刊［M］.昆明：云南大学出版社，1998.
② 方国瑜.中国西南历史地理考释［M］.北京：中华书局，1987.
③ 中国西南文献丛书编委会.中国西南文献丛书［M］.兰州：兰州大学出版社，2003.

（二）研究创新点较少

近年来，南丝路研究虽然在数量上得到了提升，但遗憾的是，这些研究成果缺乏一定的创新性，基本都禁锢在前人的研究框架中跳不出来。例如，在古蜀文明对东南亚文明的影响问题上，当代的研究者很大程度上都在重复着前人的既有观点；还有南丝路中南亚文明与中国西南文明的关系问题上，基本也没有太多新的观点。经济文化交流问题是南丝路研究的重点问题，但各个研究者所使用的研究方法和研究模式基本都是一样的，将各个经济形态的交流关系复述一遍，也没有发现任何新意。

研究创新点缺乏的重要原因是研究者对于南方丝绸之路研究缺乏时间跨度。纵观今天南丝路研究的成果，基本集中在秦汉时期及早期文明，唐宋、明清时期南丝路的研究相当薄弱，某一时期的研究增长点是有限的，只有尽力去突破时间、空间的阻隔，才有可能发现研究中更多的创新点。

（三）跨领域、跨学科研究较少

南丝路早期研究主要得益于古蜀三星堆文化、金沙遗址文化的相继发现，所以南丝路早期研究主要以西南考古的发现为其研究基础，因此较早进入南丝路研究领域并取得成果的主要是一些考古学家、历史学家，后来又有部分民族学家的介入。这种研究模式从一开始便意味着考古学、历史学在南丝路研究中占据了先入为主的统领地位。

因此，我们会发现，南丝路研究中有关于考古学的研究非常多。但是，随着南丝路研究的深入，仅仅是早期文明的研究是远远不够的，事实上，能在文明发展中引起共鸣的研究成果往往是跨学科、跨领域的。未来南丝路研究应该在整合各个学科研究成果的基础上进行，否则南丝路研究将逐渐故步自封，缩小自己的研究领域。

（四）实践性考察研究缺乏

南丝路研究是一项实践性很强的研究课题，许多研究的第一手资料都需要亲自去寻找、去获取。南丝路从中国经东南亚、南亚，最后到达欧洲地区，可以说，在崇尚精细化研究的今天，这种巨大跨度的研究是非常难的，除空间跨度大，其难度还在于如何认识和理解南丝路沿线不同的文明。在对不同文明的认知中，研究者科学客观的观点从何而来？其实最重要的来源是通过实践考察取得第一手的资料，包括文明、文献、文化等。

因此，南丝路研究的本质决定了研究者仅仅待在书斋之中闭门造车是远远不够的，这样研究者的研究视野会非常有限。研究者需要走出去，尤其是走向南丝路的境外区域。但这种实践性考察研究本身就受到各方面条件的限制，所以可以看到，南丝路现有研究成果中很少有实践性的考察研究。

（五）南丝路境外段研究缺乏

南丝路境外研究的缺乏主要表现在境外文献的缺乏、境外文明的认知缺乏、境外研究的缺乏。

由于语言的障碍问题，南丝路境外研究一直处于停滞不前的状态，国内研究基本得不到境外的第一手资料，仅有的一些境外史料带给研究者的信息相当有限，根本不足以支撑研究所需。这也是造成南丝路研究无法创新的重要因素。

研究者没有条件走出去，自然无法获取研究所需的第一手资料，自然对境外文明缺乏深刻的认知，境外研究自然也就停滞不前，众多因素都是密切相关的。要打破这一恶性循环，研究者首要的任务就是要走出去。

三、未来研究增长点

（一）文献整理中发现南丝路研究的新问题

文献整理是研究的基础，目前南丝路研究还没有进行过系统的文献整理，因此研究者可以从文献整理出发，在文献整理中发现新的问题。

例如，正在进行的南方丝绸之路国内文献整理研究课题，将从政治、经济、文化、民族、宗教等多方面分别进行专门的文献整理，这种文献整理方式无疑将对南丝路研究产生重要的作用。在文献梳理过程中，许多新的问题便会浮出水面，进入研究者的视野。比如，在前人研究中不太重视的南丝路民间文化传播与交流问题、民族交流问题、文学交流问题等，都是在文献整理的过程中逐步发现的。

（二）将研究重心向历史后期转移

前面已经谈到，目前南丝路研究的成果主要围绕三星堆文化、金沙遗址文化等早期文明，在后期的研究中，研究者可以有意识地在其他史料中寻求新的问题增长点。例如，南丝路在魏晋南北朝时期，表现出来的主要问题是有关佛教文化的传播、佛教造像风格的相似等；唐宋时期南丝路的经济交流从绢马贸易到茶马贸易的转变，其中的深层次原因非常值得进一步探讨；明清时期，中国与东南亚、南亚的政治、经济关系发生了新转变，这也非常值得研究。

因此，将研究视野再拓宽一点，将研究思路再打开一点，必然会发现南丝路研究中新的问题。

（三）将研究重心向境外转移

研究者要尝试走出去，到东南亚、南亚国家去寻找第一手资料，进行实践考察。同时，也可以借助国内有关境外文明、文化的相关资料，积极进行南丝路境外文化的研究。但这里又存在障碍，即是语言问题。

国内有部分从事境外文献学的研究者，在相当长时间内都致力于境外国家文学、文献的研究。随着研究的深入，这些学者逐渐发现，如果无法熟练使用当地语言进行阅读和书写，想在境外文学、文献学研究上取得一定的成果，真的非常艰难。虽然这些学者也在比较长的时期内亲自到当地进行文献的收集和整理，但在研究告一段落后，他们中的绝大部分还是最终放弃了在这条境外研究的道路上继续前进。

（四）在不同文明的比较中寻找新的问题

不仅是南丝路，所有丝绸之路存在的本质便是交流，没有不同文化、文明、经济体等之间的交流关系，则根本不会有所谓的"丝绸之路"。

前期研究中，学者们已经明确了这一问题，并且也在文明的交流和传播中来探讨这一问题。但是，正如前面谈到的，在南丝路研究中，文献整理不够充分、境外文明的研究不够充分，因此，必然决定不同文明的比较研究不够充分。所以，继续不同文明的比较研究方法，在基础研究进一步充实的基础上，比较研究方法也会继续探索到新的问题。

第二章　南方丝绸之路茶文化的发展与传播

　　南方丝绸之路经济带文化走廊是世界茶文化的发源地，茶文化源远流长。[①] 在南方丝绸之路沿线，茶作为十分重要的物质交换品，从中国源源不断地销往亚洲其他地区和欧洲，而中国的茶文化因素也顺着南方丝绸之路传播到沿途区域，进而形成和影响到整个欧洲地区的茶文化。时至今日，南方丝绸之路沿线的国家依然是世界上最重要的茶产地，也是世界茶饮文化的重要传播地。

　　中国西南地区是世界茶树的起源地。关于茶树的准确起源地，一直以来并没有绝对一致的意见，有的认为是起源于四川；[②] 有的认为是起源于云贵高原；[③] 有的认为是起源于云南南部或西南部；[④] 还有的认为是起源于川东、鄂西。[⑤] 综合各种关于茶树起源地的意见来分析，虽然研究者在起源地的准确位置上意见并不统一，但这些位置大致上属于同一区域，即中国西南地区，这一区域是南方丝绸之路在国内段的必经之处，也是世界范围内发现野生茶树最集中的区域。所以，南丝路是茶业经济文化

　　①　段渝.南方丝绸之路：中—印交通与文化走廊［J］.思想战线，2015，41（6）.

　　②　乔本实，陈文怀.茶树起源的探索［J］.茶叶科学简报，1984（3）.

　　③　中国农业科学院茶叶研究所.中国茶树栽培学［M］.上海：上海科学技术出版社，1986：2.

　　④　陈椽，陈震古.中国云南是茶树原产地［J］.中国农业科学，1979（1）.

　　⑤　马湘泳.我国茶树的起源在川东鄂西［J］.中国茶叶，1986（1）.

发展的重要区域。

　　茶树属多年生常绿木本植物，性喜温热、湿润和偏酸性土质，茶树耐阴性强，中国南方绝大部分区域的气候和土壤都适宜茶树的生长。因此，中国南方的广大区域都有着栽培茶树的悠久历史，从早期蜀茶闻名于世，到后来两湖两广地区、云南、贵州等地区广泛栽种茶树，茶叶经济在很长时间内都成为南方重要的经济支柱，并在长期发展中逐渐形成独特的茶文化。

第一节　巴蜀地区是南丝路茶文化的发源地

　　虽然研究者对野生茶树的原产地意见并不统一，但对于四川是人工种植茶、制茶、饮茶的重要发源地之一，大家都是比较认可的，在文献中也可找到不少证据。四川是我国最早发现茶叶功效并将其用于冲泡饮用的地方，秦灭巴蜀，四川饮茶的习俗才由此传入中原。秦汉时期，茶叶在四川已经成为重要的交换商品，并在四川出现了专门的交易市场。[①]

一、"茶"字源自巴蜀古语

　　段渝教授认为，巴蜀地区至少在战国时期就开始栽种茶树并饮茶，[②] 其理由主要是"茶"字源自巴蜀古语。大量文献表明，在中原文字体系中，本是没有"茶"字一说的，因此，在早期巴蜀以外的中原地区，尚不知"茶"，更不知如何饮茶。段渝教授的这一观点是具有较强说服力和文献支

---

　　① 贾大泉，陈一石.四川茶业史［M］.成都：巴蜀书社，1989：1.
　　② 段渝，谭洛非.濯锦清江万里流：巴蜀文化的历程［M］.成都：四川人民出版社，2001：175.

撑的。

巴蜀古语中对茶有多种称呼，据陆羽《茶经·七之事》引司马相如《凡将篇》，蜀人将茶称为"荈诧"；《茶经》引扬雄《方言》表明蜀人也将茶称为"蔎"，"蜀西南人谓茶曰蔎"。[①]另外，从《尔雅》及相关文献对"茶"字的释文中，也可以明显看出"茶"字相关古语均与巴蜀地区有着不可分割的渊源关系。

> 槚，苦荼。树小如栀子，冬生，叶可煮作羹饮。今呼早采者为荼，晚取者为茗，一名荈。蜀人名之苦荼。[②]
>
> "槚，苦荼。"释木文。注："树小如栀子，冬生，叶可煮作羹饮。今呼早采者为荼，晚取者为茗。一名荈。蜀人名之苦荼。"说文："茗，荼芽也。"周诗记苦荼茗饮出近世东坡问大冶长老乞桃花茶栽诗："周诗记苦荼，茗饮出近世。"［阎按］三国志韦曜传："曜初见礼异，或密赐茶荈以当酒。"茶事见史始此。［元圻案］邵氏正义曰："释文云'荼'，埤苍作'櫡'，今蜀人以作饮。音真加反。茗之类。案晏揍子春秋有'茗菜'之文，然无以定其为即今茗饮。汉人有'阳羡买茶'之语，则西汉已尚茗饮。"[③]

汉代时期，扬雄《方言》和司马相如《凡将篇》对早期巴蜀地区与"茶"相关的古文字进行了记录。陆羽在其《茶经·七之事》中引用了司马相如《凡将篇》的 38 个字，而根据《汉书·艺文志》对《凡将篇》的描述来看，《凡将篇》为司马相如所作开蒙字书，都采录的是巴蜀古字，基本没有重复之字，其中"蜚廉藿菌荈诧"一句之"荈"字研究者基本可

---

①　（唐）陆羽.茶经［M］.郑州：中州古籍出版社，2010：42.

②　（清）阮元.十三经注疏［M］.北京：中华书局，2009：5737.

③　（宋）王应麟撰.（清）翁元圻辑注，孙通海点校.困学纪闻注［M］.北京：中华书局，2016：1128.

以肯定其为"茶"字的古字，"荼"字到魏晋以后基本没有再使用。

> 凡将篇一卷，司马相如撰。按《汉书·艺文志》，武帝时，司马相如作《凡将篇》，无复字。元帝时，黄门令史游作《急就篇》。成帝时，将作大匠李长作《元尚篇》，皆仓颉中正字也。《凡将》则颇有出矣。《隋书·经籍志》，梁有司马相如《凡将篇》一卷，亡。宋程大昌《演繁露》云："汉小学家司马相如作《凡将篇》。"其后元帝时，史游又作《急就篇》。《凡将》今不可见矣，知《凡将》篇亡于魏晋之世。今考晋刘逵《蜀都赋》注引《凡将》云："黄润纤美宜制裈。"又《艺文类聚》引云："钟磬竽笙筑坎侯。"又唐陆羽《茶经》引云："乌喙桔梗芫华，款冬贝母木蘗，蒌苓草芍药，挂漏卢蜚廉藿菌，荈诧白敛白芷，菖蒲芒硝莞椒茱萸。"皆立言总事，以便小学。与《急就篇》之体裁相似。惟白敛白芷句，与班《志》云《凡将》无复字之语不合。未知是《凡将》之文否。《说文》引司马相如说《凡》九则。徐锴曰："司马相如作《凡将》一篇，解说文字，许慎所采。"故云司马相如说也。①

而扬雄《方言》中有"蜀西南人谓茶曰蔎"，此处"蔎"字也是古蜀语中对茶的另一称呼。"荈诧""蔎""荼荈""苦荼""槚"等都是存在于巴蜀地区对于茶的古语称谓。巴蜀古语并没有被保存下来，而这些源自巴蜀古语的读音却被中原文字系统采纳，成为中原文字读音中用以表示"茶"的读音。古蜀各个地区对于"茶"的读音各异，因此，这些读音被中原文字系统采纳后，也对应着多种读法和写法，因此也就出现了众多有

---

① 中国科学院图书馆整理.续修四库全书总目提要［M］.北京：中华书局，1993：1181.

关于"茶"的古音。①

上述文献中,关于"茶"古语的称谓与蜀人相关,早期饮茶的事实也多与蜀人相关,蜀人种茶、饮茶之时期应该在秦汉之前。

> 茶,《埤苍》作槚,今蜀人以作饮,音直加反,茗之类。按今茶字,古作荼。故陶注《本草》"苦菜"云:"疑此即是今茗,一名荼,又令人不眠,亦凌冬不凋。"此说非是。苏轼诗云:"周诗记苦荼,茗饮出近世。"又似因陶注而误也。郭云"树小如栀子",今茶树高或数丈,小乃数尺,其叶都似栀子,南中人说春初早采者佳,郭以早采为荼,晚取为茗。陆玑《诗》疏云:"椒,蜀人作荼,吴人作茗樗,吴人以其叶为茗。"是皆以茗与荼异。《尔雅》释文云:"荈、荼、茗,其实一也。"故《茶经》云:"其名有五,一荼,二槚,三蔎,四茗,五荈。"则茗、荼亦通名耳。《茶经》又引《凡将篇》有荈诧,是知茗饮起于汉世,王褒《僮约》亦有"武阳买荼"之语。《吴志·韦曜传》云:"曜初见礼异,或密赐荼荈以当酒茗。"事见史始此。而《云谷杂纪》引《晏子春秋·杂下篇》云:"食脱粟之食,炙三弋、五卯、茗菜。"《困学纪闻·集证八》云:"今本茗作苔。考《御览·八百六十七》引作茗菜,载入茗事中,知今作苔误。"据此,茗又起于汉以前矣。又诸书说荼处,其字仍作荼,至唐陆羽著《茶经》始减一画作茶,今则知茶,不复知荼矣。②

《尔雅义疏》的这段文字将该问题讲得更加明确,茶的古字均与蜀古

---

① 陶元甘.茶为古巴蜀语译音说[C].巴蜀历史民族·考古·文化.成都:巴蜀书社,1991:157-163.

② (清)郝懿行撰.吴庆峰,张金霞,丛培卿,王其和点校.尔雅义疏[M].济南:齐鲁书社,2010:3599.

语字关系密切，古语中的荈、荼、茗，其实都是一种含义。直到唐代，陆羽在《茶经》中将"荼"字减去一横作"茶"字，"茶"字的字形和读音才逐渐成为人们最广泛使用的，之后便主要以"茶"字出现。

从上述文献的描述中，我们可以看出，巴蜀地区饮茶之风应该在先秦时期就已存在，而这种饮茶之风也为巴蜀地区所独有。因为在此之前，中原文字系统中并没有与"茶"相关的对应文字，所以才会借用巴蜀古音来称"茶"，同时又以中原文字来对应这些古音称谓。由此可见，巴蜀地区种茶、饮茶的可考历史至少可以追溯到秦汉时期。

当然，后期人们对于"茶"之认识和"茶"字音形义最后的固定也是一个循序渐进的过程，南丝路茶文化是在长期的总结、演变、发展过程中逐渐形成并为大家认可和接受的结果。顾炎武的《日知录》中说："自秦人取蜀而后，始有茗饮之事。""茶"字应该是蜀人最早提出来的称呼，而直到魏晋时期，北方人和江南人对"茶"的称谓也不尽相同，最后将"茶"字音义逐渐固定，而"茶"字也才逐渐通用于全国，并最终确定以"茶"称。

综上所述，将"茶"字固定是茶文化逐渐传播发展的过程，汉人文献仍将巴蜀古语与"茶"字混用，直到西晋时期，杜育一首茶诗仍以《荈赋》为名。以"茶"称茶主要是唐以后之事。

二、巴蜀地区开人工种植茶树之先

迄今为止，虽然最早发现野生茶树的地点位于云南境内，但文献中早期出现的关于"茶"的文献信息与巴蜀地区更加密切。段渝教授认为，至少在战国时期，巴蜀地区就已经开始了栽培茶树和饮茶的历史，从前巴蜀与"茶"古语的关系分析来看，这一判断是有文献依据的。西汉初，据司马相如《凡将篇》记载，蜀人称茶为"荈诧"。"荈诧"是蜀语，在当时巴蜀"言语颇与华同"的情况下，却用蜀语来称呼茶，这表明了两个事实：

第一，茶为巴蜀所独产；第二，蜀中饮茶源自先秦，原来称茶为"葬诧"，秦末汉初，由于其他地区没有茶，在汉语里没有茶字及其字义，所以蜀人才沿用先秦蜀语里对于茶的称呼。到西汉中叶以后，汉人始用"茶"字来表示茶，所以汉宣帝时蜀人王褒才在《僮约》里用"茶"字来称呼茶。由此可见，先秦时期蜀人已开始栽茶、饮茶，巴蜀是中国最早栽培茶树和饮茶的地区。① 不仅如此，朱自振教授也认为，我国茶业初兴于上古的巴蜀，茶树栽培的历史，至少可追溯到西周初年。②

从野生茶树到人工种植茶树的转变，应该经历了较为漫长的时段。巴蜀地区有人工种植茶树的相关文献记载，早期人工种植茶树的历史可追溯到汉代。

> 蒙山，在名山县西十五里，有五峰。最高者曰上清峰。其巅一石，大如数间屋。有茶七株，生石上无缝罅，云是甘露大师手植。每茶时叶生。智炬寺僧报有司，往视，籍记叶之多少；采制，才得数钱许。明时，贡京师，仅一钱有奇。别有数十株，曰陪茶，则供藩府诸司而已。其旁有泉，恒用石覆之，味清妙在惠泉之上。③

文献中所记载甘露大师是汉代蒙山修行的僧人，文献记录僧人甘露大师亲手栽种茶树的过程。此类文献不一而足，但共同特点是多有民间传说之感，而缺少言之凿凿之据，于是有研究者对于甘露大师吴氏一说提出质疑，认为只是传说，证据并不充分，但综合文献及现有研究成果来看，在南丝路沿线区域，除巴蜀之地外，未能有其他地区有早于汉代的人工种植

---

① 段渝，谭洛非.濯锦清江万里流：巴蜀文化的历程［M］.成都：四川人民出版社，2001：175–176.

② 朱自振.我国古代茶树栽培史略［J］.茶业通报，1986（3）：4–7.

③ （清）王士禛撰.郭香圃点校.陇蜀余闻［M］.济南：齐鲁书社，2007：3620.

茶树之文献记载，即使民间传说也未有。所以，上述文献至少能够说明四川地区人工种植茶树的历史存在早于其他地区，也足见四川地区人工种植茶树的栽种技术已为人们所掌握。

陆羽《茶经》有语："茶者，南方之嘉木也。一尺、二尺乃至数十尺，其巴山、峡川有两人合抱者。伐而掇之，其树如瓜芦，叶如栀子，花如白蔷薇，实如栟榈，蒂如丁香，根如胡桃。"①正如《茶经》所述，茶树应该出现在四川与湖北、四川与重庆的交界地区。这一观点也得到史念书②、马湘泳③等研究者的认同。茶树适宜生长在温热的丘陵地区，四川与湖北、四川与重庆的交界山区十分符合这样的自然条件。

《茶经》又语："茶之为饮，发乎神农。"在中国的茶叶发展史中，多将神农氏作为教人识茶的鼻祖，据朱自振教授等考证，神农的部族应该生活在川东、鄂西一带，而部族的西南分支则在西迁的过程中将种茶、制茶等工艺带入四川，④由此，使得古蜀早期部族成为茶文化的接受和传播者，所以，绝大部分研究者都比较认同茶的最早发现与巴蜀地区有着极为密切的关系。李剑农教授在《魏晋南北朝隋唐经济史稿》中谈道："茶之发现，其最初当在蜀。"⑤

综上所述，巴蜀地区在人工种植茶树和饮茶文化方面应该具有引领地位。据考证，巴蜀地区人工种植茶树的历史时期可追溯到秦汉以前，有明确文献记载的人工种植茶树历史时期则在西汉时期。

---

① （唐）陆羽.茶经［M］.郑州：中州古籍出版社，2010：15.

② 史念书.茶业的起源和传播［J］.中国农史，1982（2）.

③ 马湘泳.我国茶树的起源在川东鄂西［J］.中国茶叶，1986（1）.

④ 朱自振，刘馨秋，冯卫英.神农与茶之为饮［C］.长沙：中华茶祖神农文化论坛论文集，2008：43-46.

⑤ 李剑农.魏晋南北朝隋唐经济史稿［M］.北京：中华书局，1963：198.

三、蜀茶工艺在南丝路地区影响深远

蜀地饮茶之风盛行，茶艺高妙，且为士人所喜爱。此诗是晋人张载游成都时所写的《登成都白菟楼》：

> 借问扬子舍，想见长卿庐。程卓累千金，骄侈拟五侯。门有连骑客，翠带腰吴钩。鼎食随时进，百和妙且殊。披林采秋橘，临江钓春鱼。黑子过龙醢，果馔逾蟹蝑。芳茶冠六清，溢味播九区。人生苟安乐，兹土聊可娱。①

张载之诗，足以对蜀茶文化和蜀茶工艺的真谛进行准确的表达。在此诗中，茶之淡泊宁静与奢华食物形成鲜明对比，更显示出茶之高雅。蜀茶文化诞生之初是用以显示贵族文化的高雅代表，所以到 16 世纪茶文化传入欧洲之时也是首先风靡于欧洲王室。可以说，早期蜀茶文化的诞生对茶文化基调的形成有着重要的影响作用。此诗在程卓巨富、极尽骄奢的描写下，在各种珍贵佳馔的烘托下，再推出茶之清雅滋味。

"芳茶冠六清，溢味播九区"一句尤为值得关注。蜀茶滋味何以超越"水、浆、醴、凉……"一众可饮之物？蜀茶之名何以能传播到全国各地？难道不是因蜀茶之芳味超然？如若需让茶味超然，从茶种选择、茶树栽种、采摘、焙制、冲泡、用水等环节都必须按照严格的工艺进行，各个方面均做到才能成就一杯芳茶。由此可见，蜀茶声名远扬、滋味独冠的背后是蜀茶工艺的精湛。这一句对茶之清性、茶之滋味的赞赏是在与珍馐美味的对比中形成，富贵生活、奢侈排场、珍馔美食，还不足以称为人生乐土，而真正的人生乐土如果无茶之滋味则无法想象。所以，豪奢的生活并不是此诗想要传达的主要思想，茶之淡泊才是张载最看重的方面。蜀茶以

---

① 于欣力，傅泊寒.中国茶诗研究［M］.昆明：云南大学出版社，2008：37.

其超人的工艺充分表现了茶之滋味和内涵。

同时，南方丝绸之路的早期制茶和饮茶之法对后世影响深远。早期四川、重庆、湖北地区的制茶之法和饮茶之法完全不同于后来茶文化所追求的"清静和雅"之境界。早期茶之用主要围绕如何实际食用或饮用，茶的功效等同于食品或药品等，制茶工艺则主要考虑如何便于食用或饮用，与茶之"境界说"完全没有关系。

　　　　土产：绅，绵，白药，巴戟天，茶。按广雅云："荆、巴间采茶作饼成，以米膏出之。欲煮饼，先炙令色赤，捣末置瓷器中，以汤浇覆之，用葱姜芼之，即茶始说也。"[①]

早期人们不考虑茶之杀青、炒制之法，多以挼搓之法制成茶饼，和以米浆固定，饮用之时还要加葱、姜等香味极浓之作料。人们对茶之味道的最早认知是其可食，且有醒脑之药用功效，将其采摘直接咀嚼食用，发现其味不同于其他，涩、甘、甚至稍苦，这是一种人们以前完全没有接触之味，足以引起人们的关注。茶可食用，也可拌以其他食物共同食用，将其拌食多半因其味并不好吃，只是因其特殊功效和特殊滋味需要食，则拌以葱、姜等香料一并食用或饮用。所以，今天为人们所崇尚的饮茶之法是伴随禅茶文化的发展而逐渐形成的，当"清、静、和、雅"的禅道真正与茶之滋味融合后，茶文化才终于为人发现了其淡泊冲虚的真谛。

巴蜀地区早期制茶工艺中重食用的方法也在南丝路制茶工艺中产生了

---

① （宋）乐史撰．王文楚等点校．太平寰宇记［M］．北京：中华书局，2007：2704.
　　附：《广雅》系文字训话之书，训释文字简约。《广雅》云"这段文字，述饼茶的制作，饮用方法并饮茶功效，不符合《广雅》的训释体例，亦非《广雅》正文。从内容看似乎是注解文字，且疑是《埤苍》或《杂字》的注文，即《埤苍》注云"或《杂字》注云"，省为《埤苍》云"或《杂字》云"，又误为《广雅》云"。见丁以寿：《茶经》"《广雅》云"考辨。

重要影响。在文献记载中，巴蜀鄂地区制茶和饮茶的时间相当早。从文献来看，巴蜀地区应该在魏晋时期就能够进行茶叶加工。在文献中，有茶叶的具体加工方法，"米膏茶饼"，在前文中也提到过，这种"米膏茶饼"的制作方法相当早，应该是文献可见最早的茶叶制作方式，即利用米浆的黏性将碎小零散的茶叶黏合在一起，成为"茶饼"，便于存储和携带。同时，从其按来看，这种饮茶方式对后世影响颇深，流传久远。

文献中所记载的饮茶法也是早期人们所采用的方法。茶叶味苦涩，在早期饮用时，人们摸索出了将茶叶与葱、姜、橘等滋味鲜明且剧烈的食材混合一体的方法，为何一定要与葱、姜、橘混合在一起？从这四种食材来分析，葱味辛、姜味辣、橘味甘、茶味苦。将四种完全不同味道的食材混合冲泡，且四种都是性味剧烈之物，其功用为何？从文献来看，最初这种冲泡方式是用于醒酒。古人好饮酒，常常通宵达旦，不眠不休，但饮酒之后还需要工作，因此，当人们偶然间发现咀嚼茶叶可以使人的头脑保持异常清醒之后，人们便发明了将多种具有强烈滋味的食材混合冲泡的方法。可见，人们在早期茶叶的饮用和食用中是充分认识到其味苦和用于醒脑之功效，这应该是南丝路茶文化中最初的饮茶和食茶之法。"早采者为茶，晚取者为茗，一名荈。"《茶经》"五之煮"也有云："其味甘，槚也；不甘而苦，荈也；啜苦咽甘，茶也。"① 茶、荈都为一物。而这种将姜、桂、茶放在一起熬煮的方法是巴蜀人早期饮用茶的方法，从文献记载来看，这种冲泡方法产生的时间不会晚于魏晋。

葱姜茶的混合熬煮饮用之法沿南丝路茶文化区域延伸扩展，云南、贵州、广西地区都在早期文化中接受了这种茶饮之法。当巴蜀鄂的茶饮文化在后期逐渐受到禅茶文化影响开始向"清静和雅"的境界转变之时，云桂黔的煮茶之法依然风靡，在南丝路茶文化圈中存在十分明显的文化迁移和文化辐射作用。据《蛮书》卷七记载，彼时南诏王最喜饮茶，其采取的熬

---

① （唐）陆羽．茶经［M］．郑州：中州古籍出版社，2010：35．

煮方法也是这种源于巴蜀的姜桂茶混合熬煮,"茶出银生城界诸山,散收无采造法。蒙舍蛮以椒姜桂和烹而饮之。"① 同时,南宋人李石在《续博物志》中也对云南的饮茶方式有所记录:"茶出银生诸山,采无时,杂椒姜烹而饮之。"② 从时间和空间的推移来看,云南贵族的饮茶方式应该来源于南方丝绸之路上巴蜀茶的饮用方式。

文献记载中值得注意的还有茶叶的烤制之法。冲泡之前需先将茶饼进行烘烤,即"炙"其色变,烤干后的茶叶十分干、脆,将其捣碎再用刚烧开的水浇到烤干的茶叶上,伴随吱吱的冲泡声茶叶的香味完全发挥。早期人们用烤制之法制茶主要是为了避免茶叶苦涩之味,烤干后饮用的茶叶不再会有苦味反而将茶之醇香发挥到极致,因此在南丝路沿线区域中,老百姓多采用此法饮茶。时至今日,烤茶、白族三道茶等饮茶的原理就是将新鲜茶叶烤制后饮用,这样可以将茶叶之滋味发挥到极致,对于普通老百姓来说也不失为一种简单、享受的饮茶方式。

"荆巴间"人至少在魏晋时期就采用此种方法饮茶,而位于云南地区的南诏贵族在唐代时习惯于将茶混以葱、姜饮用。同时,文献也记载,在中国西南地区的少数民族中,有饮用葱姜茶的,有饮用烤茶的,基本方式与文献记载如出一辙。从时间上来看,位于云、贵、川等地区少数民族的饮茶方式与"荆巴间"有相似之处,但文献记载时间稍晚。这种饮茶方式在西南少数民族中一直被沿用和传承下来,这应该是茶文化现象在南方丝绸之路的传播、继承和发展。南丝路地区茶文化形成的时间很早,对于茶的食用和饮用均形成了这一地域特有的文化现象。正如上面所谈到的早期巴蜀茶饮就着其他配料一起熬煮,和现在的饮茶方法完全不一样,而这种茶文化现象在南方丝绸之路上有着明显的按时期先后、从北至南的传播过程。

---

① (唐)樊绰撰.向达校注.蛮书校注 [M].北京:中华书局,2018:190.

② (南宋)李石撰.李之亮点校.续博物志 [M].成都:巴蜀书社,1991:98.

第二节　南丝路茶文化的发展与交流

南丝路沿线区域是世界茶文化发展的重要区域，其整体发展与影响是由境内外茶文化的发展与交流共同作用而形成。蜀茶在中国茶文化中具有较高的地位和影响，对南丝路少数民族茶文化和境外地区茶文化都有着影响。在南丝路区域南丝路沿线的少数民族大多拥有灿烂而丰富的茶文化，茶在民族和人民的生活中都有着极其重要的地位，民族生活中不能缺少茶，有些民族以茶为民族图腾，象征民族的生命源泉，在民族精神中具有不可替代的意义。现有文献中关于南丝路民族地区茶文化文献较少，但从文化遗迹、民族风俗等可以探讨蜀茶对其影响。南丝路东南亚地区也有着较广泛的茶文化，以越南地区为例，其受中国茶文化和蜀茶文化的影响是比较明显的。南丝路其他地区的茶文化起源相对于蜀茶文化较晚，同时蜀茶文化对其影响有着明显从北至南的传播路径，但民族地区茶文化在发展中逐渐形成自身特点，并将茶叶产业建设成为地方经济的主要支柱，成为百姓生活中的主要组成。在南丝路境外茶文化发展中，尤以越南地区的茶文化发展历史较为悠久并与南丝路境内茶文化的交流与影响更为显著。

一、蜀茶文化的传播与影响

古人喜饮茶，不少文人对茶文化深有研究，对饮茶文化颇好之。从古至今，文人留下不少茶诗，成为今人研究茶文化的重要文献之一。蜀茶为不少文人所喜爱，因此有关于蜀茶的文人诗也广为流传。

晋人张载在其游历蜀中名胜白菟楼时写下茶诗《登成都白菟楼》，其中提到扬雄和司马相如，同时又将二人与蜀中名茶联系在一起，"借问扬子舍，想见长卿庐。……芳茶冠六清，溢味播九区"。前两句点出与茶有关的蜀中圣人司马相如和扬雄，后又引出蜀茶，肯定了蜀茶在全国的地位，茶叶质量佳、品质好，且在全国范围内都颇有声名，远播南北。这是文献可考文人茶诗第一首，足见蜀茶的地位和影响。

白居易的茶诗《谢李六郎寄新蜀茶》：

> 故园周匝向交亲，新茗分张及病身。红纸一封书后信，绿芽十片火前春。汤添勺水煎鱼眼，末刀圭搅麹尘。不寄他人先寄我，应缘我是别茶人。

《萧员外寄新蜀茶》：

> 蜀茶寄到但惊新，渭水煎来始觉珍。满瓯似乳堪持玩，况是春深酒渴人。[①]

白居易曾在四川任职，饮蜀茶也爱好蜀茶，其转任他地后，友人给其寄来蜀茶。唐代蜀茶品质较高，备受士人欢迎，且外地不易买到，所以收到友人寄来的蜀茶后，白居易十分惊喜和珍惜，满怀期待地开始煎茶饮茶，沉浸于蜀茶之滋味中。足以见唐代蜀茶的地位和士人对蜀茶的珍爱。

刘禹锡的《西山兰若试茶歌》中有"何况蒙山顾渚春，白泥赤印走风尘"[②]之句，每到春天产茶之季，蒙山茶、顾渚茶便封装好运往全国各地。蜀茶以蒙山茶为代表，在当时的影响和地位可见一斑。

韦处厚的《茶岭》一诗中云："顾渚吴商绝，蒙山蜀信稀。千丛因此始，含露紫英肥。"[③]茶岭所产紫英茶，滋味也不错，但其在人们眼中的地位相比顾渚茶和蒙山茶，则还是不够。一到产茶之季，湖州和四川的茶商都到顾渚和蒙山贩茶去了，紫英茶滋味再佳也无人问津。

---

① 于欣力，傅泊寒．中国茶诗研究［M］．昆明：云南大学出版社，2008：70-71.

② 于欣力，傅泊寒．中国茶诗研究［M］．昆明：云南大学出版社，2008：87.

③ 于欣力，傅泊寒．中国茶诗研究［M］．昆明：云南大学出版社，2008：106.

成彦雄的《煎茶》曰:"岳寺春深睡起时,虎跑泉畔思迟迟。蜀茶倩个云僧碾,自拾古松三四枝。"①诗人借宿古寺,以甘泉冲泡名茶,这对诗人来说是极好的享受。

曹邺的《故人寄茶》:

> 剑外九华英,缄题下玉京。开时微月上,碾处乱泉声。半夜招僧至,孤吟对月烹。碧沉霞脚碎,香泛乳花轻。六腑睡神去,数朝诗思清。月余不敢费,留伴肘书行。②

此诗所提到的"九华英"是唐代茶名,从地理位置"剑外"来看,应属蜀地,此"九华英"应是蜀地所产之茶。但历代茶书并未对"九华英"有记载。

以上为部分唐人所写关于蜀茶之诗。在唐文人眼中,蜀茶毫无疑问是当时享誉各地的名茶之一。蜀茶为人所知的不仅是其品质、滋味,更是蜀茶文化在士人眼中的声誉和地位。其影响也并不限于蜀地周边,其名传播和影响甚深甚远。

梅尧臣的《答宣城张主簿遗鸦山茶次其韵》有"顾渚亦颇近,蒙顶来以遐"③两句,以宣城鸦山之茶比顾渚、蒙山之茶,赞鸦山茶可比名茶。陆游《晚秋杂兴》"聊将横浦红丝碾,自作蒙山紫笋茶"④一诗,夕阳西照,诗人独自品蒙山紫笋名茶。可见,从唐至宋,蜀茶地位和影响并不减前朝。

但相比前朝,宋时蜀茶又增加了一些新的名茶品种,依然享誉各地。如陆游《试茶》诗中的"苍爪初惊鹰脱鞲,得汤已见玉花浮"。陆游《同

---

① 于欣力,傅泊寒.中国茶诗研究[M].昆明:云南大学出版社,2008:125.

② 于欣力,傅泊寒.中国茶诗研究[M].昆明:云南大学出版社,2008:130.

③ 于欣力,傅泊寒.中国茶诗研究[M].昆明:云南大学出版社,2008:144.

④ 于欣力,傅泊寒.中国茶诗研究[M].昆明:云南大学出版社,2008:186.

何元立蔡肩吾至东丁院汲泉煮茶》中的诗句"雪芽近自峨眉得，不减红囊
顾渚春"。① 杨万里《以六一泉煮双井茶》中的诗句"鹰爪新茶蟹眼汤"。②
其中谈到蜀地的两种名茶，"鹰爪茶""峨眉雪芽"。蜀茶品种当然不止于
此，宋代蜀茶继续发展，其茶文化影响也继续保持。

由此，唐宋时期的茶书中几乎无法回避蜀茶，究其根本原因，在于蜀
茶之地位与影响。

裴汶的《茶述》对蒙顶蜀茶赞赏有加："今宇内为土贡实众，而顾渚、
蕲阳、蒙山为上……"③ 浙江顾渚紫笋茶、湖北蕲阳茶和四川蒙顶茶为当
时最受世人所追捧、茶叶品质最好的三种茶。蒙山茶因产自四川蒙山而得
名，蒙山即今四川雅安境内的蒙顶山，山顶甘露寺作为中国禅茶重要发源
地，有着源远流长的禅茶文化系统，有着皇家贡茶园的遗址，蒙山茶品质
高雅，当地茶叶经济繁盛至今。

唐杨晔的《膳夫经手录》共计 1500 字左右，但在茶方面用笔颇多，
几乎占其一半的笔墨。虽然杨晔的《膳夫经手录·茶录》在有关于茶文化
的观点上略与陆羽的《茶经》稍异，但二人的共同之处是对于蜀茶的推
崇。《膳夫经手录》中有多处文献都谈及蜀茶，不仅对蒙顶茶，对蜀茶的
其他品种也有比较详细的论述，同时还对蜀茶在当时的栽种情况、发展情
况、流传情况和贸易情况进行深入而翔实的分析，对于我们了解蜀茶在唐
代的地位和发展有着重要的文献参考价值。

> 新安茶，今蜀茶也。与蒙顶不远，但多而不精。地亦不下，
> 故析而言之，犹必以首冠诸茶。春时，所在吃之，皆好。及将至
> 他处，水土不同，或滋味殊于出处。惟蜀茶，南走百越，北临五

① 于欣力，傅泊寒.中国茶诗研究［M］.昆明：云南大学出版社，2008：184.
② 于欣力，傅泊寒.中国茶诗研究［M］.昆明：云南大学出版社，2008：189.
③ 陈尚君辑校.全唐文补编［M］.北京：中华书局，2005：747.

湖，皆自固其芳香，滋味不变。由此，尤贵重之。自谷雨以后，岁取数百斤，散落东下，其为功德也如此。①

从文献来看，蜀茶"南走百越，北临五湖"，说明蜀茶在当时传播之广，而"皆自固其芳香，滋味不变，"则又说明蜀茶在世人中的影响与地位，当时对于蜀茶的推崇。杨晔对于蜀茶品质尤其称赞的一点是蜀茶无论栽种于何处，总能保持其固定的滋味。这应该是因为蜀茶的早期品种优良，适应性也很强，所以即使将蜀茶栽种于其他地区，也能始终保持其优良基因。也正是因为如此，蜀茶才能传播如此迅速，并在广泛的茶区受到欢迎。

从文献来看，蒙山蜀茶是茶中精品，世人但凡言茶必不能不说"蒙山茶"和"顾渚茶"。"蒙顶（自此以降，言少而精者）。始，蜀茶得名蒙顶也，于元和以前，束帛不能易一斤先春蒙顶。是以蒙顶前后之人，竞栽茶以规厚利。不数十年间，遂斯安草市，岁出千万斤。虽非蒙顶，亦希颜之徒。今真蒙顶有鹰嘴、牙白茶，供堂亦未尝得其上者，其难得也如此。又尝见书品，论展陆笔工，以为无等，可居第一。蒙顶之列茶间，展陆之论，又不足论也。"②杨晔在论蜀茶时尤其详细地写到蒙顶茶，从其不易购买显示出其珍贵和价值，又详细论述了蒙顶茶之鹰嘴和牙白品种在世人眼中的地位。在杨晔看来，蒙山茶绝对是茶叶品种中当之无愧的佳品。

杨晔将蜀茶列于茶录之首，论茶首先便以蜀茶之新安茶、蒙顶茶为代表，可见蜀茶在唐代时的地位和影响，论及茶之文化，蜀茶当仁不让。论及蜀茶为何为世人所爱，因其"南走百越，北临五湖，皆自固其芳香，滋味不变。"很多茶叶品种"及将至他处，水土不同，或滋味殊于出处"。一旦变换栽种地域，茶叶品质便相应改变，只有蜀茶无论天南海北，散播何

①　方健. 中国茶书全集校证（第一册）[M]. 郑州：中州古籍出版社，2015：211.

②　方健. 中国茶书全集校证（第一册）[M]. 郑州：中州古籍出版社，2015：212.

处，依然能够保持其醇厚的茶味。这一点尤为士人所喜爱。再者，唐代时蜀茶已经达到"南走百越，北临五湖"的扩散程度，可见蜀茶在当时的文化影响可谓广泛，同时，也知在中国的茶区之地，遍种蜀茶品种。而蜀茶中又尤以蒙顶茶为贵，在杨晔看来，真正的蒙顶茶已经达到无法用等级界定的程度。

蜀茶之所以传播甚广，影响甚深，因其与其他地区之茶相比，有着明显的优势。"饶州浮梁茶，今关西、山东间阎村落皆吃之，累日不食犹得，不得一日无茶也。其于济人，百倍于蜀茶，然味不长于蜀茶。"唐代时，多地的茶叶生产已经在数量上超越四川，例如江西浮梁茶叶，浮梁茶在当时产量巨大，且价格也不贵，因此备受普通老百姓所喜爱，远销关西和山东地区。浮梁茶虽然以数量取胜，但味道感觉上却远不如蜀茶，因此杨晔称浮梁茶"味不长于蜀茶"，一是可见蜀茶在当时之地位，二是可见饶州茶滋味与蜀茶相较还有差距。

五代毛文锡在茶叶专著《茶谱》中也对蜀茶之传播与影响有详细记载。事实上，巴蜀名茶品种繁多，巴蜀地区的彭州、眉州、邛（临）地区、雅州等地，多有品质尚佳的茶叶。但毛文锡对蒙顶茶赞誉最高，文献中多处提到蒙顶茶，例如在谈到扬州茶时以蒙顶茶做比较：

> 其土产各有优劣：……剑南，蒙顶，石花……眉州：洪雅、昌阖、丹棱。其茶，如蒙顶制饼茶法。其散者，叶大而黄，颇甘苦。……邛、临数邑茶，有火前、火后、嫩绿、黄芽等号。又有火番饼，每饼重四十两。入西蕃、党项，重之如中国名山者，其味甘苦。……蜀州：出晋原洞口、横源、味江，青城。……禅智寺，隋之故宫，寺枕蜀冈，冈有茶园，其茶甘香，味如蒙顶焉。[1]

---

① 方健．中国茶书全集校证（第一册）［M］．郑州：中州古籍出版社，2015：225–231.

　　此处以蒙顶作比，可见当时蜀茶蒙顶在饮茶者心中的地位。这也足以印证所谈到蜀茶的源远流长与影响深远。早期茶文献本不多，但多与巴蜀茶相关，从早期巴蜀茶叶文献来看，南方丝绸之路巴蜀地区的茶文化发展较早，对沿线地区的茶叶经济文化都产生着重要影响。

二、南丝路民族地区茶文化的发展

　　南丝路的少数民族茶文化源远流长，也是我国茶文化重要的发源地之一，民族文化和茶文化相互交织发展的特点十分鲜明。南方丝绸之路沿线区域是我国少数民族的主要聚集地，民族种类繁多，各民族历史源远流长，相互之间交流融合，民族历史也极为复杂。由于南丝路所在区域的自然条件非常适宜茶树生长，是中国茶文化的主要发源地和栽培地，所以沿线少数民族的发展史与茶文化发展史交叉融合发展。南丝路少数民族茶文化的发展历史中，有文献可考的确切的茶文化历史虽然能够追溯的时期并不太早，但结合考古史、民族史、文化史等迹象表明，南丝路少数民族的茶文化也拥有着悠久的历史。在这其中，除蜀茶文化外，巴地茶文化发展与南丝路少数民族的茶文化发展也密切相关。

　　巴国"其属有濮、賨、苴、共、奴、獽、夷、蜒之蛮"。[①] 所在地跨越巴、蜀、滇、黔。以"濮"为例，按照《华阳国志·巴志》的文献，其早期是巴国的属国，也曾追随巴国参与讨伐商纣的战争，而被认为的濮人后代今天则主要生活在四川西昌和滇西南地区。关于蜀茶文化，前面已进行过详细论述，而巴地茶文化发展也较早。据《华阳国志·巴志》记载，巴国在向周国纳贡时，"茶"是作为其中之一的贡品。

　　　　其地东至鱼复，西至僰道，北接汉中，南极黔、涪。土植五

---

　　① （晋）常璩撰．刘琳校注．华阳国志校注［M］．成都：成都时代出版社，2007：7．

谷，牲具六畜。桑、蚕、麻、苎、鱼、盐、铜、铁、丹、漆、茶、蜜、灵龟、巨犀、山鸡、白雉、黄润、鲜粉，皆纳贡之，其果实之珍者：树有荔芰，蔓有辛蒟，园有芳蒻、香茗，给客橙、葵。①

这说明巴地的茶文化不仅起源时间较早，也具有一定影响力。而作为巴地属国的"濮"，早期主要生活在巴、蜀、滇、黔交界地区，后才逐渐迁徙到滇西南，那么早期的濮人应该或多或少受到过巴蜀茶文化的影响，并且在迁徙过程中还有将茶文化进一步传播的可能。由此看来，受巴蜀两地繁盛茶文化的影响，南丝路少数民族的茶文化起源时间并不会太晚。

德昂族是南丝路民族中茶文化对其有着重要影响的民族之一，茶诗《达古达楞格莱标》不仅是德昂族的茶史诗，更是德昂族的创世史诗，在德昂族的民族历史中有着不可替代的重要地位。同时，德昂族与濮人在民族起源上有着密切联系。② 在民族信仰中，德昂族不仅将"茶"视为民族的图腾，也将"茶"视为德昂人的生命之源。③

　　　　很古很古的时候，

　　　　大地一片浑浊。

　　　　……

　　　　天上美丽无比，

　　　　到处是茂盛的茶树，

　　　　翡翠一样的茶树，

　　　　成双成对地把枝干抱住。

　　　　茶叶是茶树的生命，

---

① （晋）常璩撰．刘琳校注．华阳国志校注［M］．成都：成都时代出版社，2007：6.

② 黄桂枢．"普茶"即"濮茶"辨考［J］．世界茶之窗，2011（3）：7.

③ 赵腊林唱译．陈志鹏记录整理．达古达楞格莱标［J］．山茶，1981（2）.

茶叶是万物的阿祖。

天上的日月星辰，

都是茶叶的精灵化出。

……①

　　《达古达楞格莱标》是德昂族的口传历史史诗，具体产生时间不确定，在德昂语中是族人祖先传说的意思。在这首口传史诗中，德昂族将民族的诞生与"茶"联系在一起，创造出了"茶叶生人"的创世传说。从史诗的内容来看，德昂族认为人类来源于茶树，而德昂人更是茶树的子孙。当然，这种思想很明显具有早期原始人类的自然崇拜与祖先崇拜，不过，相对于很多民族将动物作为民族图腾，德昂族却选择将植物"茶"作为民族图腾。民族史上，将植物作为民族图腾的很少，除非这种植物对于本民族来说具有十分重要的意义。从茶与德昂族的关系来看，德昂人认为他们是从茶树中诞生，现实生活中茶对于德昂族的确具有重要意义，这种意义体现在他们将茶作为生活中重要的食物之一，同时随着商品交换的发达，茶业也给族人带来了经济利益等。

　　基诺族将诸葛亮视为民族茶祖。同德昂族相似，基诺族的民族信仰和日常生活与茶也有着十分密切的联系。基诺族生活的区域位于今天云南省的西双版纳境内，与东南亚的缅甸、老挝都山水相连。茶业经济和茶文化在基诺人的生活中占据重要地位。《蛮书》载"银生城"产茶，"银生城"位于今天西双版纳境内，也是基诺人主要生活的地区。基诺人用生产的茶叶与相邻部落的族人交换大量生活必需品，茶叶经济是基诺人日常生活的重要经济支柱，因此基诺人对于"茶"有着特殊的感情。"祭茶树节"和"祭茶虫节"是基诺族中最重要的祭祀仪式之一，时间都在正月前后，这两个节日均与基诺族人对"茶"的特殊情感相关。

---

　　① 黄光成.云南民族文化纵横探［M］.北京：科学出版社，2006：277.

同时，基诺族的茶传说也相当丰富。有民族学研究者对此进行过讨论，从横向来看，基诺族的茶传说数目众多；从纵向来看，基诺族的茶传说几乎完整记录了其民族的生命脉络和历史变迁，茶传说总是和基诺族最为重要的事件息息相关。[①] 茶文化贯穿着基诺族的民族发展史，在基诺人的生活中有着不可替代的重要意义。

基诺人的众多茶传说中，有三则茶传说在族人中是流传最广的，分别是"玛黑和玛妞""分天地""孔明撒茶种"。第一则"玛黑和玛妞"的传说告诉基诺人为什么他们世世代代都以种茶为生，以及茶叶在基诺人生活中的重要性。这则传说在基诺族的民族史中有着史诗般的重要意义，因为这是关于基诺族创世的传说，其中的"玛黑"和"玛妞"代表着基诺族的祖先，正是这一男一女教会基诺人种植茶树，并孕育了基诺人，繁衍了后代。在第二则"分天地"的传说中，创世人物尧白则为基诺人开创了他们赖以为生的茶山。第三则传说与诸葛亮有关，诸葛亮南征在南方少数民族中的影响比较深远，其影响在基诺人的生产生活方式中都留下了深刻的印记。

不仅在基诺族中，南丝路上有很多民族都以诸葛亮为他们的茶祖并祭拜。在他们的民族历史中，诸葛亮是给他们带来茶叶种子、教他们种茶、给他们带来美好生活的神圣人物，是民族的英雄和信仰。茶在基诺族人的信仰中，有着不可替代的重要意义，而其茶文化与巴蜀文化也有着相互影响的重要联系。

三、南丝路境外茶文化的发展

东南亚几乎所有的国家都有饮茶习俗，茶文化已成为东南亚文化中不

---

① 杨莹雪. 活的记忆——西南少数民族茶文学的族群认同功能［D］. 上海：复旦大学硕士学位论文，2008：34.

可分割的一部分。东南亚人民种茶、制茶、饮茶，有自己独特的茶文化，但其中也可以看到与中国茶文化相互影响、相互融合的因素。

（一）缅甸茶文化的发展与交流

1. 缅甸的茶树种植与来自中国的传说

缅甸与云南接壤，气候条件与云南南部十分相似，缅甸也有种茶的习俗，其茶区与云南德宏地区和西双版纳地区属于同一茶文明圈。[①]缅甸最初的茶树和云南茶树一样，主要来自野生大茶树，滇缅一带也是世界野生茶树的主要产地。

屈小玲在《南方丝绸之路沿线古国文明与文明传播》一书中谈到，在滇缅边境交壤之处的德昂族，即为横跨两个国家的同一民族，茶文化在这一民族的两地均表现出许多相似的地方。德昂族所在区域是世界野生大茶树的主要发源地，早期当地人主要是采摘野生茶叶以制成食物或饮用，后逐渐开始对野生茶树进行人工种植。据缅甸北部地区木埂德昂族佛寺经书记载，澜沧景迈茶山的芒景德昂族建寨和种植茶树最早可追溯到东汉后期，傣族经书记载的景迈栽培型千年万亩古茶树的年代是公元 695 年左右，由德昂族先民濮人栽种。[②]由此可见，缅甸的茶树驯化历史与云南十分类似。同时，相比同时期中国茶业的发展情况来说，缅甸的茶业文化在汉晋之际应该说刚刚处于起步阶段，更谈不上茶业贸易和专门的茶业技术。

2. 缅甸的"酸茶"文化

在南方丝绸之路的境内外段上，缅甸与德昂族都以制作"酸茶"而闻名。由于地理位置的接近，与云南接壤的缅甸地区在文化上有很多与中国西南地区相似。例如，缅甸的酸茶文化与中国西南少数民族的茶文化传播

---

① 屈小玲.南方丝绸之路沿线古国文明与文明传播［M］.北京：人民出版社，2016：275.

② 黄桂枢."普茶"即"濮茶"辨考［J］.世界茶之窗，2011（3）：7.

有着千丝万缕的联系。"酸茶"作为缅甸非常传统的茶饮，尤其是在缅甸的东北部地区，与南方丝绸之路有着更加密切地缘关系的这一区域，"酸茶"文化沿南方丝绸之路在西南少数民族与缅甸地区之间相互传播影响的可能性是很大的。

缅甸"酸茶"与德昂族"酸茶"在文化内涵、生活旨趣和制作工艺上均十分相似，同时还广泛吸收了南方丝绸之路其他西南少数民族的茶文化因素。缅甸酸茶是将新鲜茶叶放入大坑中发酵，发酵后将茶与油炸花生、蒜片、印度豆、豆瓣、炒芝麻、姜丝等食物一起拌着吃，有的还放有虾米干。[①] 这种方法在缅甸被称为凉拌茶或是茶叶沙拉。这种酸茶的食用方式已经完全将茶文化"清静和雅"的境界改变了，取而代之的是将茶平民化、生活化。纵观南方丝绸之路上境内西南少数民族的茶文化，是将茶逐渐与现实生活结合的过程，没有对茶进行品评、欣赏或是玩味，而是在生活中充分发挥茶的食用功能和饮用功能，逐渐将茶与日常生活联系在一起。"酸茶"在西南少数民族的生活中，是一日三餐中的食物、是茶余饭后的点心。而在缅甸，情况十分类似，发酵后的"酸茶"回味悠长，风味独特，加上各种拌料之后，令人胃口大开，是十分受欢迎的菜品，缅甸人喜欢就着一盘凉拌酸茶吃米饭。可以看出，无论是德昂族的酸茶还是缅甸人的酸茶，其食用方式都完全颠覆了中原地区将茶视为高雅饮品的一面，而是将茶完全生活化了。

德昂族"酸茶"的制作方法也是将新鲜茶叶初步杀青后装进竹筒，用芭蕉叶封口然后放入土坑中或陶罐中进行发酵，发酵成功后取出进行饮用或食用。饮用是用沸水直接冲泡，食用则主要以凉拌为主，但配料没有缅甸"酸茶"丰富，比较单一，作为小吃或是食物食用。不难看出，这种传统的"酸茶"制作方法与缅甸"酸茶"的制作方法极其类似。

不过，民俗文化研究者发现，与缅甸"酸茶"配料使用更加接近的

---

① 王全珍．缅甸拌茶漫话［J］．亚非纵横，1994（4）：33+48.

是南丝路的西双版纳基诺族。基诺族人也习惯于将茶叶进行凉拌食用，但在配料使用上比德昂族却要丰富得多，即将新鲜茶叶与黄果叶、酸笋、酸蚂蚁、白生、大蒜、辣椒、盐等配料混合食用。这些配料则更接近于缅甸"酸茶"的配料。所以，有研究者认为，缅甸酸茶更像是德昂族与基诺族食茶风俗的混合。德昂族酸茶只是对茶叶进行腌制，配料并不丰富；基诺族凉拌茶是食用新鲜茶叶，但配料十分多样。缅甸酸茶将德昂族酸茶与基诺族凉拌茶之妙充分结合起来，茶叶既要进行腌制，配料也相当丰富，最终在缅甸成为国人十分喜爱的一道居家食品和传统茶点，也是缅甸人用以款待来客的必备食品。

论及食茶文化，事实上最早可以追溯到巴蜀地区的茶文化古俗，蜀人在魏晋时期将茶叶当作食物，做成茶粥或者配合其他食物共同烹煮。蜀人食茶的风俗由来已久，但至唐宋以后，巴蜀和中原地区主要将茶作为饮品，食茶风俗在巴蜀和中原几乎不存。而唐宋以后，食茶风俗却在中国南方少数民族地区流行起来，食茶、饮姜桂茶一时成为南方贵族追捧的对象，而少数民族的下层百姓也在生活中开始广泛地食用茶。由此，才有南方丝绸之路境内外众多民族在茶文化上的相互影响和交融。

（二）南丝路茶文化的相互交融

同缅甸的茶文化相似，越南茶文化同样受到中国茶文化的深刻影响。早期在种茶、制茶、饮茶上受中国文化影响颇深，而后以越南、缅甸为代表的东南亚国家在明清时期以后也逐渐进入世界茶叶市场，茶叶贸易逐渐在国家经济中占据重要地位。

1. 越南茶与蜀茶的共同特征

越南所在地域适宜茶树生长，在越南原始森林也发现有野生大茶树，[①] 这是越南茶文化得以发展的自然条件。但越南人工种植茶树的历

---

① 罗长山. 越南传统文化与民间文学［M］. 昆明：云南民族出版社，2000：151.

史却并不长。

1986 年，越南西贡的华庐出版社出版了杜重镌（Du Trong Hue）在越南茶文化方面的专著《茶香》。杜重镌在这本著作中将越南茶分为五大类：中国茶（绿茶）、漫茶、干茶、鲜茶、花茶。

中国茶即绿茶在越南是最受欢迎的品种，因为越南气候炎热干燥，而绿茶清淡解燥、化湿降热的特点能够帮助当地人在炎热中化解不适，十分适合越南人饮用。因此，杜重镌在《茶香》中将中国茶即绿茶列在第一位。越南人将绿茶称为中国茶，足见中国在越南人心目中的重要地位。

南丝路地区最具代表性的茶叶品种也以绿茶为主，其中又以蒙顶甘露和峨眉雪芽等为代表。蒙顶绿茶至唐代始，已然成为蜀茶最负盛名的茶叶品种。蒙顶山位于今四川雅安市境内，山中常年云雾环绕，雨水丰富，这样的自然条件尤其适宜茶树的生长，蒙顶绿茶早在两汉时期便进入人工种植阶段。蒙顶绿茶享誉中原，蒙山茶至唐代始便成为贡茶。据《元和郡县图志》卷 32 记载：

> 蒙山，在县南一十里。今每岁贡茶，为蜀之最。①

又《陇蜀余闻》记载：

> 蒙山，在名山县西十五里，有五峰。最高者曰上清峰。其巅一石，大如数间屋。有茶七株，生石上无缝罅，云是甘露大师手植。每茶时叶生。智炬寺僧报有司，往视，籍记叶之多少；采制，才得数钱许。明时，贡京师，仅一钱有奇。别有数十株，曰

---

① （唐）李吉甫撰．贺次君点校．元和郡县图志［M］．北京：中华书局，1983：804.

陪茶，则供藩府诸司而已。其旁有泉，恒用石覆之，味清妙在惠泉之上。①

蒙山绿茶自唐代成为皇家贡茶，这一名誉历经千年一直延续到清代，蒙山茶依旧是皇家贡茶，其茶专供皇家饮用。今天的蒙山顶上依旧保留着"皇茶园"旧址，蒙顶茶享誉海内外，故有"蒙山顶上茶，扬子江中水"一说，前一句赞茶，后一句赞水。

2．从文献看中国茶文化与产业对越南的影响

越南地区至少到宋代时，并不产茶。据文献《诸蕃志》卷上：

（占城国）州县以土产物帛献于王。民间耕种率用两牛，五谷无麦，有杭粟麻豆。不产茶，亦不识酝酿之法，止饮椰子酒。②

《诸蕃志》是由南宋人赵汝适所著，其曾任泉州市舶司。文献对东南亚、南亚诸国的风土人情、物产、地理状况等有所记载。其文在谈到占城国时，明确载其并不产茶。宋占城国主要位于今越南中部至北部地区。若不产茶，其茶之来源应主要从中国获取，获取渠道包括经济贸易、朝贡馈赠等。

有文献也可证明，越南地区所饮茶叶主要来源于中国，且饮茶文化从中国传入的可能性较大。据《膳夫经手录》记载：

衡州衡山团饼而巨串，岁收千万。自潇湘达于五岭，皆仰给焉。其先春好者，在湘东皆味好，及至河北，滋味悉变。虽远自

---

① （清）王士禛撰．郭香圃点校．陇蜀余闻［M］．济南：齐鲁书社，2007：3620.
② （宋）赵汝适著．杨博文校释．诸蕃志校释［M］．北京：中华书局，2000：5.

交趾之人，亦常食之，功亦不细。①

这是中国文献中关于越南饮茶的早期记录，谈到越南人饮用衡州茶。越南不产茶，所饮之茶的来源多半是中国。同时也说明，越南至少在中国唐代，已开始效仿中国饮茶之法，但茶叶品质、饮茶之法稍逊。

越南有明确产茶记录的文献则出于《安南志略》：

茶，古载出谅州古都县，味苦，难为饮。②

《安南志略》的著者黎崱为越南人，后归顺元朝，本书著于其晚年时期，文献内容涉及越南古代政治、经济、制度、文化、军事及对外关系等方面。从文献来看，至少到 14 世纪，越南已经开始人工种植茶叶，并且有代表性的茶叶产区。但从茶叶品质与滋味来看，与南丝路蜀茶、滇茶、黔茶等相比较，这一时期越南的茶业工艺应该还并不成熟。

虽然越南在饮茶文化上已有发展，且对中国茶文化有所吸收，但越南的茶产业发展较为缓慢，这一点在相关文献中可以看出。

我国嗜好与中国略同。余景兴盛时，宇内无事，戚里公侯绅
弁子弟，以奢靡相高，一壶一碗之费，至十数金者。③

此文献源自越南人范廷琥写于 18 世纪的《雨中随笔》。越南地区的饮茶文化也主要在上层人群中传播，越南人好饮茶，贵族更是将茶文化视为身份的象征。因为上层人群的追捧，使得茶叶价值高昂，而越南并不盛

---

①　方健.中国茶书全集校证（第一册）[M].郑州：中州古籍出版社，2015：211.

②　〔越〕黎崱.安南志略 [M].北京：中华书局，2000：卷15：364.

③　陈庆浩，王三庆.越南汉文小说丛刊 [M].台北：台湾学生书局，1992：第二辑.

产茶叶，更多是从中国进口茶叶，由此，茶叶价值更被抬高。越南的茶文化多与中国相似，这是南丝路文化传播影响的结果，与越南邻近的西南四川、云南无疑对越南茶业经济文化发展起到重要影响。

综合几条文献来看，茶文化传播到越南的时间在唐以前，唐以前越南贵族应该就已接受并实践茶文化。但越南长期不产茶，而贵族又好饮茶，使得茶在越南不仅价格昂贵，且主要通过从中国进口获取。所以，中国影响越南的不仅在于茶文化，茶业贸易和产业也是非常重要的方面。不少致力于研究越南文化的学者对于中国茶文化，尤其中国西南地区茶文化对于越南茶业发展的影响都持肯定态度，他们认为，中国更多的是通过四川、云南地区与越南开展茶叶贸易。①

第三节　南丝路禅茶文化的发展与传播

茶自古便是佛教清修时必备的圣品，因为茶：一味"苦"，二味"静"，三味"简"，四味"放"。茶禅相通，茶助禅修，以茶供佛，最恰当不过。另外，茶有提神醒脑之功效，这对于昼夜参禅的僧人来说，无疑是俱佳的搭配。《封氏闻见记》卷六中记录了北宗禅习茶的情景：

> 开元中，泰山灵岩寺有降魔师大兴禅教，学禅务于不寐，又不夕食，皆许其饮茶。人自怀挟，到处煮饮，从此转相仿效，遂成风俗。②

可见，通宵参禅僧人难免困乏疲惫，而茶之功效能够帮助解决这一问

① 耿祝芳.越南及其茶文化［J］.农业考古，2012（5）：300-302.
② （唐）封演撰.赵贞信校注.封氏闻见记校注［M］.北京：中华书局，2005：51.

题，因此僧人夜晚参禅可不食，但不可无茶，这一风气遂在寺院中广泛流行。禅茶文化在中国传播发扬的原因不止于此，"茶"与"禅"在精神内涵上的相融之处是历经长期发展的结果。南丝路茶文化发展与禅道文化交融，禅茶文化之风成为南丝路文化中重要的组成部分。

一、巴蜀地区是南丝路禅茶文化的重要发源

"茶"与"禅"的结合是两种文化在发展中逐渐交融的过程，而两种文化在交融中互为对方文化增加了深刻的意蕴，以至于发展到最后二者颇为相通，构成整体，缺一不可，便是后人所称"禅茶一味"。简单论述，则是寺院一众僧人参禅过程艰辛而费力，甚至通宵达旦，而茶具有提神醒脑之功效，久而久之，僧众在参禅过程中便离不开茶之功效与滋味。为达到更好的提神醒脑之功用，僧人将茶饮方式进行改造，一方面突出其提神醒脑之功用，另一方面将混杂的茶饮方式向清雅、平静的禅道方向改进，最后不仅将"姜桂茶"改造为古寺高僧的清修圣品，更是将禅道的"苦""静""简""放"四味完全注入茶道之中。禅茶最终成为茶禅相通，茶助禅修，以茶供佛，不可为他者替代。南丝路巴蜀文化中自古便有种茶、制茶、饮茶的文献记载，四川地区人工种植茶树始于蒙顶甘露寺，禅茶之道更是发扬于峨眉之禅宗，也传播于蜀地大慈禅院、昭觉禅院等古寺名刹，久而久之，更是关系密不可分。可以说，四川茶业的传播和发展、南方丝绸之路茶文化的传播与发展同四川禅茶的发展关系甚密。

晚唐诗人黄滔的《题道成上人院》一诗：

花宫城郭内，师住亦清凉。何必天台寺，幽禅瀑布房。簟舒

湘竹滑，茗煮蜀芽香。更看道高处，君侯题翠梁。①

诗中禅师修行品茗所用之茶是蜀茶，与蜀地禅茶文化的发展与外传不无关系。黄滔是福建人，曾入蜀，对蜀茶的了解或是因蜀茶声名传播甚广，或是因入蜀后对蜀茶有接触，总而言之，蜀茶文化与禅茶文化相辅相成，不仅传播较广，且影响较大。

蜀中名茶品种甚多，其发展传播也与禅茶有着千丝万缕的关系，使得蜀中名茶得益于禅茶文化。

（一）蒙顶甘露始开巴蜀禅茶之先

蒙山茶其名远扬自不必说，宋人范镇的《东斋记事》卷四有文："蜀之产茶凡八处：雅州之蒙顶，蜀州之味江，邛州之火井，嘉州之中峰，彭州之棚口，汉州之杨村，绵州之兽目，利州之罗村。然蒙顶为最佳也。其生最晚，常在春夏之交，其芽长二寸许，其色白，味甘美，而其性温暖，非他茶之比。"②此处所列举的八处四川产茶之地，自古以来便以茗茶著称，从排序来看，雅州、嘉州之茶均在列。而宋代，从茶的滋味来说，大家更青睐于蒙顶茶。可见，唐宋时期，雅安蒙顶茶地位之高，品质之佳，是其他茶类所无法企及的。

蒙顶茶不仅地位高，品质佳，且具有丰富的历史与文化内涵，茶、禅文化的相互影响使得蒙顶茶文化更加突出。正是"宗师种植禅茶，几遍丛林"。③

毛文锡《茶谱》：

蜀之雅州有蒙山，山有五顶，顶有茶园，其中顶曰上清峰。

① （清）彭定求等.全唐诗［M］.北京：中华书局，1960：8104.
② （宋）范镇.东斋记事［M］.北京：中华书局，1980：37.
③ 琛明.蒙山施食仪探源［M］.成都：巴蜀书社，2004：1.

昔有僧病冷且久，尝遇老父询其病，僧具告之。父曰："何不饮茶？"僧曰："本以茶冷，岂有能止乎？"父曰："是非常茶，仙家有雷鸣茶，亦有闻乎？"僧曰："未也！"父曰："蒙之中顶茶，常以春分之先后，多顾人力，俟雷之发声，并手采摘之，（以）多为贵，至三日乃止。若获一两，以本处水煎服，（即）能祛宿疾；二两，当眼前无疾；三两，因以换骨；四两，即为地仙。但精洁治之，无不效者。"（其）僧因之中顶，筑室以俟，及期，获一两余，服未竟而病瘥。既不能久，及博求，但精健至八十余，气力不衰，时到城市，（人）观其貌，若年三十余，眉发绀绿。后入青城山，不知所终。今四顶茶园（采摘）不废，惟中顶草木繁盛，重云积雾，蔽亏日月，鸷兽时出，人迹稀到矣。[①]

蒙山茶在唐宋之际便名扬各地，其名一是以滋味取胜，二是以仙名为世人追捧，正是其仙名与蒙山的佛教文化深度融合，使得"禅茶一味"在蒙山得到发扬。蒙山禅茶文化发展与上清峰永兴寺之不动甘露祖师创立《蒙山施食仪》有密切关联，"参茶"是施食仪的重要环节之一，甘露祖师由此将蒙山茶定名"甘露茶"并列于《蒙山施食仪》之中。[②] 所以，茶与禅在蒙山文化中得以合而为一，相互影响。

《陇蜀余闻》记载："蒙山，在名山县西十五里，有五峰。最高者曰上清峰。其巅一石，大如数间屋。有茶七株，生石上无缝鳞，云是甘露大师手植。每茶时叶生。智炬寺僧报有司，往视，籍记叶之多少；采制，才得数钱许。"[③] 此处甘露大师并非不动甘露祖师，此封号定于明代，由明孝宗追封首植茶于蒙山之汉代僧人吴理真为"甘露普慧妙济大师"。[④] 其封号由

---

① 方健.中国茶书全集校证（第一册）[M].郑州：中州古籍出版社，2015：229.

② 琛明.蒙山施食仪探源[M].成都：巴蜀书社，2004：23.

③ （清）王士禛撰.郭香圃点校.陇蜀余闻[M].济南：齐鲁书社，2007：3620.

④ 琛明.蒙山施食仪探源[M].成都：巴蜀书社，2004：3.

来一是对吴理真首先在蒙山种植茶树以表纪念；二是对宋代不动甘露祖师发扬光大蒙山"甘露茶"以表纪念。

由此来看，蒙山禅茶历经唐宋、明清，一直盛名不衰。唐宋时期，蒙山寺院兴盛，永兴寺不动甘露祖师将蒙山禅茶推入新的高度，其重修永兴寺院，在寺院周边开垦土地种植茶树，教僧人习茶艺，并逐渐将茶艺纳入僧人修行之中，将茶道与禅道融合。蒙顶甘露茶从唐宋时期开始，便成为皇家专贡之茶，蒙山茶文化之盛为蒙山禅道的发扬提供了重要支撑。蒙山茶最初由寺院僧人亲手种植，后又经寺院僧人发扬光大，并将蒙山茶道与禅道结合，以禅入茶，以茶参禅，禅茶一味，茶禅融汇，也正是蒙山寺院僧人的禅道入茶，将蒙山茶推入了新的境界，并为世人所推崇。

正如《茶解》所说："茶通仙灵，然有妙理。"[1] 茶能够在精神领域与禅相通，在于其仙灵之气。《三才藻异》中称："雷鸣茶产蒙顶山，雷发收之，服三两换骨，四两为地仙。"[2] 虽然传说的意味未免过于浓厚，但精神世界的纯净和其中充满哲理的文化精神，使得禅茶融为一体。

（二）峨眉禅茶推动巴蜀禅茶进一步发展

《东斋记事》所列蜀之产茶八处，与禅茶相关之两处一是蒙顶之茶，一是嘉州之茶，嘉州中峰之茶便与峨眉白芽茶关系密切。峨眉山著名古刹之中峰寺从宋代便见于文献记载，中峰寺位于峨眉半山之间，其地理条件适宜种茶，且寺中僧人也种茶并饮茶，据峨眉山志，还有寺中僧人将峨眉茶带出的文献记载。从时间来看，文献所载蒙顶禅茶所出现时间在汉，峨眉禅茶所出现时间在宋，二者有前后之分。

峨眉寺庙的种茶历史可以追溯到魏晋时期，但峨眉茶的盛名远播却主要在唐宋以后。陆游《同何元立蔡肩吾至东丁院汲泉煮茶》诗有曰："雪

---

① （清）陆廷灿.续茶经［M］.郑州：中州古籍出版社，2010：230.

② （清）陆廷灿.续茶经［M］.郑州：中州古籍出版社，2010：234.

芽近自峨眉得，不减红囊顾渚春。"① 顾渚"紫笋"是浙江名茶之一，备受皇家和文人喜爱，此处陆游以顾渚紫笋与峨眉雪芽相比，盛赞峨眉雪芽不输于江南名茶顾渚"紫笋"，更是突出峨眉雪芽的优质茶性。《宋史》中对蜀茶的文献记载是："蜀茶之细者，其品视南方已下。惟广汉之赵坡，合州之水南，峨眉之白芽，雅安之蒙顶，士人亦珍之。然所产甚微，非江、建比也。"② 从文献叙述来看，蜀茶从宋代开始整体状况已有所下降，优质茶的产地相对减少。但以峨眉白芽和雅安蒙顶为代表的禅茶还能保持着优质茶品的地位。

（三）无相禅师与大慈寺禅茶开创南丝路禅茶文化新境界

巴蜀地区拥有深厚的禅道文化，宋代普济和尚的佛教经典《五灯会元》记载印度僧人宝掌和尚在大慈寺游学参佛之事，"魏、晋间东游此土，入蜀礼普贤，留大慈"。③ 大慈寺在唐宋时期，是闻名一时的佛教圣地，寺院规模极其巨大，僧人数以万计，并有来自世界各地的游学外僧，被誉为"震旦第一丛林"。唐武德年间，玄奘便是从长安到成都，在大慈寺律院受戒并坐夏学律，拜宝暹、道基、志振等高僧为师进行佛教经论的系统学习。唐宋时期的南北丝绸之路经济异常繁荣，而成都正是位于两条丝绸之路的交叉处，得益于两条丝绸之路经济的发展影响，因此往来于成都的商人、僧人很多。唐宋时期的大慈寺，有来自东亚日本、韩国的高僧，也有来自南亚印度的高僧，可以说是当之无愧的世界佛教文化交流的中心。

大慈寺高僧无相禅师，新罗人，在开元年间来到长安，受到唐玄宗召见，后无相禅师入蜀参拜智诜、处寂禅师，此后便一直留在成都。唐玄宗避难于蜀期间，再次召见无相禅师，此时的无相禅师已是大慈禅院的住

① （宋）陆游著．钱仲联校注．剑南诗稿校注［M］．上海：上海古籍出版社，1985：317.
② （元）脱脱等．宋史［M］．北京：中华书局，1985：卷184：4510.
③ （宋）普济．五灯会元［M］．北京：中华书局，1984：124.

持，玄宗请无相禅师重建大慈禅院。由此可见，大慈寺的禅宗文化在当时拥有广泛的影响力。

大慈寺禅茶的发端距今已逾千年，其最大贡献者莫过于无相禅师。无相禅师在大慈寺学习禅宗时，正是蜀地饮茶之风盛行不衰的时代。而无相禅师为了提神醒脑，解困除乏，便向蜀人学习饮茶，并养成了饮茶的习惯。后来，他又到金谷山石崖静坐悟道、苦修头陀，创立了引声念佛和"无忆，无念，莫妄"的"三句法门"，并在这期间创立了完善的禅茶之法。因此，从这段历史来看，大慈寺禅茶的发展与无相有着密切的关系，无相在禅茶文化上的推进是促成后来大慈寺禅茶文化发展的重要因素。

不可否认，无相在南丝路禅茶历史发展中起到了至关重要的作用。但事实上，在无相所生活的唐中期，禅茶在巴蜀地区已经得到发展，例如蒙顶禅茶和峨眉禅茶，其发生时期不会晚于大慈寺禅茶。无相所处时期的蜀地，是禅茶文化在四川各大寺院整体繁荣发展的时期，也是中国乃至南丝路沿线地区禅茶繁荣发展的重要时期，这并不是某一个人的行为，而是四川茶产业的整体发展与四川禅宗文化的整体发展相互影响的结果，也是南方丝绸之路茶文化、禅茶文化高度发展的重要时期。

蒙山禅茶起源于汉，发展最早，其茶叶品质也最佳；峨眉禅茶起源晚于蒙山，但其禅茶文化占据峨眉名山的优势，发展较快，并形成峨眉禅茶独立的文化体系；大慈寺禅茶则主要是唐后期在无相禅师的倡导下逐渐发展起来的。

（四）圆悟禅师与昭觉寺禅茶创立"禅茶一味"之文化

昭觉寺被誉为川西"第一禅林"，其地位可见一斑。昭觉寺的禅茶文化与圆悟禅师关系密切，同时也与大慈寺禅茶有着千丝万缕的联系。圆悟禅师曾任昭觉寺住持，也曾多次在大慈寺参学和讲经。所以，昭觉寺禅茶文化与大慈寺禅茶文化应该存在相互影响的可能。圆悟禅师——宋徽宗赐其"佛果禅师"，宋高宗赐其"圆悟禅师"，死后谥封"真觉禅师"。佛教文化中所提"禅茶一味"，多认为是圆悟禅师在湖南石门县夹山灵泉禅院提出的。圆悟禅师虽然在灵泉禅院为世人所知，但他后来两度出任成都昭觉寺住持，圆寂后葬于昭觉寺，其墓至今仍然存在于昭觉寺。陆游的《饭昭觉寺抵暮乃归》曰：

> 身堕黄尘每慨然，携儿萧散亦前缘。聊凭方外巾盂净，一洗人间匕箸膻。静院春风传浴鼓，画廊晚雨湿茶烟。潜光寮里明窗下，借我消摇过十年。①

昭觉寺佛教文化深远浓厚，禅茶一味的境界感悟众人。

日本高僧珠光正是受圆悟禅师"禅茶一味"思想的影响，创立日本茶道，并将其发扬光大。今天，仍然有不少日、韩高僧前往大慈寺和昭觉寺瞻拜圆悟禅师和无相禅师，由此可见四川禅茶文化在国内外的巨大影响力。

二、南丝路云南地区禅茶文化的发展

从现有文献记载来看，云南地区的茶文化有其特色，也有代表性的茶叶品种，如感通茶和太华茶，在历代文人世士的笔下多有记载，说明云南地区的茶文化有其发展历程，也有一定影响。云南地区佛教文化依然兴盛，寺院林立，多有高僧，明代时因牵涉胡惟庸案，日本高僧天祥、机先、大用等贬谪云南，在其地留下大量诗文。由此看来，云南地区的佛教文化发展也有悠久的历史和鲜明的特色。在茶文化和禅文化的共同影响

---

① （宋）袁说友等编．赵晓兰整理．成都文类［M］．北京：中华书局，2011：95.

下，南丝路云南地区禅茶文化得到发展并体现出禅茶交融、相互影响的文化特点，这也是南丝路禅茶文化的共同特征。

（一）感通禅茶是南丝路茶文化和佛教文化的有机融合

感通寺旧称荡山寺，位于云南大理点苍山圣应峰南麓，寺院所在的点苍山终年积雪覆盖、云雾环绕、清泉洌洌、土地肥沃，这些得天独厚的地理气候条件，使得感通寺周围非常适宜种植茶树。感通寺是云南地区颇具盛名的古刹，不少入滇的文人志士都曾在此停留，并留下诗文。感通寺佛教文化颇盛，其名流传较广，为世人所肯定。感通禅茶，茶因寺而得名，寺因茶而生辉。感通寺到明清时期，不仅其佛教文化得到传播，其茶与感通寺之间联系也更加紧密。云南感通禅茶文化到后期逐渐声名远扬，一是因点苍山所产茶叶质量甚佳，二是文人集聚感通寺为禅茶文化的融合发扬提供了重要文化基础。

明谢肇淛在其《滇略》卷二之"胜略"中对感通寺有如下记载：

> 大理之南有荡山寺，一名感通，汉摩腾竺法兰由西天竺入中国时建也，唐南诏重新之。其地山峦回合，林樾葱蒨，佛堂之外，僧院三十有六，四壁绘人天诸相，皆极工丽。[①]

感通寺所建时间早，依山峦而建，地势优越，也是早期佛教文化传入所建，佛教文化传承悠久，寺院几经修建规模较大，在南丝路地区具有重要影响，具有禅茶文化发展的重要基础。感通佛教文化之盛，在世人中地位之高，文化内涵之丰富，在多处文献中均有体现。

明代《万历野获编》之《感通寺》：

---

① 方国瑜主编．徐文德等纂录校订．云南史料丛刊（第6卷）［M］．昆明：云南大学出版社，2000：675.

云南大理府城南十里有感通寺，名荡山，汉摩腾竺法兰由西天竺入中国时建，唐时南诏重新之。山径曲折，数十里林樾蔽亏，佛堂之外，有僧院三十六。洪武十六年，寺僧无极入觐，献白驹一、山茶一，上临轩之顷，山茶忽发一花，上异之，赐御制诗十八章，叙其水陆往返之诚，仍敕撰记，略曰：此寺落成之时，住持者焚香默祷，夕有佛像自城中飞来，而莫位于此，今大雄殿未燔像是也。以上俱出太祖圣制，其为传信无疑，佛法之灵异如此，宜开天圣人之表彰尊信，后世崇奉不衰也。杨用修戍滇中，寓此寺最久，写韵楼即其卧室，寺产茶甚佳。①

该篇不仅对感通寺佛教文化发展有所记载，并详细描述寺僧无极入觐明太祖朱元璋，后朱元璋对感通寺赐御制诗以及著名文人杨慎寓于感通寺之事。这些事件的记录意在突出感通寺的重要文化地位，也是其禅茶文化发展的重要背景。

对此，在杨升庵的诗中也得到证实。杨升庵有诗《感通寺》：

岳麓苍山半，波涛黑水分。传灯留圣制，演梵听华云。壁古仙苔见，泉香瑞草闻。花宫三十六，一一远人群。②

杨升庵诗中所写"圣制"与"华云"便是指明洪武中，感通寺僧人无极曾率僧众朝京，高祖御制诗送之一事。而"花宫三十六"便指感通寺的三十六座僧院。全诗赞赏感通寺深厚的佛教文化底蕴和文化影响，对感通寺浓郁的佛教环境也进行了描绘。

---

① （明）沈德符.历代笔记小说大观［M］.上海：上海古籍出版社，2012：575.
② （明）杨慎著.王文才选注.杨慎诗选［M］.成都：四川人民出版社，1981：70.

清人王士禛在《居易录》卷22中也对感通寺悠远而深厚的佛教文化进行了总结：

> 又云感通寺在府南十里点苍山麓，摩腾竺法兰建，杨升庵先生寓止寺前之小阁，题曰"写韵楼"。四壁皆公墨妙启总则，鸡足雪山横亘云表，明末滇诗人唐泰大来薤染，号"担当和尚"，亦寓此楼，寿九十余而化。①

后人称感通寺为"名士高僧共一楼"，正如王士禛文中所记。如此之感通寺，佛教文化、自然条件、社会影响等均已经达到相当的高度。明人张纨诗《游感通寺》：

> 石头路上白云纵，有客相过为感通。古佛飞来莲座隐，老僧入定竹窗空。香樟有地存灵迹，慈石生云护祖封。愧我身沉尘事里，不能常到翠微中。②

感通寺佛教文化之盛为其禅茶文化发展奠定了重要的思想文化基础，而点苍山优越的自然条件使得感通茶品质甚佳，于是"禅茶一味"的茶文化和禅文化在感通寺得到自然的融合与高度的发展。究竟是感通茶成就了感通寺？还是感通寺推动了感通茶的发展？二者在文化互动中实现了完美的融合。在历代文人笔下，感通茶是在谈到云南茶文化时不可不提之处。

罗日褧撰《咸宾录》之"南夷志"卷7载："感通茶，感通寺出，味胜各处者。"③不仅强调感通禅茶在云南地区的重要地位和影响，也强调

---

① （清）王士禛.居易录［M］.康熙刻本，30.

② 赵浩如.古诗中的云南［M］.昆明：云南人民出版社，1995：32.

③ （明）罗日褧撰.余思黎点校.咸宾录［M］.北京：中华书局，2000：183.

感通禅茶在全国范围内同样具有一定的影响力。云南禅茶文化尤以感通禅茶为代表。

谢肇淛《滇略》卷三之"产略"：

> 滇苦无茗，非其地不产也，土人不得采取制造之方，即成而不知烹瀹之节，犹无茗也。昆明之泰华，其雷声初动者，色香不下松萝，但揉不匀细耳。点苍感通寺之产过之，值亦不廉，土庶所用皆普茶也，蒸而成团，瀹作草气，差胜饮水耳。①

谢肇淛曾在云南地区担任地方官，对当地所产颇为熟悉，他对感通茶、太华茶的评价均比较高，但同时也指出，正是因为当地人不善焙制，所以使得云南茶并没有得到较好的发展。文献中明确指出感通茶为感通寺院所产。

此外，在《云南图经志书》之卷五"大理府"一节，土产中专门记载有"感通茶"；②《滇志》卷三载"物货……又有感通之茗"。③虽然文献并未直指感通禅茶文化，但感通茶发展的整个历程与禅茶文化的关系自然是不可否定的，去感通寺除赏玩自然风光和感受禅教文化外，赏茶便是必不可少的环节。李元阳是明代云南本土文人中颇具代表性的人物，其为大理人，在京为官多年后回到云南，后40年基本未离开云南。其诗《感通寺赴斋》（三首）其中之一：

> 城中车马客，志不在烟霞。我往常无侣，僧迎似到家。持斋

---

①　方国瑜主编 . 徐文德等纂录校订 . 云南史料丛刊（第6卷）［M］. 昆明：云南大学出版社，2000：691.

②　（明）陈文修撰 . 李春龙，刘景毛校注 . 景泰云南图经志书校注［M］. 昆明：云南民族出版社，2002：262.

③　（明）刘文征撰 . 古永继校点 . 滇志［M］. 昆明：云南教育出版社，1991：112.

还断酒，破睡但烹茶。夜宿东林上，今宵有月华。①

从本诗来看，诗人借感通寺之行抒发远离世俗之心情，在感通寺清静平和的氛围下持斋烹茶，感受自然风光。在这种意义下，感通寺茶文化与寺院的佛教文化氛围已经成为不可分割的部分。

同谢肇淛的看法相同，不少从中原旅居云南之士人均认为感通茶品质极好，但冲泡方式的不同大大削减了其品质。《续茶经》摘引冯时可《滇行纪略》：

> 滇南城外石马井泉，无异惠泉；感通寺茶，不下天池伏龙。特此中人不善焙制尔。徽州松萝，旧亦无闻，偶虎丘一僧往松萝庵，如虎丘法焙制，遂见嗜于天下。②

感通寺所处之地非常适宜茶树生长，因此，刚采摘的感通茶口味甚佳，但云南一直沿用传统的茶饮炒制和烹煮之法，便使这口味甚佳的感通茶失去了其刚采摘时的独特清香。天池禅寺位于今杭州莫干山麓，伏龙寺位于今慈溪市伏龙山，二者均为明代著名禅茶文化之寺院。冯时可本生于江浙，后宦居云南，因此，他将感通茶与"天池伏龙"进行比较，其评价中首先肯定感通茶品质应该很高，另一方面也说明南丝路西南段禅茶文化与中原的迥异。在茶的烹煮方式上，云南禅茶具有较为明显的地方特点。

感通寺名僧"担当和尚"曾赋茶诗《叶榆令许思舫衙斋试茶》，对感通茶的烹饪、饮用进行了较为详细的描述。

---

① （明）李元阳.李元阳集（诗词卷）[M].昆明：云南大学出版社，2008：8.
② （清）陆廷灿.续茶经[M].郑州：中州古籍出版社，2010：140.

君不见，苍峰缺一胡为乎，只为天炎雪不枯。莫怪一方有冷癖，万里遥来宦叶榆。叶榆六月暑犹酷，幸有积雪与人沽。每日退食无一事，旋在树下支风炉。买雪必买太古雪，其雪洁白无点污。雪爽不得茶来点，谁识江南佳趣殊。江南清客手亲制，留与高雅不时需。一两二两安敢望，得将撮尔胜醍醐。烹之有法皆有器，然后方称陆羽徒。对酬只许三四座，以我参之韵更孤。先定其品后唇齿，得不一饮一嗟吁。两巡所剩无多许，不觉倾来只半壶。半壶半壶复半壶，何劳为我太区区。此半已是半之半，可不几连壶也无。主人不必嘴卢都，交情若也真能淡，是水吾当饮一瓢。①

从此茶诗所描述的饮用情景来看，明代时云南地区的禅茶文化与巴蜀已无二致。煮茶之水采自雪水，代表一种清净高雅的禅茶境界。烹饪器具和方法均十分讲究，诗中称为"陆羽徒"，可见在器具使用和煮饮方法上云南禅茶在努力学习和接受中原的方法，和南诏时期云南地区的传统茶饮之法已大不相同。

但从《叶榆令许思舫衙斋试茶》也可以看出，云南禅茶更喜烹煮。烹煮茶是南丝路西南段地区普遍采用之法，与中原饮茶法也有不同。感通禅茶煮茶之水是采自点苍山的积雪，烹煮方式是几人围坐树下，架起一个风炉边煮边饮。因为不断用风炉烹煮，所以茶汤在几巡后便寡然无味。

徐霞客笔下的感通寺依荡山而建，寺院林立，松林环绕，他对感通茶的烹煮方式也进行了记载，在《徐霞客游记》之"滇游日记"八中有：

度一峡，转而南，松桧翳依，净宇高下，是为宕山，而感通

_____

① （明）担当著．余嘉华，杨开达点校．担当诗文全集［M］．昆明：云南美术出版社，云南人民出版社，2003：166-167.

寺在其中焉。盖三塔、感通，各有僧庐三十六房，而三塔列于两旁，总以寺前山门为出入。感通随崖逐林，各为一院，无山门总摄，而正殿所在，与诸房等；正殿之方丈有大云堂，众俱以大云堂呼之而已。时何君辈不知止于何所，方逐房探问，中一房曰斑山，乃杨升庵写韵楼故址。①

历代文献中，对感通寺环境、楼宇的描述数徐霞客所留文献最为详细，可以看出，感通寺的环境是非常适宜种茶的，同时自然条件也决定了其茶品质量的佳处。徐霞客在感通寺休息一晚，第二日便与友人、寺中僧人同饮佳茗：

> 与何君同赴斋别房，因便探诸院。时山鹃花盛开，各院无不灿然；中庭院外，乔松修竹，间以茶树。树皆高三四丈，绝与桂相似，时方采摘，无不架梯升树者。茶味颇佳，焙而复曝，不免黝黑。已入正殿，山门亦宏敞。殿前有石亭，中立我太祖高皇帝赐僧无极《归云南诗》十二章，前后有御跋。此僧自云南入朝，以白马茶树献，高皇帝临轩见之，而马嘶花开，遂蒙厚眷。后从大江还故土，帝亲洒天葩，以江行所过，各赋一诗送之，又令诸翰林大臣，皆作诗送归。今宸翰已不存，而诗碑犹当时所镌者。……僧为瀹茗设斋。②

感通寺禅文化丰富且历史久远，流传甚广，有一定影响力，禅茶文化的发展传承在感通寺也并非一朝一夕之功，是历代禅文化和茶文化共同发展传承的功效。此段文字写于徐霞客游览感通寺之后，徐霞客在感通寺见

---

① （明）徐弘祖 . 徐霞客游记［M］. 上海：上海古籍出版社，2016：473.
② （明）徐弘祖 . 徐霞客游记［M］. 上海：上海古籍出版社，2016：474.

到寺院所种植的茶树，十分高大茂盛。同时，徐霞客也在感通寺饮用过感通茶，觉其茶味颇佳。从"焙而复曝，不免黝黑"可以明显看出感通禅茶的烹煮方式与四川、中原颇有不同，"焙"即采用烘焙的方式将茶叶烤干，烤干后还要"曝"，即曝晒，这样一来，茶叶中的水分被彻底排除，而茶叶颜色也由绿色变为"黝黑"，烤干炒制后的黝黑茶叶才用于烹煮，也并不是炮制。与上首《叶榆令许思舫衙斋试茶》相比较来看，徐霞客在感通寺饮茶的方法与僧人"担当和尚"不完全相同，徐霞客笔下的饮茶方式则更像云南地区传统的饮用方式，讲究烤制和烘焙。

从上述有关于云南禅茶的文献可以看出禅茶文化在南丝路云南地区的发展和影响。以感通为代表的禅茶文化对于云南地区有着重要影响，同时对于南丝路禅茶文化向境外的发展与传播也起到重要的媒介作用。云南地区以感通禅寺为代表的禅茶文化对云南地区禅茶文化的发展是影响很大的，而感通禅茶在与巴蜀禅茶、中原禅茶的文化交流中相互学习影响。不过可惜的是，虽然云南地区的自然环境十分适宜茶树种植，但由于焙制、瀹茗方式的不同，使得茶叶的优良品质并没有得到最充分的发挥。

（二）云南太华禅茶的发展状况

谢肇淛在《滇略》卷三之"产略"中曾提到"昆明之泰华，其雷声初动者，色香不下松萝"，此处"泰华"便是云南地区另一种名茶"太华茶"。太华茶产自昆明西郊太华山，此为云南名山，林翠景胜，云蒸雾绕，适宜茶树生长。太华寺位于西山群林掩翠之中，历史悠久，寺院阁宇，颇具佛家气派，幽静典雅，有康熙御书，历来为高僧、文人所游历。入滇之诗人留下众多与太华山、太华寺相关的诗文。可以想见，太华寺禅茶文化正是在此背景下发展与繁荣起来的。

例如明人郭文《登太华兰若》之诗：

夕阳满山秋，余景落滇水。舍舟事幽探，路入泉声里。风传隔树钟，叶响登山履。嗟我久红尘，游赏从此始。①

从诗可见太华山佛教文化的悠久历史和影响。

再如郭文《登碧鸡山太华寺》一诗：

晚晴独倚旃檀阁，烟景苍苍一望开。湖势欲浮双塔去，山形如拥五华来。仙游应有飞空鸟，僧去宁无渡水杯。不为平生仙骨在，安能得上妙高台。②

太华山为佛教名山，而太华寺更为其佛教精神的集中表现。此处之所以吸引众多高僧、士人前往，深厚的文化底蕴是非常重要的方面。而太华禅茶也正是孕育于此。

还有明人王元翰诗《太华寺》：

孤峰倒影夕阳斜，摇落珠林翠欲遮。昆海回澜吞日月，空王古殿锁烟霞。渔灯初照四三点，春色高凭十万家。起灭不须悲世界，劫灰今已被桑麻。③

此诗将太华山之林翠掩映，太华寺之古殿清幽刻画得入木三分。而最终是以升华的佛家教义赋予山寺。

明代著名文人杨升庵自然也留下了与太华寺相关的诗《太华寺即事》：

旧雨高岘上，新晴太华中。松门帧山霭，兰渚镜文虹。钟动

---

① 赵浩如.古诗中的云南［M］.昆明：云南人民出版社，1995：61.
② 赵浩如.古诗中的云南［M］.昆明：云南人民出版社，1995：66.
③ 赵浩如.古诗中的云南［M］.昆明：云南人民出版社，1995：165.

烟华紫，灯然暝色葱。山僧多养马，疑是古支公。①

　　关于太华山和太华寺的前人诗文流传下来的较多，以上仅摘取部分诗文文献，也足以看出太华山山景之盛，太华寺佛教文化之盛。太华山之山气和山势足以种植出好茶，而佛教文化之盛又为禅茶文化孕育出丰厚的基础。

　　《徐霞客游记》"滇游日记四"中谈到饮太华名茶之感：

　　　　侍者进茶，乃太华之精者。茶冽而兰幽，一时清供，得未曾有。②

　　徐霞客与友人聚于昆明西郊的筇竹寺，所饮正是"太华茶"。徐霞客在游历途中所住之处多是寺院禅庙，太华茶以其茶冽多为云南寺院的待客珍品，也是禅茶文化的重要表现。

　　由此可见，南丝路云南禅茶文化同样历史悠久，影响深远，有代表性的禅茶品种，茶叶品质甚佳，但因其焙制、瀹茗方式之不同，茶叶滋味与中原、巴蜀则有所区别。

三、越南"莲花茶"与中国禅茶关系密切

　　四川大慈寺禅茶中有一类禅茶种类称为"碧海莲花茶"，其制作方式不同于其他，是以高山茶和茉莉花多次窨制而成。今人前往大慈寺禅茶堂，能饮上一杯"碧海莲花茶"，已是无上荣幸。大慈寺无相禅师为禅茶文化注入新的内容，从而使南丝路的禅茶文化更加丰富。而经过研究发现，大慈寺"莲花禅茶"在越南竟找到相同的制作方法。

---

　　①　赵浩如.古诗中的云南［M］.昆明：云南人民出版社，1995：111.

　　②　（明）徐弘祖.徐霞客游记［M］.上海：上海古籍出版社，2016：402.

　　在东南亚地区，"莲花茶"普遍被视为一种高雅的饮茶方式。今日的越南，"莲花茶"的制作工艺大致沿用古法，采取清晨之荷花与茶叶共同窨制，一般需要连续窨制5~6次，并瓮于地下2~3年后取出饮用。①

　　如果觉得2~3年的瓮制时间太长，当地人也采用比较简易的做法，即头天取莲花与茶叶共同窨制，次日便饮用。浙江树人大学研究员关剑平曾亲自前往越南考察其茶叶制作工艺与发展情况，在与越南胡志明国家人文社会科学大学阮文历先生的接触中，关剑平发现，阮先生的父亲曾经在家门口的池塘里自己加工过莲花茶，加工方法和流程与古法无异，即在下午莲花闭合之前放入绿茶，次日取出来饮用。阮先生的父亲十分喜爱和精通汉学，也有着良好的汉学修养，而越南这种制作莲花茶的方法我们同样能够在中国古典文献中找到原型。②

　　《云林遗事》对莲花茶的制作工艺是这样描述的：

　　　　莲花茶，就池沼中早饭前日初出时，择取莲花蕊略破者，以手指拨开，入茶满其中，用麻丝缚扎定。经一宿，明早莲花摘之，取茶纸包晒。如此三次，锡罐盛，扎口收藏。③

　　《云林遗事》是记录元代著名雅士倪瓒生平事迹与爱好的著作。倪瓒与许多高僧交好，常出入于寺庙与僧人坐而论道，禅学修养极高，其对莲花茶情有独钟，而莲花茶的出现与禅道修行也有着千丝万缕的联系。因此，无论是中国的莲花茶，还是越南的莲花茶，都与禅茶文化相关。

　　在越南，"莲花茶"按其制作时间的长短可分为两类。其中窨制时

---

①　杜碧翠.来一杯禅－茶品一品越南茶道［J］.东南亚纵横，2001（8）：39.

②　关剑平.越南茶的文化与产业［J］.饮食文化研究（世界茶文化研究），2009（下）：99.

③　顾元庆.丛书集成初编［M］.北京：中华书局，1991：5.

间长达 2~3 年的"莲花茶"在越南称为"漫茶"（che man），是一种典型的发酵茶。而将各种鲜花窨制于绿茶之中的茶叶种类在越南称为"花茶"（cha nu）。[①] 在中国，花茶也是一种历史悠久、颇受青睐的茶叶品种。在长期的茶叶发展史中，中国花茶衍生出了种类繁多、方法各异的品种类型。相对于中国人来说，越南人更加酷爱的花茶类型便是莲花茶。

莲花茶是禅宗文明在茶文化上的重要表现之一。东南亚禅宗文化十分盛行，从很多方面对东南亚的文化都产生着极为深刻的影响。越南人为何最喜将莲花制成花茶。一说莲花在越南拥有国花的地位，[②] 另一说是莲花在越南是宗教文化的典型象征。莲花在中国的宗教文化中代表着禅宗文化，莲花、茶、禅这三种事物都在佛教文化中找到交汇之处，文人雅士和禅宗文化推崇莲花的高洁，与其性相关。

第四节　南丝路茶文化在民众生活中的表现

一、茶歌在南丝路地区的流传情况

和茶相关的民间歌谣在南方丝绸之路所到之处广为传播，内容丰富，涉及童谣、情歌、农耕、日常生活等方方面面。与茶相关的民歌在南丝路广泛流传的重要基础是茶业经济与普通民众生活有着比较密切的关系，且茶文化也深入普通民众生活之中。这种影响不限于某一地区，在茶文化影响所及的南丝路广大地区，这种文化影响的地域范围和传播力度均存在。

---

① 关剑平.越南茶的文化与产业［J］: 饮食文化研究（世界茶文化研究），2009（下）: 99.

② 耿祝芳.越南及其茶文化［J］.农业考古，2012（5）: 302.

（一）巴蜀地区

巴蜀地区与茶相关的民间歌谣很多，涉及劳作、爱情、节庆等多方面，同时涉及的地区也很广泛，说明茶与当地普通百姓生活的密切联系，已深入生活的方方面面。以万光治教授主编的《四川民歌采风录》为例，以"采茶"和"上茶山"为主题的民歌基本覆盖四川各个地区，甘孜、阿坝、凉山的民族地区此类采茶歌和茶山歌数量较少，但也有所涉及，说明茶文化在南丝路巴蜀地区的传播非常广泛。结合"茶"的主题，老百姓通过民歌书写日常生活的方方面面，表达自己最淳朴最真实的情感，说明茶文化已经深入生活之中，与生活的结合是基于茶业经济对生活的影响而形成的；各个地区的采茶歌和茶山歌的语言风格、体例、内容等比较一致，说明茶歌在南丝路地区的传播较广。

例如《太阳出来照红岩》，以"茶"为主题用于表达男女之间的爱情。这首民歌将爱情的浓烈与香茶的浓烈结合起来，歌颂爱情的热烈。

> 太阳出来照红岩，情妹给我送茶来。红茶绿茶都不爱，只爱情妹好人才。喝口香茶拉妹手！巴心巴肝难分开。在生之时同路耍，死了也要同棺材。[①]

绵阳安州区茶坪乡保留有歌谣《采茶歌》：
其一：

> 正月采茶是新年，姊妹二人进茶园。茶园又佃十二亩，贪官要收两吊钱。二月采茶茶发芽，姊妹二人去采茶。大姐抬头看二姐，摘多摘少早回家。……冬月采茶冬月冬，十担茶籽九担空。

---

① 《中国歌谣集成·四川卷》编辑委员会.中国歌谣集成（四川卷）上［M］.北京：中国 ISBN 中心，2004：327.

要等明年春来了，茶树底下又相逢。腊月采茶又一年，背起包包找盘缠。你把盘缠交给我，过了今年待明年。①

其二：

　　正月里点茶是新年，姊妹双双点茶园，大姐点了十二亩，二姐点了十二园。十二亩，十二园，收收拾拾过新年。二月采茶茶发芽，双双姊妹摘细茶，大姐摘多妹摘少，摘多摘少早回家。三月采茶茶叶青，茶树底下织手巾。大姐织个茶花朵，二姐织个采茶人。四月摘茶麦吊黄，姐也忙来妹也忙。姐姐忙的茶树老，妹妹忙的麦吊黄。五月采茶是端阳，桂花美酒泡雄黄。人人都吃雄黄酒，中间坐个少年郎。六月采茶热难当，上栽杨柳下栽桑。栽起杨柳躲荫凉，栽起桑树养蚕桑。②

　　两首歌谣以茶为线索将一年的十二月份串起，一年四季的特征都在歌谣中进行呈现，内容涵盖劳作、家庭、生活等，情感包含对生活艰辛的抒发、种茶劳作的表现、姊妹之间家庭之间亲情的表达、丰收后的喜悦等。茶在人们生活中成为必不可少的组成，茶贯穿人们生活的方方面面。

　　同样叙述方式的还有盐边县的《新采茶》：

　　正月采茶是新春，朱洪武打马下南京，……二月采茶龙抬头，苏妲己造下摘星楼，……冬月采花雪飞山，曹操人马下江南，……

---

① 《中国歌谣集成·四川卷》编辑委员会.中国歌谣集成（四川卷）上［M］.北京：中国 ISBN 中心，2004：51–52.

② 万光治.四川民歌采风录（2）［M］.成都：巴蜀书社，2017：263.

腊月采茶又一年，刘备关张结桃园，……①

同前面的民间采茶歌相似，以采茶为线索贯穿整首歌谣，每节中间穿插一些民间流传甚广、耳熟能详的历史故事传说，语言通俗易懂，活泼朴实，非常接近普通百姓的审美和语言习惯。

在万光治教授主编的《四川民歌采风录》中，除上述地区外，还有平武县、江油市、青川县、剑阁县、苍溪县、阆中市、仪陇县、营山县、巴中市巴州区、万源市、宣汉县、绵竹市等，此处不再一一列举，因为涉及的地区太多，基本全面覆盖四川地区。各个地区采茶歌的音调、节奏、内容体例等有很多相似之处，足见茶歌文化在南丝路地区的传播。

广安地区有《倒采茶》歌：

腊月采茶下大雪，……十月采茶冷兮兮，孟姜女儿送寒衣，……九月采茶是重阳，杜康造酒满缸香，……八月采茶茶儿青，董永卖身葬父亲，……正月采茶是新年，陈家妻子秦香莲……②

《倒采茶》歌同样以十二月份将一年的时间串起，以倒叙的方式从年末唱到年初。歌谣内容以茶为线索，其间贯穿耳熟能详的民间故事传说、历史典故，既将一年四季与采茶相关的劳作充分表现，又表达了老百姓的情感。《倒采茶》歌谣在四川地区的覆盖面同样较广。

"上茶山"主题在歌谣中数量同样较多。绵阳江油地区至少有三首《上茶山》歌谣：

---

① 《中国歌谣集成·四川卷》编辑委员会.中国歌谣集成（四川卷）上［M］.北京：中国 ISBN 中心，2004：489–490.

② 《中国歌谣集成·四川卷》编辑委员会.中国歌谣集成（四川卷）上［M］.北京：中国 ISBN 中心，2004：53–54.

其一：

　　腊月三十天，手拿皇历看，看一个日子上茶山。日子看得远，来年三月间，三月初三上茶山。与妹同一房，一夜来商量，商量要把茶山上。同桌吃顿饭，又把小郎劝，劝郎不要上茶山。上街把场赶，赶场把命算，邀约伙计上茶山。有个王老八，早年茶山爬，因为茶山败了家。①

其二：

　　正月是新年，在家无事干，朋友约我上茶山。天晴倒好耍，落雨乱如麻，农夫哥哥做庄稼。②

其三：

　　正月里无事干，买了本皇历儿手中看，看一个日子儿上茶山。挑一挑选一选，选一个日子儿三月间，三月十五上茶山。③

德阳绵竹地区的歌谣《上茶山》：

情哥看皇历做啥子，我看皇历上茶山。记得那年上茶山，把奴家丢了七八年。今年又上茶山去，又要把奴家丢好多年？今年我上茶山去，多则就是大半年。明天小哥要出门，奠得啥子给情郎哥哥饯行。④

广元青川地区的歌谣《上茶山》：

---

① 万光治.四川民歌采风录（2）[M].成都：巴蜀书社，2017：237.
② 万光治.四川民歌采风录（2）[M].成都：巴蜀书社，2017：245.
③ 万光治.四川民歌采风录（2）[M].成都：巴蜀书社，2017：253.
④ 万光治.四川民歌采风录（5）[M].成都：巴蜀书社，2017：820.

　　腊月三十天，手拿皇历看，看个日子上茶山。日子看得远，明年三月间，三月初三上茶山。①

　　"上茶山"民歌基本围绕男性去茶山劳作谋生计的主题，从中可以看出，去茶园打工成为许多百姓谋生计的主要途径之一，反映出茶业经济对于百姓生存的影响。茶产业在经济发展中有重要的支撑作用，因此有大量的人力参与到茶业相关的劳动中。所以，去采茶、种茶挣钱成为与百姓生活密不可分的部分。南丝路沿线地区是茶业经济的重要区域，所以茶类民歌在普通民众生活中表现更加充分。

　　巴蜀地区众多民间歌谣均与茶相关，说明茶文化在普通民众的生活中应该有比较重要的地位，同时也深入生活中，成为普遍存在的生活文化。在巴蜀地区，茶文化已经与人们的生活紧密联系在一起，成为日常生活中非常平常的部分。茶文化有普通人的爱情和婚姻，有普通人的柴米油盐。

（二）南丝路民族地区

　　在南丝路云南境内，茶文化同样深入人们生活的方方面面。例如，德昂族古歌《达古达楞格莱标》②，便是关于茶和民族信仰的古歌。而布朗族的《祖先歌》也视茶为民族的信仰："叭岩冷是我们的英雄，叭岩冷是我们的祖先，是他给我们留下竹篷和茶树，是他给我们留下生存的拐棍。"③在布朗族的这首古歌中，他们认为民族祖先留给他们的茶树是民族生存和发展的根基。事实上，在南丝路沿线的许多少数民族中，都是以茶业相关经济为生的，将茶贩卖以换取生活物资，是当地人主要的经济来源。

---

　　① 万光治.四川民歌采风录（3）[M].成都：巴蜀书社，2017：330.
　　② 赵腊林唱译.陈志鹏记录整理.达古达楞格莱标[J].山茶，1981（2）：48–53.
　　③ 西双版纳州政府.中国普洱茶[M].昆明：云南美术出版社，1995：50.

四川甘孜藏族地区得荣县有锅庄歌谣《茶歌》：

　　茶叶最先出在哪里？茶叶最先出在南方。三个汉族子孙种的茶，三个汉族姑娘采的茶。雪白的铜锅烘出的茶，商人洛布桑布买来的茶。汉白大洋换来的茶，驮夫翁通桑姆驮来的茶。渡过了大江小河的茶，翻过了高山峻岭的茶。用黄金白银换来的茶，种在家乡土地上的茶。将茶放在锅内熬，好像空中黑鹫飞。茶在锅中开三遍，好像大海波涛翻。金黄酥油放其中，好像黄鸭湖中游。白盐放入茶水中，好像草原降冰雹。将茶倒入茶桶里，恰如喇嘛戴黄帽。头道香茶敬贵客，二道香茶敬朋友，最后共饮如意茶。①

　　得荣地区距离西藏很近，在地理位置上应属于茶马贸易的范围之一。虽然只是民间歌谣，但透露的信息却非常多。首先，其肯定茶叶产自中国南方；其次，藏族人对于茶的情感非常深，热爱饮茶，将茶视为珍品。他们用大量的物资和金银换来珍贵的茶，又历经艰难险阻将茶运回；再次，烹茶对藏人来说无疑是一种享受；最后，珍贵的茶用以献给客人。这首藏族《茶歌》将茶业历史、汉藏之间的茶马贸易、藏人饮茶习俗以最通俗、最深情的方式进行了讲述，从百姓角度深刻认识茶文化在南丝路民族地区的传播与接受。

　　四川甘孜藏族地区理塘县的叙事诗《盐和茶》，这是一首长达十四节的长篇叙事歌谣：

　　雄鹰离不开雪山，骏马离不开草原，藏族人民啊——离不开

---

①《中国歌谣集成·四川卷》编辑委员会.中国歌谣集成（四川卷）下［M］.北京：中国 ISBN 中心，2004：851.

盐和茶。阿奶自小爱唱歌，盐和茶就是她的主题歌，阿爷生来爱
弹琴，盐和茶就是他的开头曲。……①

　　歌谣《盐和茶》直接点出盐和茶在藏族人生活中的重要性和普遍性，
足见茶文化在南丝路民族地区人民中的传播和影响。
　　南丝路民族地区也有大量的采茶歌，同汉族采茶歌一样，主要以茶为
线索串起一年四季中采茶的劳作，以每月为歌唱的时间顺序。这种采茶歌
在多个民族、多个地区均存在。例如，四川茂县地区的《采茶歌》：

　　　　正月采茶是新年，姊妹双双典茶园。上典茶园十二亩，当官
立约两交钱。……腊月采茶歌唱完，背包拿伞收茶钱。你把茶钱
交予我，要做生意待来年。②

　　采茶歌的形式、节奏大多相同，内容上有相似之处，但也有明显的差
别。不同民族、不同地区由于茶文化和茶业经济的各异，其表现在采茶歌
内容上也有一些差别。例如，茂县的这首《采茶歌》，虽然也有采茶劳作
的内容在里面，但由于茂县正处于南丝路茶业贸易的集合点之一，因此在
其茶歌中明显涉及茶业经济和茶业贸易的内容。
　　苗族《十二月采茶歌》中有：

　　　　正月采茶茶未发，姐妹茶山把肥加；茶树枝头发嫩芽；二月
采茶到茶山……十月采茶茶花开，茶花开后结茶果，姐妹又把茶

---

　　① 《中国歌谣集成·四川卷》编辑委员会.中国歌谣集成（四川卷）下［M］.北京：中
国 ISBN 中心，2004：888.
　　② 《中国歌谣集成·四川卷》编辑委员会.中国歌谣集成（四川卷）上［M］.北京：中
国 ISBN 中心，2004：924-925.

树栽；茶山才是好乐园。①

　　苗族这首采茶歌将苗族女人与茶相关的每一个月的生产活动进行描写，从这首采茶歌可以清楚地看出，茶业经济在苗族人的生活中有着十分重要的地位，可见茶叶种植是苗族人重要的经济来源之一。

　　四川秀山县羌族地区的茶歌《采茶歌》，这首采茶歌中体现出茶文化、茶经济以及传播于整个南丝路的茶文化的某些共同特征：

　　　　正月采茶是新年，姊妹双双典茶园。……你把茶钱交给我，今年过了有明年。②

贵州地区的《二月采茶》：

　　　　正月采茶是新年，顶起草帽进茶园。二月采茶茶发芽，姊妹双双去采茶。三月采茶三月三，茶树腿脚老蛇盘。四月采茶茶叶青，姊妹双双织手巾。五月采茶是端阳，羊角粽子熏砂糖。六月采茶栽秧忙，又栽杨柳又栽桑。七月采茶秋风凉，裁缝下乡做衣裳。八月采茶茶花开，摘花姊妹茶林来。九月采茶是重阳，桂花造酒满缸香。十月采茶过大江，脚踏船儿猛划桨。冬月采茶是立冬，十担茶籽九担空。腊月采茶得一年，合家欢乐大团圆。③

贵州地区的《采茶歌》：

---

　　①　祖岱年.贵州酒歌选［M］.贵阳：贵州民族出版社，1993：85–87.

　　②　《中国歌谣集成·四川卷》编辑委员会.中国歌谣集成（四川卷）上［M］.北京：中国 ISBN 中心，2004：1055–1056.

　　③　《中国歌谣集成·贵州卷》编辑委员会.中国歌谣集成（贵州卷）［M］.北京：中国 ISBN 中心，2009：10.

男：正二三，春采茶，邀着妹妹去观花。我的妹，问你爱戴什么花？女：叫声哥哥莫玩耍，爱红的，石榴花；爱白的，栀子花。这个采茶春采茶。男：四五六，夏采花，邀着妹妹去观花。我的妹，问你爱戴什么花？女：叫声哥哥莫玩耍，爱红的，芙蓉花；爱白的，茉莉花。这个采茶夏采茶。①

贵州地区侗族的《采茶歌》：

正月采茶是新年，姊妹双双选茶园；选得茶园十二亩，轻讲价来慢交钱。二月采茶茶发芽，姊妹双双来摘茶，姊采多来妹采多，采多采少转回家。三月采茶茶叶青，后园阳雀叫声声；一来催动阳春早，二来催动采茶人。……十月采茶冷分分，妹家屋头送寒衣，这坡找到那坡转，不见妹妹在哪里。冬月采茶立了冬，十根茶树九根空；要得姊妹来相会，茶橱脚下又相逢。腊月采茶完一年，姊妹采茶讨茶钱。你把茶钱交予我，姊妹双双转家园。②

据文献附录记载，这首《采茶歌》广泛流传于贵州的岑巩、玉屏、江口、石阡等县，是属于"五溪蛮"民族文化娱乐活动中常唱的一种歌。从各地采茶歌的内容来看，主要是将采茶劳作与生活结合，歌唱劳作的心情，表达内心的情感。

据《中国歌谣集成·云南卷》的记录，云南白族祥云县、勐海县布朗族、德宏州傣族、德昂族、普米族、罗平县地区等，均有采茶歌、上茶山

---

① 《中国歌谣集成·贵州卷》编辑委员会.中国歌谣集成（贵州卷）[M].北京：中国ISBN中心，2009：11.

② 《中国歌谣集成·贵州卷》编辑委员会.中国歌谣集成（贵州卷）[M].北京：中国ISBN中心，2009：521.

歌。此外，据《四川民歌采风录》记录，在四川彝族会东县、会理县，甘孜康定市、九龙县，阿坝松潘县，雅安荥经县等地均有采茶歌、上茶山歌等流传于民间。

其中值得注意的是，民歌中除对于采茶、种茶等劳动活动的记录，还有对于搬运茶叶脚夫的记录，这说明在南丝路地区茶叶贸易的存在，并同时提供了新兴的职业。

荥经县《茶包背夫》：

一出西门牛头山，茶包背夫一大湾。古城上又在烧砂罐，六合水池到花滩。①

会理县《采茶歌》：

正月采茶，嫂嫂采茶来。二月采茶，采茶采到竹叶青。姊妹采茶，请了脚子拉过河。②

荥经所在的雅安地区是茶叶交易的集中地，所以该地存在大量以背茶为生的脚夫。除此之外，茶叶采摘后也需要大量脚夫进行搬运工作，在茶业经济的各个环节都滋生出新的职业，而普通百姓正是依靠此进行谋生。因此，茶文化背后更重要的是茶产业的支撑与发展。

酉阳县羌族的《上茶山》歌谣：

……正月打扮上茶山，茶山只有三条路，……"哥哥呀！你在茶园找了好多钱呀？""上找银钱八百两，下找银钱四百

---

① 万光治.四川民歌采风录（9）[M].成都：巴蜀书社，2017：2152.
② 万光治.四川民歌采风录（9）[M].成都：巴蜀书社，2017：2194.

双！干妹哟四百双。"你找得那么多钱，你怎么不去哪里找个嫂嫂啊？""找个嫂嫂哪里有哟？""有个廊场有啥！""好大年纪呀？""八十岁左右啦！""小了！老了！""那老的老来，小的呀小啊！你这婚姻难配哟。"①

这首《上茶山》很特别，从一个全新的角度讲述茶与生活的关联，足见茶文化在南丝路民族地区的深入与广泛。茶反映在生活中更多是其带给人们的经济价值，正如本首歌谣，两人的对话主要围绕主人公在茶园挣了多少钱而展开，进而又深入家庭婚姻的问题，可以说，以"茶"为主题将普通百姓最关心的实际生活融入其中，歌谣中的茶文化更加通俗而生活化。

南丝路地区茶歌的内容、体例、表达方式等多有相似之处，各民族之间的茶歌也相通，在南丝路地区如此众多茶歌的存在，进一步证明南丝路茶文化圈的形成及相互之间的文化影响。

二、茶祖文化在南丝路的普遍存在

南方丝绸之路有着丰富的茶祖文化，从民族学的角度来看，对于茶祖文化的崇拜代表着一种民族认同的历史记忆，各民族在塑造本民族茶祖人物时，这一人物是与民族发展历史有着重要联系并且对于民族发展有着重要影响的，同时这一茶祖人物不仅在社会中有着广泛的影响力，在本民族中也是备受人民尊敬的英雄人物。从另一方面来看，某一民族所塑造的茶祖人物也是本民族英雄崇拜的思想体现。所以，茶祖并不是简单的人物塑造，应该说是民族精神、民族思想的集中体现。

---

① 《中国歌谣集成·四川卷》编辑委员会.中国歌谣集成（四川卷）上［M］.北京：中国 ISBN 中心，2004：1056.

诸葛亮是西南民族的共同茶祖。诸葛亮在南方云、桂、黔的少数民族茶区和南丝路境外的越南、缅甸产茶的地区都有着一定的影响力，尤其在云南和中越、中缅交界的地区，许多尚茶的民族都将诸葛亮奉为本民族的茶祖。当然，这一提法也得到不少研究者的质疑，认为诸葛亮与茶叶生产根本毫无关系。而这些民族对于诸葛亮的崇拜，也是一种英雄崇拜与民族寻根的表现。

诸葛亮长期经营南方，军队一度深入东南亚地区，因此在南方的少数民族和越南、缅甸的北部地区，诸葛亮都被视为英雄人物。除了战争上的征服，诸葛亮在远征中普遍实行的垦荒、屯田的军事政策，一方面供给军队，另一方面也将中原的生产生活方式带入南方少数民族地区。因此，南丝路很多少数民族都认为植桑、养蚕、织布等均是诸葛亮带入的。因为长期征战，军队与当地人的生活联系更加密切，相互同化，每到一处也会有很多人留在当地继续生活，也使得对于诸葛亮的英雄崇拜情节幻化在民间传说和故事中，历代相传。

诸葛亮在南丝路沿线地区均有深刻的影响。据《蛮书》卷六记载：

> 州城即诸葛亮战处故城也。城中有诸葛亮所撰文，立二碑，背上篆文曰："此碑如倒，蛮为汉奴。"近年蛮夷以木撑柱。臣今春见安南兵马使郭延宗曾奉使至柘东，停住一月日，馆谷勤厚，赠遗不轻。又有夔鹿弄川，汉同劳县故地也。在龙河遇川南百余里。[①]

又：

> 永昌城，古哀牢地，在玷苍山西六日程。西北去广荡城六十

---

① （唐）樊绰撰．向达校注．蛮书校注［M］．北京：中华书局，2018：142.

日程。广荡城接吐蕃界。隔候雪山，西边大洞川，亦有诸葛武侯城。城中有神庙，土俗咸共敬畏，祷祝不阙。蛮夷骑马，遥望庙即下马趋走。[①]

从唐代《蛮书》始，南丝路沿线的地方志中有关于诸葛亮的文献足以看出诸葛亮在政治、文化等方面对地区产生的影响。这种影响不限于中国，包括越南、缅甸在内的东南亚地区也可以看到诸葛亮的政治文化等影响。这种文化影响逐渐扩散到各方面，因此在茶文化中也将诸葛亮与此进行文化关联。

在云南基诺族的民族传说中，族人认为他们是"武侯遗种"士卒的后裔。基诺族尊诸葛亮为"茶祖"，每年农历七月二十三日为诸葛亮诞辰日，当地民众举行"茶祖会"，放孔明灯。直到现在，基诺族仍然保留着早期将茶叶生吃的古俗，人们将刚刚采收的茶叶进行揉搓，待到很软很细后便将茶叶放在一大碗泉水中，随后加入黄果叶、酸笋、酸蚂蚁、大蒜、辣椒、盐等调料，搅拌均匀后立即食用。

在云南一些地区的少数民族地区，每当春季采茶季节到来之时，这些地区都会举行祭茶仪式，除了祭祀古茶树、山神外，当地居民还会祭祀诸葛亮。云南不少产茶地区均将诸葛亮称为"茶祖"，云南当地还竖立着"诸葛兴茶"的雕像。

诸葛亮在南丝路沿线地区都有着重要影响，且在政治、经济、文化等方面均一定程度被视为精神代表，虽然实际上诸葛亮并未在多方面有惊人的功绩。这种精神影响更多是南丝路文化区域内民众的精神寄托。从地域范围来看，诸葛亮的影响更多在巴蜀地区、西南民族地区，在东南亚的越南、缅甸、泰国等地也有一定影响，这说明在共同文化区域内，人们的精神信仰会有相互影响和趋同发展。

---

① （唐）樊绰撰．向达校注．蛮书校注［M］．北京：中华书局，2018：141.

三、茶文化对南丝路民族习俗的影响

正是因为南丝路地区茶产业和文化发展的兴盛，因此西南地区的风俗习惯、民间歌谣、民间故事等都与茶有着密切的关系，茶文化在南丝路沿线地区的影响既广泛又深远。

（一）对婚嫁习俗的影响

古有"三茶六礼"之说，古时婚姻多以茶为礼，取"茶不移本，植必子生"之意。故女子受聘之礼称茶礼。《格致镜原·茶疏》中说：

> 茶不移本，植必子生，古人结婚必以茶为礼，取其不移植之意也，今人犹名其礼曰下茶。①

又《七修类稿》：

> 种茶下子，不可移植，移植则不复生也，故女子受聘谓之吃茶。②

以茶不移本之性为婚姻带来好的寓意，这是茶入婚礼习俗的原因之一。古人认为，茶树只能种子直播，移植不能存活，具有"不迁"的特性，以此可以象征坚贞不移。从茶种的不可移植衍生到夫妻情感上的从一而终，如果不是因为茶文化和经济在当时人们生活中的深刻影响，人们也不可能如此自然地将二者联系在一起。此外，古人也认为茶多籽实，以茶为礼，还蕴意着多子多福的意思。茶文化本身众多的属性与中国传统婚姻

---

① （清）陈元龙.格致镜原［M］.扬州：江苏广陵古籍刻印社，1989.
② （明）郎瑛.七修类稿［M］.上海：上海书店出版社，2009：490.

观念不谋而合。

　　茶首先在南丝路婚俗中婚聘这一阶段有着重要聘礼的作用。南丝路云南地区的绝大多数少数民族都有以茶为聘礼的风俗。例如白族，茶在云南白族婚聘的许多方面都扮演着主角。在云南洱源的白族婚礼中，新人向客人及长辈敬茶时，男方还要分别向女方的父母、兄弟回赠礼品，这个礼品就包括茶叶。而白族青年订婚、结婚时所需的彩礼"四色水礼"即为茶、盐、酒、糖。

　　其次，茶在婚俗的其他方面也都扮演着重要角色。在南丝路所经巴人生活的利川、五峰、长阳、宣恩等地区，有着饮茶订婚的习俗，在重庆的五峰地区，婚俗中有许多与茶文化相关的因素，例如举行婚礼仪式的次日清晨，夫妇一同拜见亲长，谓之见大小，凡亲长受新郎新妇者，当时必有馈赠，名曰茶钱；成婚三日后，新郎同新妇归宁父母，谓之回门。男家备茶礼，送新妇家大人；男家到女家迎亲，有拦门礼，如男家礼官讲输了，须给三茶六礼。

　　南丝路的贵州黔南地区，茶在婚俗中的角色是"三茶六礼"，其中的"三茶"自然与茶文化关系密切。"三茶"有下茶、定茶、合茶。媒人首先受托带茶礼去提亲，称为"下茶"；女方大致同意并传达给男方知晓，备上一份回礼，同时男方准备办婚礼酒宴，称为"定茶"；结婚时，入洞房以茶代酒喝交杯茶称为"合茶"。当然，茶在结婚仪式中意义也很重要，比如新人之间喝"交杯茶""和合茶"，向长辈献上"谢恩茶""认亲茶"等，前者象征夫妻恩爱、百年好合；后者代表不忘父母恩情及确立新的亲戚关系。这些都用与茶相关的文化因素来表达。

　　在南丝路境外的婚俗中，茶依然在其间扮演着重要的角色。例如，东南亚的越南地区，人们以茶为提亲时所必需的物品。在缅甸人的婚礼仪式中，人们会在新人周围摆放许多物品，除了鲜花等装饰物品外，还有双方家庭所准备的礼品，其中茶具是经常出现的礼品之一。

　　在南方丝绸之路地区的婚礼仪式各个程序中，人们俨然已经将茶文化视为婚嫁文化中不可缺少的部分。茶文化对婚俗中的影响在中原地区也同时存在，从文献《七修类稿》来看，如果人们在婚俗中取茶之此深意，这种文化现象更明显带有中原文化因素，而非西南民族的文化因素，要合理解释这种精神信仰在南丝路民族地区的深入人心和自然而然，那么最合理的答案应该是茶文化的传播并由此形成的共同文化圈。

（二）对祭祀文化的影响

茶在最初生产时因其为政府专供，不允许私人买卖而被视为珍品，因此，早期茶叶也被用作祭品和礼品。在《礼记·地官》中有文献记载"掌茶"和"聚茶"以供祭祀之用。可见，茶叶被作为祭品有着比较久远的历史。在南方丝绸之路的布朗族、德昂族等西南少数民族直到今天还把茶叶用于祭祀。

由于西南民族将茶普遍应用于祭祀活动，因此，当地人也将"茶树"奉为"神树"，并在此基础上创造了关于茶神和茶祖的各种神话传说以供人们的精神需求。茶对于西南山地民族来说，既有经济价值，又有精神价值，因此，生活于西南山地的众多民族，如基诺族、布朗族、佤族等，茶农们往往会将古生的大茶树作为祈求来年茶叶丰收的祭祀"茶灵"。"茶灵"在尚茶民族中是他们的精神支柱，围绕"茶灵"，每年人们都会开展一系列祭拜仪式，祈求风调雨顺，祈求"茶灵"庇护，保佑大家能够茶叶丰收，经济丰足。这种祭拜形式甚至在某些地区延续至今。

对于少数民族来说，祭祀是重要而神圣的行为，是部族最重要的群体活动之一，如若茶叶丰收对于部族来说意义重大，那么才会以如此神圣而虔诚的方式将祭祀与茶联系在一起。祭祀"茶树""茶祖""茶灵"，是渴望茶叶丰收，同时也一并祈求风调雨顺，渴望茶叶丰收的根本原因在于茶叶是生活的经济支撑，对于人民生活有着重要影响。因此，茶与祭祀文化产生重要联系的背后是更重要的经济原因，茶文化圈与茶经济圈相辅相成。

（三）对食茶习俗的影响

以茶叶入食是南丝路茶文化的特点之一。茶粥熬煮之法应该也是源于南丝路早期的巴蜀茶文化。巴蜀地区的百姓发明了将茶同粥一起熬煮的食用之法，在熬煮粥饭时加入浓淡相宜的茶汁，有时候还会加入乌梅、瓜子等可食用的配料，使得粥不仅充分吸收茶的功效，也使得粥的色觉和味觉焕然一新。茶粥具有化痰消食、利尿消肿、益气提神等功效，因此受到人们的喜爱。"闻南市有蜀妪。作茶粥卖之。廉事打破其器物。使无为卖饼于市。而禁茶粥。目困老姥。独何哉。"① 晋惠帝时，有蜀中老妪曾卖茶粥于市。直到现在，我国很多地区仍然保留熬煮茶粥的风俗，只是各地搭配其中的食材各不相同，在茶叶种类、茶汤浓淡的选择上会依据茶粥功效的不同而不同。茶粥的熬煮和食用方法不仅存在于中国，今天的东亚、东南亚地区均有食茶粥的习惯。

茶进入饮食与其功效有直接关系，从其功效来看，人们普遍认为茶可以治病、祛除体内湿气等。例如油茶，这是在南丝路民族地区普遍存在的一种食品，人们认为油茶可以帮助克服南方气候的不适，甚至作药之用。明代医书《证治准绳》记载：

> 戴云：近世因寒热发作，见其指甲青黑，遂名曰沙，或戛或挑，或灌以油茶，且禁其服药，此疫即是南方瘴气。②

可见，人们将茶引入日常饮食或许也是看重其有益身体的功效，常饮油茶在南方成为比较普遍的行为甚至入食，与其克服瘴气之功效也有关系。

"擂茶"也是存在于南丝路的一种代表性食品，擂茶的传说在南丝路上十分有名，从其形成历史上，可以看出茶叶文化与茶叶经济在南丝路上

---

① （清）严可均.全上古三代秦汉三国六朝文［M］.北京：中华书局，1958：3518.

② （明）王肯堂.证治准绳（上册）［M］.北京：人民卫生出版社，2001：58.

发展的过程。

擂茶主要存在的武陵山区，是湘、鄂、川、黔的交界地带，主要位于湖南境内。但从历史上来看，湖南地区并不是茶叶原生产区，据分析，擂茶很有可能是从巴蜀地区传播到湖南的，这也与东汉时期马援在桃源与五溪蛮的交战传说相互印证。

　　桃源民俗惯饮擂茶，其法用茶一撮，米一碗，茱萸四五钱，胡麻一盏，以水浸湿，入有齿磁盆，持杵捣之，融入沸汤，贮以瓶盏，复入熟胡麻及时果之类，泻之盏中，饮可六七盏。饮毕，闷者豁，郁者舒，欠伸者爽然神发。故余乡人无贵贱长幼，每日早午凡饮二次。其法，盖始于马伏波征武陵蛮时所制。①

关于擂茶起源的传说在武陵山区流传极多极广，但许多研究者更认同东汉马援将擂茶文化引入湘西的说法。马援曾出征岭南和越南等地，而这两处均是南丝路所经的重要区域。马援从陕西出征越南的路线，必经过巴蜀地区，出巴蜀后一条线路可以经云南进入越南，另一条线路可以经广西进入越南；而出征岭南地区，也需经过川、湘、鄂、黔等地。在不同的地区之间穿行，对所到之处的不同文化现象有所了解是自然之事，同时也将不同的文化因素进行传播。

马援及其军队从北方而来，征战南方，对当地的暑热和瘴气十分不适应，以至于许多士兵都生了严重的病。马援一路行军，经过的正是南方丝绸之路的线路，对巴蜀人以姜茶调理脾胃的习俗应该非常熟悉，于是他便想到让官兵饮茶以避暑气，同时还在茶水中加入了湘西当地产的薏仁等物以使茶饮更加适合消除疠气。于是，这种茶就成了"擂茶"最初的来源。

---

① （明）江盈科撰．黄仁生辑校．江盈科集［M］．长沙：岳麓书社，2008：610.

以上是南丝路民间传说中对于"擂茶"来历的概述,"擂茶"与巴蜀地区食茶文化也有关联,如《蜀中广记》卷六十五有"今蜀人擂茶是其遗制"之语,又明人孙绪茶诗《擂茶》诗:"何物狂生九鼎烹,敢辞粉骨报生成。远将西蜀先春味,卧听南州隔竹声。"从上述文献来看,擂茶与巴蜀文化有着千丝万缕的关系,且作为食品进入饮食文化已经有较长的历史。

在巴蜀茶文化中,茶之驱病功效已久为人们了解。《续茶经》摘引《月令广义》:

> 蜀之雅州名山县蒙山有五峰,峰顶有茶园,中顶最高处曰上清峰,产甘露茶。昔有僧病冷且久,尝遇老父询其病,僧具告之。父曰:"何不饮茶?"僧曰:"本以茶冷,岂能止乎?"父曰:"是非常茶,仙家有所谓雷鸣者,而亦闻乎?"僧曰:"未也。"父曰:"蒙之中顶有茶,当以春分前后多构人力,俟雷之发声,并手采摘,以多为贵,至三日乃止。若获一两,以本处水煎服,能祛宿疾。服二两,终身无病。服三两,可以换骨。服四两,即为地仙。但精洁治之,无不效者。"僧因之中顶,筑室以俟。及期,获一两余,服未竟而病瘥。惜不能久住博求。而精健至八十余岁,气力不衰。时到城市,观其貌若年三十余者,眉发绀绿。后入青城山,不知所终。今四顶茶园不废,惟中顶草木繁茂,重云积雾,蔽亏日月,鸷兽时出,人迹罕到矣。①

此种以茶治病的说法在巴蜀地区并不是个案,由此足见以茶入饮食、以茶入医道乃是南丝路茶文化重要的方面。茶的饮用和食用均以南丝路地区为代表,其后逐渐在南丝路的茶文化圈传播并接受,其传播过程是以巴蜀地区为代表的茶文化逐渐影响和辐射的过程。

---

① (清)陆廷灿.续茶经[M].郑州:中州古籍出版社,2010:269.

小　结

　　南丝路茶文化发展是由多个方面、多个地区在较长的历史时期中形成。在南丝路区域范围内，蜀茶文化对其他地区的影响与辐射作用是存在的，这从文献可考的蜀茶历史起源与发展历程可以看出，同时，各个地区茶文化有自身特点，相互之间也存在影响与交流关系，由此共同构成南丝路茶文化的统一整体。南丝路所在区域是世界茶文化发展的重要地区所在，沿线区域均有历史悠久的饮茶文化，尤其是南丝路境内段，巴蜀地区、云南地区、贵州地区、广西地区等均有长期的茶叶种植历史，茶产业已经深入普通百姓生活，因此茶文化表现在生活的各个方面，包括婚嫁、祭祀、饮食等方面，南丝路民歌文化中茶文化因素也是非常重要的方面，茶文化成为生活不可分割的一部分。在南丝路茶文化发展中，逐渐形成颇具特色的禅茶文化，南丝路禅茶文化存在于境内外，文献表明，巴蜀禅茶、云南禅茶等均在发展中留下大量痕迹，并为禅茶文化发展做出重要贡献。南丝路境外段的茶文化尤以越南地区为代表，从文献可以看出中原茶文化对越南地区茶文化的影响和越南茶文化与南丝路境内茶文化的交融。各个地区的茶文化具有自身特点，这也是茶文化在不同地域的长期发展中形成，南丝路地区在长期发展相互影响、相互交流，共同促进南丝路茶文化的形成。因此，南丝路茶文化不仅内涵丰富，且具有地域特点，是世界茶文化的重要组成部分。

第三章　南方丝绸之路的茶业经济发展

第一节　南丝路茶业经济整体状况

经过长期发展，南方丝绸之路的茶叶贸易在各方面都得到长足的发展，整个地区的茶业经济总量迅猛增加，茶叶贸易成为南方丝绸之路上十分重要的经济形态，成为南丝路沿线经济的重要支柱。茶业、丝绸是南丝路经济形态中最重要的两项商品，也是古代中国经济发展重要的两项商品。本书研究茶业、丝绸经济的意义不仅仅在于这两项经济形态，更重要的是分析巴蜀地区在南丝路茶业经济中的重要地位、经济互动强化了南丝路沿线地区之间的经济文化交流。

一、巴蜀地区是南丝路茶业贸易的核心

巴蜀地区是南丝路茶文化发源和传播的核心区域，在南丝路茶业经济的发展和影响中具有十分重要的地位。

（一）南丝路茶叶生产主要在巴蜀地区

据《华阳国志》记载，巴地盛产茶叶。巴人臣服于周王朝后，曾将茶作为向周王朝缴纳的贡物之一，可见茶在当时也是巴国的稀见之物。《华

阳国志·巴志》有文："周武王伐纣，实得巴蜀之师。"①巴族被册封后，巴国盛产的"桑、蚕、麻、苎、鱼、盐、铜、铁、丹、漆、茶、蜜、灵龟、巨犀、山鸡、白雉、黄润、鲜粉"等物，"皆纳贡之，其果实之珍者：树有荔芰，蔓有辛蒟，园有芳蒻、香茗，给客橙葵。"②可见，巴国将"茶"作为贡品献纳于周王朝。而"园有芳蒻、香茗"，其中"芳蒻"为魔芋，"香茗"为茶。

从《华阳国志》及其他文献中可以看出，南丝路的巴蜀地区出产茶叶的时期不仅较早，且巴蜀地区的茶区也较多。

《华阳国志·蜀志》记载："什邡县山出好茶，杨氏为大姓，美田有盐井。"③南丝路什邡地区产好茶。

《华阳国志·蜀志》记载："南安、武阳皆出名茶。"④南安在今四川乐山一带，是秦占蜀后设立的郡县。"武阳"在今四川彭山一带，至古产茶，也即王褒在《僮约》中所提到的买茶之地。

《华阳国志·南中志》记载："平夷县郡治有洮津，安乐水，山出茶、蜜。"⑤平夷位于今天南丝路的贵州地区，也盛产茶叶。

西晋左思《蜀都赋》："其园则有蒟、蒻、茱萸。"⑥成都地区无疑也是茶叶的重要产地之一。

综上所述，南方丝绸之路的巴蜀地区产茶时间至少可推至春秋战国时期，相比其他茶区来说，这个时间是非常早的。由此可知，南方丝绸之路的茶叶生产源远流长，南丝路沿线地区的四川、重庆，以及邻近的贵州北部地区，都盛产茶叶。

---

① （晋）常璩撰．刘琳校注．华阳国志校注［M］．成都：成都时代出版社，2007：4.
② （晋）常璩撰．刘琳校注．华阳国志校注［M］．成都：成都时代出版社，2007：6.
③ （晋）常璩撰．刘琳校注．华阳国志校注［M］．成都：成都时代出版社，2007：133.
④ （晋）常璩撰．刘琳校注．华阳国志校注［M］．成都：成都时代出版社，2007：144.
⑤ （晋）常璩撰．刘琳校注．华阳国志校注［M］．成都：成都时代出版社，2007：201.
⑥ （梁）萧统编．（唐）李善注．文选［M］．上海：上海古籍出版社，1986：182.

（二）禁止茶业贸易私营逐渐明显

汉代字书《尔雅正义》《说文解字》中已经对"茶"字有着比较详细的解释，扬雄的字书《方言》对西南地区"茶"字读音进行了记载，司马相如《凡将篇》中也提及茶事。不过，这些文献中最重要的应该是王褒的《僮约》。《僮约》中有这样的文字，"牵犬贩鹅，武阳买茶"，"烹茶尽具，铺已盖藏"，武阳即今天四川彭山地区，这是在文献中直接表述的购买茶叶行为，既然是"买茶"，那么说明茶叶已经成为一种商品在市场上进行交易，《僮约》写于西汉宣帝时期，从时间上来看，至迟在公元前一世纪，四川地区已经明确有茶叶商品交易行为。

杨晔《膳夫经手录·茶录》中说："惟蜀茶，南走百越，北临五湖，皆自固其芳香，滋味不变。由此，尤贵重之。自谷雨以后，岁取数百万斤，散落东下，其为功德也如此。"[①]蜀茶因其品质甚佳而受人欢迎，无论南北地区，都传播甚广，而四川地区得天独厚的自然条件为栽种茶叶提供了保障，使得蜀茶的产量较高，也为其商品交易提供了保障。

伴随饮茶文化的逐步扩散，有关于茶叶交易的行为更加普遍。魏晋时期以后，茶叶贸易行为中虽然官营和私营并行，但茶叶官营专卖的趋势也是十分明显的。

> 晋元帝时，有老姥，每旦独提一器茗，往市鬻之。市人竞买，自旦至夕，其器不减。所得钱散路傍孤贫乞人。人或异之，州法曹縶之狱中。至夜，老姥执所鬻茗器，从狱牖中飞出。[②]

这则文献具有强烈的传奇色彩，但可以看出的是，能够在市场贩卖茶叶制品。

---

① 方健.中国茶书全集校证［M］.郑州：中州古籍出版社，2015：211.
② 熊明辑校.汉魏六朝杂传集［M］.北京：中华书局，2017：2246.

另一则文献：

> 闻南市有蜀妪。作茶粥卖之。廉事打破其器物。使无为卖饼
> 于市。而禁茶粥。目困老姥。独何哉。①

蜀地有专门进行茶叶买卖的场所，这些场所应该是官营无疑。但在上述两则文献中，可以发现在茶叶官营之外，一些普通老百姓也将自己制作的茶叶加工品拿到集市上售卖。同时，由第二则文献中"廉事打破其器物"足以说明，茶叶交易在魏晋时期的官营化特征非常明显，官方对茶叶享有专卖权力，逐渐开始禁止私人贩卖。

而禁止茶叶私贩的根本原因是贩茶之事在魏晋时期已经逐渐显现出其巨大的经济价值，《茶经》摘引《江氏家传》：

> 江统字应元，迁愍怀太子洗马，尝上疏，谏曰："今西园卖
> 醯、面、蓝子、菜、茶之属，亏败国体。"②

官廷内部直接参与贩卖各种商品之事，当然这些商品都是生活中的必需品，包括茶等，其获利空间很大，所以连皇室也偷偷参与这些商品的经济交易活动中。唐代之前，南方丝绸之路的茶叶贸易已经初具雏形，茶叶贸易的利润比较丰厚，因此官方对于茶叶贸易主张官营，而极力限制私人参与茶叶贸易行为。

禁止茶叶私贩的规定一直存在，到后期更甚。宋代时，川茶贸易的利润极高，"名山茶一驮，榷买载脚至秦州不满十贯，而卖三十贯以来或

---

① （清）严可均.全上古三代秦汉三国六朝文［M］.北京：中华书局，1958：3518.

② （唐）陆羽.茶经［M］.郑州：中州古籍出版社，2010：44.

四十贯"。① 以文献中的四川名山茶为例，经几次贩卖后，其利润可以达到
3～4 倍。在川茶销售中，文献明确记载如果私自将茶籽、茶苗贩卖本地
以外的人员则重罚：

> 指挥园户收到茶子如辄贩卖与诸色人，致博卖入蕃及买之
> 者，并流三千里。其停藏负载之人，各徒三年，分送五百里外，
> 并不以赦降原免。许诸色人告捉，每名赏钱五百贯，内茶园户仍
> 将茶园籍没入官，官州县失察当职官并徒二年科罪。②

政府对于私贩茶业的行为实行严控措施，不仅对于茶商、茶贩有严格
的惩罚措施，对于州县官吏失于察觉者，也要受到处分。文献中谈到禁止
贩予"诸色人"，主要指禁止贩予茶区之外的一些少数民族。唐宋开始，
将茶贩予西北等地已经成为中原经济的重要来源，在此背景下，政府不仅
严格控制茶叶的私人贸易，并且对于茶籽，茶叶栽种、培养、烘焙等方式
的对外传播也是严格禁止的。

二、南丝路茶区的并行发展

随着南丝路茶业经济的逐步发展，南丝路茶区从巴蜀地区逐渐向南方
地区扩展，在南方形成大量的产茶区。

（一）茶区扩大伴随茶税逐年增长

随着巴蜀地区茶业经济的持续发展，到宋代时，巴蜀地区已拥有大
量的茶叶产区，贾大泉研究员在其《四川茶业史》中依据《元丰九域志》

---

① （宋）吕陶．净德集［M］．北京：中华书局，1985：234.

② （清）徐松著．刘琳等校点．宋会要辑稿［M］．上海：上海古籍出版社.2015：6688.

《宋史·地理志》《文献通考》《宋会要》等文献记载，对宋代四川茶区进行了详细的统计，从数据可见，茶区在四川各地都有分布。

成都府路——有眉州的丹棱，蜀州青城县的青城、味江和永昌县等地；彭州九陇县的堋口、木头，导江县的导江、蒲村和永昌县等地；锦州的彰明县和龙安县，汉州什邡市的杨村和绵竹县等地；嘉州的洪雅县；邛州大邑县的大邑、思安和火井县的火井等地；雅州的名山、百丈和庐山县、荥经县等地。此外，简州亦出产茶叶。

梓州路——有泸州、长宁军、合州等地。

利州路——有巴州、利州等地。

夔州路——有夔州、忠州、达州、涪州、南平军等地。

可见，按照宋代的行政区划，川峡四路各路均分布有茶叶产区。其中，利州路包括今天重庆西部的部分地区，夔州路包括今天贵州西北部的部分地区。以其中部分地区的茶叶产量来看，南丝路地区的茶叶产量是比较高的。据《建炎以来朝野杂记》的文献记载，宋高宗绍兴十五年（1145年），利州路有23座茶场，当年的产茶量在2100万斤左右；成都路不完全统计，有20座茶场，当年的产茶量在1617万斤左右。[①] 这样的年产茶量应该是比较高的，在茶叶高产的数据之下，是南丝路茶叶经济繁盛的直接表现。

北宋前期，南丝路以四川为代表的茶区产茶量高，在政府主导下茶区积极进行茶叶的对外销售。曾分管成都府路茶场事务的蒲宗闵在元丰五年五月有《乞巴州等产茶处用榷法奏》：

　　成都府路产茶县及利州路兴元府、洋州已有榷茶，今相度巴州等产茶处亦乞用榷法。[②]

①　（宋）李心传.建炎以来朝野杂记［M］.北京：中华书局，1988：306.

②　曾枣庄，刘琳.全宋文［M］.上海：上海辞书出版社；合肥：安徽教育出版社，2006：830.

蒲宗闵其人是北宋前期改革派的代表人物，在四川主政多年，成都府路榷茶等事务由其主要推动。北宋政府为增加财政收入，在西南产茶区均主要推行榷茶，此文写于榷茶在成都府路等地区已推行一段时期之后。榷茶区扩大的背后，是南丝路地区茶产业的发展，茶区的扩张，且茶叶经济持续稳定的发展。由此，政府将南丝路茶产业视为国家经济的重要来源，不仅主张专卖，且收取的茶税也较重。蒲宗闵在成都府路及利州路等地区实施了榷茶后，又继续建议将巴州等地均纳入榷茶征税的范围。

以宋代在四川茶区所实行的茶法为例，对茶园所收茶税是比较重的。在榷茶法实施近百年后，四川制置使胡元质于淳熙四年十二月撰写《论川茶征课之弊奏》：

> 为蜀民之病者，惟茶、盐、酒三事为最；酒课之弊，近已损减。蜀茶，祖宗时并许通商，熙宁以后，始从官榷，当时课息，岁过四十万。建炎军兴，改法卖引，比之熙宁，已增五倍。绍兴十七年，主管茶事官增立重额，逮至二十五年，台谏论列，始蒙蠲减。当郑霭为都大提举，奉行不虔，略减都额，而实不与民间尽蠲前官所增逐户纳数。又越二十余年，其间有产去额存者，有实无茶园，止因卖零茶，官司抑令承额而不得脱者，似此之类不一，逐岁多是预俵茶引于合同官场，逐月督取。张松如〔为〕都大提举日，又许〔计〕兴、洋诸场一岁茶页〔额〕，直将茶引俵与园户，不问茶园盛衰，不计茶货有无，止计所俵自变量，按月追取岁息，以致茶园百姓愈更穷困。欲行下茶马司，将无茶之家并行停阁，茶少额多之家即与减额。①

① 曾枣庄，刘琳.全宋文［M］.上海：上海辞书出版社；合肥：安徽教育出版社，2006：378.

从文献来看，四川制置使胡元质对于四川榷茶及茶税征收中的诸多不合理现象进行了分析说明，言外之意是如果再不进行茶税改革则势必引发茶农暴动并影响社会政治的稳定。北宋时期，对于全国主要几个产茶区，唯有在西南地区主要实行榷茶，即南丝路产茶区基本属于榷茶地区。一方面，南丝路的茶区在持续发展，而另一方面，政府对茶园经济的剥削也较为厉害，这主要表现在茶税的征收上，茶农种植茶叶，大的茶园经营茶叶贸易，都需要向政府缴纳茶税，随着政策的各种变化，茶税也随时调整。从胡元质的描述来看，茶税逐年增加，有增无减，并不会因茶产业的发展实际来定税额，也不会因自然灾害而减免，这种茶税征收方式是极为可怕的，南丝路沿线老百姓全靠种茶为生，辛苦劳作收入不增反减，甚至因种茶而穷困潦倒，这是极不合理的。由此，虽然南丝路茶区在扩大，茶税在增加，但潜伏在内部的问题也不可忽视。

（二）南丝路茶区迅速扩张

唐代时，全国的茶叶产区和茶业经济都经历着较快的发展。陆羽《茶经·八之出》记载的全国茶叶产区有"山南、淮南、浙西、剑南、浙东、黔中、江南、岭南"八大区，其所涉及的州数达到五十四个州。茶叶商人们则是"每岁二三月，赍银缗缯素求市将货他郡者，摩肩接迹而至"，[①] 或是"岁鬻茗于江湖间，常获丰利而归"，[②] 或是"以货茗为业，来往于淮浙间"。[③] 在唐代文学作品中，已出现大量形象生动、特征各异的茶商形象，仿佛勾画出大量茶商往来于茶叶产区的场景，真实的情况应是大量茶商将茶叶贩卖各地甚至海外，茶叶产业俨然成为国家经济中最重要的组成之一。

在全国茶叶产业迅猛发展的背景下，南方丝绸之路沿线茶叶产区以

---

① （清）董诰等．全唐文［M］．北京：中华书局，1983：8431．
② （宋）李昉等．太平广记［M］．北京：中华书局，1961：1266．
③ （清）董诰等．全唐文［M］．北京：中华书局，1983：9361．

巴蜀地区为中心不断扩大。据贾大泉研究员的统计，唐五代时期，巴蜀地区有大量的茶叶产区，彭、绵、蜀、邛、雅、泸、眉、汉、渝、涪、简、巴、夔等地区均为产茶区域。[①] 又据陆羽《茶经·八之出》记载，剑南茶区是全国著名茶区之一，其中以彭州一带所产茶叶质量最好，彭州茶主要出产于九陇县马鞍山至德寺和堋口；绵州、蜀州和邛州所产茶叶品质次之；雅州、泸州所产茶叶品质较差；泸州、眉州、汉州所产茶叶品质还要更差一些。[②] 可以看出，南丝路巴蜀地区产茶区域大量存在。据毛文锡《茶谱》记载，到五代时期，巴蜀地区的茶叶产区又有所增加，新增邛崃的火井茶区，新增临溪、思安；蜀州又新增晋原、洞口、横原、味江等茶区；涪州新增宾化、白马；渝州新增南川；渠州新增渠江等。[③] 可见，南丝路的茶叶产区是在不断扩大的。

与此同时，南丝路沿线地区和相邻地区的茶叶产区也有所增加，这些区域也是南丝路经济文化交流的所经线路。

从巴蜀地区沿长江流域的南丝路重庆、湖北、湖南地区在唐代以前其茶文化就已得到较高的发展。"荆、巴间采叶做饼"，湖北重庆交界地区往往习惯于将新鲜茶叶采摘后制作成茶饼，制作茶饼的工艺也是源自早期巴蜀地区的茶叶制作传统。而《茶经》摘引《茶陵图经》有文，"茶陵者，所谓陵谷生茶茗焉。"[④] 茶陵是位于湖南的一个地区，其名来源很早，可以追溯到汉代。所以，从现有文献来看，荆湘地区的茶叶文化也发展较早，到唐代时，已形成了大量具有影响力的代表性茶区。陆羽在《茶经·八之出》中提到，在山南茶区，峡州所产茶叶最好，襄州、荆州所产茶叶次之，衡州所产茶叶品质较差。

巴蜀茶区沿南丝路扩张的另一条线路是从四川泸县进入贵州茶区，贵

① 贾大泉，陈一石.四川茶业史［M］.成都：巴蜀书社，1989.
② （唐）陆羽.茶经［M］.郑州：中州古籍出版社，2010：55.
③ 方健.中国茶书全集校证［M］.郑州：中州古籍出版社，2015：225.
④ （唐）陆羽.茶经［M］.郑州：中州古籍出版社，2010：45.

州茶区也是南丝路非常重要的茶区之一，陆羽在《茶经·八之出》中提到的黔中茶区即今天所说的贵州茶区。在陆羽看来，黔中茶区主要包括贵州务川、贵州遵义、贵州德江、贵州石阡等地。而从陈椽的《茶业通史》对黔中茶区的传播线路叙述来看，应该是从泸州一路沿长江往南入支流黔江到洪渡河两岸的思州和贵州，再由小支流到夷州，最后直到播州，这一区域应该就是贵州茶区所在。[①] 从传播线路来看，贵州茶区受巴蜀茶区的影响也是非常大的，到唐代时，黔中应该已经形成比较成熟的茶区。

南方丝绸之路的贵州地区也是一个古老茶区。在《茶业通史》中，提及在川黔交界、黔西南等地区发现的野生大茶树情况，其中川黔交界的江津、合江、古蔺、叙永等地都有早期的野生大茶树发现。集中发现野生大茶树的川滇地区、川渝地区、川黔地区，从气候条件和地理位置来看都是十分适宜茶树生长的区域，同时也都集中在南方丝绸之路的大片区域中。可见，南丝路茶业文化和茶业经济的发达与其所在区域的气候条件和地理位置密切相关，这也使南丝路成为中国茶文化的重要集聚地。

南丝路的另外一个茶叶产区——云南茶区，唐代时，云南的茶文化在贵族阶层中得到一定传播，其发展与巴蜀茶文化的交流互动密不可分。云南与四川山水相连，互动比较频繁，经济文化交流自然也比较频繁，因此，川滇两地茶文化的相互交流影响也在情理之中。但是，从"茶出银生城界诸山，散收无采造法"的文献记载来看，云南在唐代并没有形成固定的人工种茶区域，而应该以采摘野生茶树为饮茶的主要来源。

南丝路还有一个重要的茶叶产区——广西茶区，广西的野生茶树主要集中于西部与云南交界处，早期以采摘野生茶叶为主。例如，广西象州的野生茶叶产量就比较大，而在广西隆林也曾发现有野生茶树，广西野生茶叶产区主要集中于与云南交界处。另外，从云南经水路向广西、贵州的茶叶传播途径也有迹可循。云南的南盘江流入贵州、广西交界处与贵州的北

---

① 　陈椽.茶业通史［M］.北京：中国农业出版社，2008.

盘江汇合后，继续在贵州、广西交界地域流动，到八腊向南折入广西成红水河，经天峨、车兰、马山、都安瑶族自治县来宾等地，又与柳江汇合成黔江，在桂平市与郁江汇合成浔江，经平南、藤县、苍梧等县，在梧州市与桂江汇合成西江进入广东，流经封开、郁南、德庆、肇庆、佛山、江门而入海。这些河流两岸都有茶树，而广西苍梧的六堡茶更是闻名中外。

综上所述，到唐代时，南丝路已经形成了巴蜀茶区、鄂湘茶区、黔中茶区这三大主要茶区，并且在全国范围内已经产生了较大的影响。除陆羽在《茶经》中特别提到的这三大茶区以外，南丝路区域内还存在有云南茶区和广西茶区，这两大区域以丰富的野生茶叶生产为主。

（三）南丝路茶业经济效益逐渐显现

在蒲宗闵的相关奏议中，涉及南丝路茶业经济尤其是四川地区茶业发展内容的较多，从这些奏议文献中，可以看出四川茶产业的确发展较快，经济效益也较大，由此政府才会对茶产业尤其重视。

如《请川中茶场回货本钱兑支交子奏》中有"伏见成都府转运司每年应副熙河路交子十万贯"[①]，茶业经济发达、交易金额巨大是茶业贸易中大量使用交子的原因之一。当时，川茶交易中已经较大规模在使用交子，这也是茶业经济发达的重要表现。再如《言川茶起赴秦州熙河凤州等处兴贩奏》：

> 本司般卖解盐，已蒙改法，依旧通商外，有茶法事亦相关，须至更改。每年欲起发茶四万驮赴秦州、熙河路，依市价卖，仍认定税息钱应副博马，籴买粮草。并川峡路民间食茶，许逐场依

---

① 曾枣庄，刘琳.全宋文［M］.上海：上海辞书出版社；合肥：安徽教育出版社，2006：828.

市价添减收买，每贯收息钱一分出卖，仍沿贯纳长引钱。①

《兰州博茶置场札子》：

> 臣伏见今来新开拓兰州定西城与通远军、熙州邻近，蕃部所嗜略同，体问得川茶亦可博卖。近经制司奏：新添城寨费用增广，令添助岁额钱十万贯。今欲擘画津般茶货往兰州定西城，委监酒税官兼管，渐次货卖，就近添助，不得公私兴贩往彼。候见次第，即依熙州、通远军等处先得指挥例，擘画差官置场。其余约束并依本司条贯施行。②

秦州、熙州、凤州、兰州均位于西北，蒲宗闵两则奏折的主要意思是在西北地区新开茶场，将川茶博卖与西北。唐宋时期，南丝路沿线茶区遍布，茶叶生产总量对外销售不成问题。从奏议中所谈到的茶叶数量和涉及金额来看，销往西北地区博卖的茶叶数量并不少。茶叶经济所表现出的巨大价值使其成为经济发展中最重要的因素之一，但同时，政府对川茶的官营和专卖也对其发展埋下潜在的问题。

南丝路茶区除巴蜀地区外，广西地区到宋代也开始逐渐形成茶区，并在茶业经济上有所发展。

> 东南岁榷茶以斤计者。浙东七州八万。浙西五州四百四十八万。江东八州三百七十五万。江西十一州四百四十五万。湖南八州一百一十三万。湖北十州九十万。福建五州九十八万。淮西四州

① 曾枣庄，刘琳.全宋文［M］.上海：上海辞书出版社；合肥：安徽教育出版社，2006：829.

② 曾枣庄，刘琳.全宋文［M］.上海：上海辞书出版社；合肥：安徽教育出版社，2006：830.

一万。广东二州二千。广西五州八万。皆有奇。……成都府路九州岛、
利路二州。岁产茶二千一百二万斤。隶提举茶马司买马。①

但就数量来看，其较四川茶区的产量相去甚远，可见到宋代，广西茶
区应该还属于初步发展阶段。广西茶区最主要的茶叶产地是静江府，静江
府的茶业发展一直延续到明清时期。"谅前将仕郎、提举静江府茶盐。"②
说明静江府到元代时其盐茶专卖才逐渐发展到一定规模。

南丝路贵州地区在宋代时并没有单独的行政区划，而是隶属夔州路、
荆湖北路、潼川路、广南西路、剑南西路、剑南东路等，也就是说，宋
时的贵州分属于今四川、广西、湖北等地的行政区划。所以，前面所提
到的剑南茶区和广西茶区的茶叶生产应该是包含部分贵州茶区的。此外，
湖北地区在宋代也是主要产茶地，而这其中自然也包括部分贵州茶区的茶
叶产量。

从宋代传世名茶来看，南丝路各个茶区都有名茶留世。据《茶业通
史》对于宋代名茶的记载，南丝路茶区名茶包括有雅安露芽，产于四川蒙
顶山；纳溪梅岭，产于四川泸州；巴东真香，产于湖北巴东县，火焙作卷
结为饮，易令人不眠，湖北巴东和重庆接壤，可以说，真香也代表着巴地
的名茶。

南丝路茶叶产区不仅在巴蜀地区，其他茶区也都在逐渐发展，这对于
整个南丝路沿线地区的茶业经济交流发展都是很重要的，单靠某一茶区的
发展不足以支撑南丝路茶业经济的整体发展，各个茶区之间经济、文化的
相互影响，最终带来南丝路茶产业的全面提升。

值得注意的是，在南丝路茶区全面发展的背后，除经济利益的驱使
外，政府有意为之的因素也很明显。以榷茶绞盛的宋代来看，政府在南丝

① （宋）李心传.建炎以来系年要录［M］.北京：中华书局，2013：348.

② 李修生.全元文［M］.南京：凤凰出版社，1998：771.

路地区多处设置"茶马司"的行为，是政府希望通过官方加强对南丝路茶业经济的控制，从而掌控茶马贸易。茶马贸易不是单纯的经济交易，更有着重要的政治目的。

三、南丝路茶马贸易的政治意图

从唐至宋，国家加强了对茶业的专营，其目的是强化"以茶易马"政策的实施，南丝路四川茶区由于其地理位置的特殊性，因此在与南、北方少数民族开展"以茶易马"经济贸易活动中一直处于比较重要的位置，宋代"以茶易马"政策中"茶"的来源主要便来自四川茶区。尤其是南宋时期，高宗绍兴十三年（1143年）陕西失陷，引钱复令"通商法"，西北茶马交易市场也由甘肃地区改迁于四川雅安一带。洮、岷、叠、宕等州的少数民族都来四川腹地卖马买茶。直到宋光宗绍熙初年，茶马贸易都一直持续在四川成都府进行。茶马贸易的货品十分丰富，茶叶不仅用于博马，而且用于交换西北边区的货帛和各种土特产。

由于四川地区处于连接南北少数民族的中间位置，北方从青海出川可以到达北方民族西夏、氐、羌等的统治区域；南方又直接与西南夷、大理等相连；同时从西进可以直达西藏，所以宋在四川直接设立市马司，而四川茶区的产茶绝大部分都用于供应"茶马贸易"之用。

一般研究中谈到"茶马贸易"，特指西北地区的茶马贸易。宋代中期之前，茶马贸易涉及区域主要位于甘肃境内，陕西和四川境内部分地区也设有茶马贸易专门区域。宋代中期后，由于北方地区战乱较多，宋逐渐将政治经济中心向南方转移，随后宋政府将茶马交易地大量转移到四川境内，尤其以四川的雅州地区为其中心。

此处所提出的"南方丝绸之路茶马贸易"特指在南方丝绸之路地域范围内进行的茶马贸易行为，与一般研究中提到的"茶马贸易"最大的不同便在于其地域范围。南丝路茶马贸易包括南方少数民族以马易茶的商业行为，交易马匹包括西北马匹和西南马匹。在南丝路沿线地区中，巴蜀地区是茶马贸易的主要交易地，包括益州、黎州、戎州、茂州、雅州、夔州、永康军等地，政府均设买马场，"凡市马之处，河东则府州岢岚军，陕西则秦渭泾原仪环庆阶文州镇戎军，川峡则益黎戎茂雅夔州永康军，皆置务遣官以主之。岁得五千余匹，以布帛茶他物准其直皆置务"。① 文献中所提到川峡之处，为南丝路茶马贸易的主要场所。

南丝路茶马贸易中所交易之马匹主要是"羁縻马"。《宋史》卷198有文："南渡前，市马分而为二：其一曰战马，生于西郵，良健可备行阵，今宕昌、峰贴峡、文州所产是也；其二曰羁縻马，产西南诸蛮，短小不及格，今黎、叙等五州所产是也。"② 可见战马主要产自西北，适合用于行军作战，作为骑兵使用，是保证军事需要的马匹；羁縻马矮小，主要产自西南少数民族，有研究者曾提出，买这种马主要是为安抚少数民族，其实并不适合骑兵的需要。

此处所说"羁縻马"是西南马，西南马主要产于西南少数民族地区，分布于四川、云南、贵州、广西等地区，也就是说，南方丝绸之路所在区域普遍盛产该马种。西南马还包括有建昌马（主要产于四川西昌）、云南马、贵州马、百色马（广西百色）、利川马（主要产于湖北山区）等。西南马的主要特点是体格很小，体形较轻，性情灵敏而温驯，善于爬山，适于山地驮运，为高原山地的重要运输工具。关于其特性，早在常璩的《华阳国志》中就已谈到过，常璩将早期蜀之富庶归于"蜀马獠僮"之利，"蜀马"即西南马，其适合山地驮运，因而在蜀商开辟南丝路早期商贸通道上起到了很大的作用。

此外，南宋政府把广南西路所买之马统称为"广马"。

广马者，建炎末，广西提举峒丁李棫请市马赴行在。绍兴

---

① （元）马端临. 文献通考［M］. 北京：中华书局，2011：4779.
② （元）脱脱等. 宋史［M］. 北京：中华书局，1985：4955.

初，隶经略司。三年，即邕州置司提举，市于罗殿、自杞、大
理诸蛮。未几，废买马司，帅臣领之。七年，胡舜陟为帅，岁
中市马二千四百，诏赏之。其后马益精，岁费黄金五镒，中金
二百五十镒，锦四百，绝四千，廉州盐二百万斤，得马千五百。
须四尺二寸已上乃市之，其直为银四十两，每高一寸增银十两，
有至六七十两者。土人云，尤驵骏者，在其产处，或博黄金二十
两，日行四百里，第官价已定，不能致此。

　　自杞诸蕃本自无马，盖转市之南诏。南诏，大理国也。乾道
九年，大理人李观音得等二十二人至横山砦求市马，知邕州姚恪
盛陈金帛夸示之。其人大喜，出一文书，称"利贞二年十二月"，
约来年以马来。……岭南自产小驷，匹直十余千，与淮、湖所出
无异。大理连西戎，故多马，虽互市于广南，其实犹西马也。每
择其良赴三衙，余以付江上诸军。[①]

"广马"主要包括两种马匹，一种是"岭南自产小驷，疋直十余千，
与淮、湖所出无异"，[②] 非南宋博马主要对象。另一种买自罗殿、自杞、大
理诸蛮，而自杞等不产马，是从大理转购而来。"大理地连西戎，故多马，
虽互市于广南，其实犹西马也。"是南宋博马的主要对象。

宋范成大在《桂海虞衡志》卷七中记载："蛮马出西南诸蕃……
自杞取马于大理，古南诏也。地连西戎，马生尤蕃。大理马为西南蕃之
最。"[③] 西南羁縻马中最适合做战马的是云南地区的大理马，大理马在西南
马种中是最佳的。曾有学者就大理马种进行过详细考证，认为到唐宋时
期，大理马经过与西北优良战马品种相杂交，已经逐渐成为比较高大的良

①（元）脱脱等.宋史［M］.北京：中华书局，1985：4956.
②（宋）李心传.建炎以来朝野杂记［M］.北京：中华书局，1988：428.
③（宋）范成大撰.严沛校注.桂海虞衡志校注［M］.南宁：广西人民出版社，1986：56.

种战马。所以，宋代在西南地区最受欢迎的是大理马，不仅广西地区会向云南买马，印度地区也会购买云南马。

综上所述，南丝路茶马贸易中交易的马匹也有多种，马匹可用作山地驮运，也有可用于征战的大理马。在南丝路地区，茶马交易、绢马交易普遍存在，但南丝路马匹质量相对于西北马稍逊。宋代茶马贸易的地域逐渐南移，与宋政府南迁有关，也与其在南丝路的政治策略有关。从下面一段文献来看，南丝路茶马贸易的本质不是经济推动，而是政治安抚。

> 祖宗设互市之法，本以羁縻远人，初不藉马之为用，故驽骀下乘，一切许之入中。蕃蛮久恃圣朝宽大，一拂其意，必起纷争，官吏亦惧生事，无敢谁何。黎、叙、南平军等州每买纲马五十匹内，良纲马不过三四匹，中等马不上二十匹，余皆下下不可服乘，发以充数，则必倒毙。盖缘博马茶锦所入有限，公吏旁缘为奸，宁取下乘以敷纲额，不鬻上驷以亏茶锦。望约束川马州军，每纲以五分为率，一分良纲马，余四分，依旧收买。仍令茶马司汰其不中发纲者就卖，拘钱增置茶锦，以贴支诸州良马之直，不惟上不失祖宗羁縻之德，下不误诸军缓急之须矣。①

西南马可用，但良马少，政府购买西南的羁縻马主要是为安抚西南少数民族，同时达到其在西南稳固政治的目的。所以，当朝廷提出在西南地区停止买马时，遭到了当地官员的强烈反对，"朝廷与蛮夷互市，非所以取其利也。今山前后五部落仰此为衣食，一旦失利侵侮，不知费直几马也。臣念蜀久安，不敢奉诏，寻如旧制"。② 如果朝廷停止购买西南地区的

---

① 曾枣庄，刘琳. 全宋文［M］. 上海：上海辞书出版社；合肥：安徽教育出版社，2006：315.

② （元）脱脱等. 宋史［M］. 北京：中华书局，1979：10002.

马匹，则对于当地的政治稳定有着严重影响。在西南民族地区，用马匹交换茶叶、丝绸已经成为其重要经济活动之一，他们乐于进行经济交换且从中获利较多。从文献可知，宋政府在南丝路所实行的茶马、绢马贸易，其交易有时并不是等价交换，劣马也能换取茶叶、丝绸，其政治安抚的意图相当明显。

第二节　唐宋时期南丝路茶业经济状况

一、南丝路茶业商品化始自巴蜀地区

到唐宋时期，南方丝绸之路上的茶叶生产逐渐向着专业化、规模化、商品化的方向发展，茶叶生产成为老百姓的重要生活来源，成为国家赋税的主要征收对象，南丝路地区的茶叶经济也发展很快。

唐代的巴蜀地区，茶叶成为百姓的经济作物。李商隐曾在《为京兆公乞留泸州刺史洗宗礼状》中说："泸州所管五县百姓，……作业多仰于茗茶，务本不同于秀麦。"[1]泸州是唐代巴蜀茶区的重要产地之一。从这段文字可以看出，泸州当地百姓已经将种茶作为经济和生活的主要来源，而不再是种植禾苗稻麦这一类的粮食作物。这说明唐代时，巴蜀地区的茶业商品化已经是普遍的事实，相对于利润更低的农产品，老百姓更多选择经济效益高的茶叶。同时，在嘉陵江南岸的益昌（今广元市）也是"多即山树茶，利私自入"。[2]广元是唐代剑南茶区的重要产地之一，因此，此处百姓不事粮食耕作，而往往在山上栽种茶树，足以见经济作物的吸引力要高于粮食耕作。

---

① （清）董诰等.全唐文［M］.北京：中华书局，1983：8048.

② （清）董诰等.全唐文［M］.北京：中华书局，1983：8334.

　　而以茶闻名的雅安蒙顶，茶业商品经济更甚。《膳夫经手录·茶录》中有这样一段文字："始，蜀茶得名蒙顶也，于元和以前，束帛不能易一斤先春蒙顶。是以蒙顶前后之人，竞栽茶以规厚利。不数十年间，遂斯安草市，岁出千万斤。"[①]蒙顶茶很早便闻名于中原，在茶叶还没有规模化生产的时期，蒙顶茶应该是极贵的，"束帛不能易一斤先春蒙顶"，正是在茶叶经济的刺激下，蒙山茶大规模栽种，在整个蒙山地区，栽种茶树成为当地最大的经济来源，并形成了茶叶贸易的专门市场即"草市"，可以说，茶业商业经济因素在南丝路已经基本具备，而蒙山茶在经济商品化影响下其产量也开始急剧增长。

　　在此背景下，专人经营的茶叶庄园应势而生。这些茶叶庄园的主人多是富豪或贵族，正是因为茶业经济在唐代的巨大经济吸引力，使得茶叶庄园经济产生。《太平广记》卷 37 "阳平谪仙"中记录了九陇人张守珪经营茶园的事件。

　　　　阳平谪仙。不言姓氏。初。九陇人张守珪。仙君山有茶园。每岁召采茶人力百余人。男女佣功者杂处园中。有一少年。自言无亲族。赁为摘茶。甚勤愿了慧。守珪怜之。以为义儿。又一女子。年二十。亦云无亲族。愿为义儿之妻。孝义端恪。守珪甚善之。一旦山水泛溢。市井路隔。盐酪既阙。守珪甚忧之。[②]

　　全文虽为传说，但其所依据地名、事件亦有原型。彭州九陇是唐代剑南茶区的重要产茶地之一，从文献来看，张守珪的主要事业应该就是茶叶庄园。遇到采茶时节，张守珪的庄园需要雇佣超过百人，而茶叶庄园俨然也是其最重要的经济来源。

---

①　方健.中国茶书全集校证（第一册）[M].郑州：中州古籍出版社，2015：212.

②　（宋）李昉等.太平广记 [M].北京：中华书局，1961：235.

到宋代时，巴蜀茶区的商业化经营有了进一步发展，四川茶区很多百姓都是靠种茶来维持生计。四川彭州官吏吕陶在《奏为官场买茶亏损园户致有词诉喧闹事状》中有这样的描述：

今再具官场买茶取息太重，亏损园户，致有词诉及生喧闹，画一奏列如后：

据九陇县税户党元吉等状称：自来相承山坝茶园等业，每年春冬，雇召人工薅划，至立夏并小满时节，又雇召人工趁时采造茶货，逐日收来棚口投场货卖，得钱收买粮食。每一称和袋一十八斤，内除出上件破用并输税、免役等钱折除算计外，每称只有利息一百五十至二百文以来。往年早茶每斤货卖得九十至一百文，今来官中置场收买，每贯上出息钱三百文，招诱客人货卖其茶。牙子并兴贩客人为见官中息钱，却只于茶园人户茶货上估定，价例低小，每斤卖得一百文以来者，现今只卖得六十至七十文，却将余上价钱令客人用作官中息钱，收买前去，以此园户盘费不足。

……

自来只以佃食茶园为业。其茶园偏峻，不任种植诸班苗色，逐年举取人上债利粮食，雇召人工，两季薅铲，指望四月小满前后，造作讫茶，投场破卖，得钱填还债利，并送纳诸般税赋。[①]

从这两段文字，可以知道四川的彭州茶区，当地百姓的生活直接来源就是茶叶种植，靠茶叶种植的收入他们才能换取粮食和其他经济收入。所以，茶业贸易在南丝路经济贸易活动中也占据着十分重要的作用。唐宋

---

① 曾枣庄，刘琳.全宋文［M］.上海：上海辞书出版社；合肥：安徽教育出版社，2006：128.

后，茶业的税息均较重，经营茶园不仅辛苦劳累，一旦遭遇意外，茶园经济也随时面临着巨大的经济风险。茶园生产需要雇佣大量人力，一些下层劳动人民以采茶、制茶为生存方式，政府对茶叶产业普遍征收赋税，这些因素说明茶业经济的商品化经营，到唐宋时期已经非常明显，尤其是巴蜀地区的茶叶生产，已经从早期主要供个人食用和饮用，逐渐发展到商品化经营阶段。

二、国家强化对南丝路茶业经济的控制

（一）以榷茶之法垄断南丝路茶业贸易

"榷茶"简单来说就是茶叶专卖，最初从唐中后期出现，到宋代时榷茶制度达到巅峰。对于榷茶的最初实行，苏辙作出了这样的论断："五代之际，孟氏窃据蜀土，国用褊狭，始有榷茶之法。"[①] 巴蜀以茶叶为其主要经济来源，而孟昶在国力匮乏之时也首先打起了茶叶的主意，可见巴蜀茶区正是榷茶制的重要开端。

据《宋史》卷 120 记载，宋朝初年，"都大提举茶马司掌榷茶之利，以佐邦用。凡市马于四夷，率以茶易之"。[②] 太宗雍熙年间（984—987年），西北兵费不足，急于兵食。招纳军粮和军马饲料，计算地里远近，增其虚估给券，以茶还偿。在兵费不足的情况下，茶利可用于补偿军资，而从宋初开始，榷茶已成为宋政府在政治经济上的重要举措之一。

榷茶制度在四川地区开始实施，后南丝路产茶区域更多被纳入榷茶范围之内。例如，高宗绍兴元年（1131 年），宋朝政府在广西设立了提举茶盐司，绍兴二年在湖北设立了提举茶盐司。宋代榷茶都是由地方的茶盐司

---

① （宋）苏辙. 栾城集［M］. 上海：上海古籍出版社，1987：785.
② （元）脱脱等. 宋史［M］. 北京：中华书局，1979：3969.

负责实施，茶盐司起初主要是负责盐业贸易的专卖，榷茶制度实行后便将茶叶专卖一并交其进行统一管理，但同时，中央政府也不时派出政府专员对盐茶专卖进行督查。因此，南宋在绍兴年间先后在广西和湖北设立茶盐司，其目的就是扩大在全国的榷茶区域，进一步开拓新的经济来源，将广西和湖北的茶业经营也逐渐收归国有。

即便针对巴蜀茶区，在原有榷茶区域的基础上，也增加了更多的榷茶区域。北宋时期，梓夔路察访司蒲宗闵曾有奏议《乞巴州等产茶处用榷法奏》：

> 成都府路产茶县及利州路兴元府、洋州已有榷茶，今相度巴州等产茶处亦乞用榷法。[1]

该奏议简洁明了地表达了在四川增设榷茶之地的建议。再如，绍兴十七年（1147 年），官员韩球主管四川茶政，把巴蜀榷茶地区扩大到夔州路，新榷忠州和达州地区。绍兴二十四年（1154 年），又在渠州、合州、广安军等地置场卖引，岁以八万斤为额：

> 夔州自祖宗以来不榷茶，政和中有司请卖引，议者以民夷不便罢之。绍兴中，韩球美成同提举茶马始榷忠、达州茶即夔。合广安安置合同场，岁收以八万斤为额，然商人以利薄不通，但以引钱敷民间耳，民甚苦之。[2]

夔州路主要是川东地区，所辖区域包括今重庆奉节一带，在北宋时期并未被纳入榷茶范围，后包括忠州、达州、渠州、合州在内的今属重

---

①　曾枣庄，刘琳.全宋文［M］.上海：上海辞书出版社；合肥：安徽教育出版社，2006：830.

②　（宋）李心传.建炎以来朝野杂记［M］.北京：中华书局，1988：306-307.

庆地界的相关地域在南宋统统被纳入榷茶范围之内。综上所述，从北宋时期开始，政府在南丝路茶区一再扩大榷茶范围，除了新增榷茶地区，在原有榷茶区域的基础上也在不断扩大榷茶范围。此外，南宋中期后在贵州地区也新增榷茶，在贵州位于今遵义、桐梓一带也相继设立了茶叶交易市场，用于政府专卖。榷茶制度在南丝路的实行和强化，使得南丝路茶区基本都被纳入国家榷茶的范围，榷茶制成为南丝路茶业经济发展的主要影响因素之一。

（二）广征茶税以支撑国家经济

从唐代后期开始，政府对茶业经济要征收赋税，而各茶区名茶在唐代被大量作为皇室贡品，与其说是贡品，不如说是贡赋，因为这些贡品实际上已被赋予了重要的经济和货币价值。在四川的蒙山，至今仍然保存着贡茶园，蒙顶山上品质最好的茶叶是被作为贡茶献于朝廷的。

据《新唐书·食货志》记载，唐代时茶税的比例为十取其一，这个税率应该是不低的。贞元九年（793年），国家因水灾减免赋税，盐铁使张滂有奏议，在奏议中谈到茶税的收取比率问题：

> 出茶州县若山及商人要路，以三等定估，十税其一，自是岁得钱四十万缗。然水灾亦未尝拯之也。[①]

假设商品茶的总值为400万贯，那么茶税为40万贯，文献中以丝绸计算税钱，仅一县之茶税年总税额达到四十万缗，这也是一笔巨大的经济收入。所以，以此推见政府从茶税上的收入是相当可观的。

《册府元龟》卷493记载唐代时宫廷以茶叶为补充应急开支的手段之一：

---

① （宋）欧阳修，宋祁.新唐书［M］.北京：中华书局，1975：1382.

（元济五月）出内库茶三十万斤，付度支进其直。①

可见，在国库紧张的情况下，茶叶可用于直接交换所用物资或变现，无论哪种方式，其均有着重要的经济价值。

再据《新唐书·食货志》记载，唐穆宗长庆元年（821年），因连年征战，国库空虚，国家即使应付日常的开支都已捉襟见肘，于是便以增加茶税这种直接的方式来增加经济收入：

> 两镇用兵，帑藏空虚，禁中起百尺楼，费不可胜计。盐铁使王播图宠以自幸，乃增天下茶税率，百钱增五十……天下茶加斤至二十两，播又奏加取焉。②

由上述文献可知，茶税对国家经济的意义非同小可，茶产业已经成为国家重要的支撑产业之一，其税收甚至已影响到国家政治稳定。尤其在战乱频繁、国家政治不稳定的唐宋后期，国家需要大量财政收入应对战争支出。

唐后期四川地区的茶税由国家直管，穆宗长庆二年（822年）剑南西川茶税"以户部领之"，③"委度支巡院勾当，榷税当司于上都召商人便换"。④可以看出，四川茶税到唐中期时便由中央政府直接管理和征收，同时中央政府也对四川茶叶实行专卖制度。又，文宗太和元年（827年）户部侍郎崔元略与西川节度使商量，要求剑南道每年将四万贯的茶税直接交与户部，这与以前的税收政策并不相符，明显是特殊时期所实行的变通应

① （宋）王钦若等编纂.周勋初等校订.册府元龟［M］.南京：凤凰出版社，2006：5593.

② （宋）欧阳修，宋祁.新唐书［M］.北京：中华书局，1975：1382.

③ （宋）欧阳修，宋祁.新唐书［M］.北京：中华书局，1975：1382.

④ （后晋）刘昫等.旧唐书［M］.北京：中华书局，1975：4913.

急税收政策，这样一来，无论茶叶收成如何，每年四万贯的茶税是必须上缴的。

> 文宗太和五年十月辛未，户部侍郎庾敬休奏："剑南东川西川山南西道，每年税及陌除钱等。伏以剑南道税茶，旧例委度支巡院勾当，榷税当司于上都召商人便换。"太和元年，户部侍郎崔元略与西川节度使商量，取其稳便，遂奏请税茶事使司自勾当，每年出钱四万贯送省。①

唐中后期，四川需向中央缴纳金额巨大的茶税，虽然有具体数额，但节度使也可视情况而酌情增加。唐末直到五代时期，政治混乱，中央朝政乏力，军阀混战，西川节度使由此便不再将茶税上缴，但民间征收茶税依然，百姓的茶税一点没有减少，因此百姓身上的经济负担有增无减，而这些茶税都主要用于军阀间战争的开支。

唐末"西川富强，祇因北路商旅，托其茶利，赡彼军储"，② 唐末国家经济羸弱的大形势下，南丝路成为保证国家经济收入的重要来源，主要源于其布、茶、盐之利。文献记载，前蜀曾与秦王（李茂贞）和亲，前蜀将蜀布、蜀茶作为聘礼赠予秦王，秦王对于茶布聘礼感到十分满意：

> 秦王以陇右之地贫薄，不产丝麻，请西向称臣，希六万众春冬之赐。太祖又用冯涓之计，（前蜀）许之茶布，请自备人力而迎。秦王大喜，率强丁及驴马悉遣入蜀般取。其来也，载青盐紫草，蜀得其厚利焉。其去也，载白布黄茶，秦得麄货矣。③

① （宋）王钦若等编纂．周勋初等校订．册府元龟［M］．南京：凤凰出版社，2006：5734.
② （清）董诰等．全唐文［M］．北京：中华书局，1983：10765.
③ （五代）何光远撰．邓星亮等校注．鉴诫录校注［M］．成都：巴蜀书社，2011：102.

从这段文献可以再次说明，茶、布是蜀之两大重要经济支柱，且在南丝路上存在及发展的时间已久，不仅对南丝路经济影响持续久远，并为众人所了解，因此，在国家经济策略规划中，将南丝路茶叶、丝绸两大产业的收益完全纳入国家税收的重要来源。

但茶税对于普通的茶农和茶商来说，却是一场残酷的剥削。地方官员为保证按时按量缴纳税收，无论茶叶收成如何，都要求茶农按照所定之数进行税收缴纳，且瞒报实情，并不如实将茶农、茶商的困难反映上去。更有甚者，还会在税额收取过程中牟取私利，这样便使得原本就沉重不堪的税额再加一码。

> 益昌（县）民多即山树茶，利私自入。会盐铁官奏重榷管，诏下，所在不得为百姓匿。县令（何）易于视诏，曰：益昌不征茶，百姓尚不可活，矧厚其赋以毒民乎。①

益昌县属利州郡，在今四川广元，也是剑南茶区中产茶地域之一。益昌县令何易于是被记入《唐史》的有名清官，虽只是一介七品县令，但为官清廉，处处替百姓着想，这段文字正是中央官员孙樵在了解到何易于的事迹后写下。益昌产茶，自然被政府纳入征收茶税的范围，而县令何易于居然敢为百姓不缴纳茶税而烧诏书，真是可敬可佩。但从另一方面也可以看出，征收茶税的趋势有增无减，茶税俨然已成为政府重要的财政来源。

茶税和榷茶都是自唐始，到宋代则愈演愈烈。唐中期后，政治混乱，国家经济逐渐陷入困境，政府只有通过加大各方面的税收来实现机构的正常运转，所以至唐中期后，对民间征收茶税的负担则越发严重。当然，从另一角度看，茶税的征收说明从唐代开始茶业商品经济的繁荣，必定是有大量的利润可图。

---

① （清）董诰等．全唐文［M］．北京：中华书局，1983：8334．

（三）南丝路茶产业过度官营的后果

以唐宋时期为例，政府在南丝路茶业经营上制定了一系列十分严格的经济措施，其目的是强化茶业的官方专卖。唐代对茶叶私贩实行更加严格的措施，走私茶叶可以被判死刑。唐开成五年（840 年）十月，盐铁司曾有奏议对私贩茶叶制定了一系列的惩处办法，即《禁园户盗卖私茶奏》中可以了解当时的具体情况：

> 伏以江南百姓营生，多以种茶为业，官司量事设法，惟税卖茶商人，但于店铺交关，自得公私通济。今则事须私卖，苟务隐欺，皆是主人牙郎中里诱引，又被贩茶奸党分外勾牵。所縣因此为奸利，皆追收搅扰，一人犯罪，数户破残，必有屏除，使安法理。其园户私卖茶犯十斤至一百斤，征钱一百文，决脊杖二十。至三百斤，决脊杖二十，征钱如上。累犯累科，三犯已后，委本州上历收管，重加徭役，以戒乡间。此则法不虚施，人安本业，既惧当辜之苦，自无犯法之心。条令既行，公私皆泰。若州县不加把捉，纵令私卖园茶，其有被人告论，则又砍园失业。当司察访，别具奏闻，请准放私盐例处分。[①]

园户私卖茶犯，首次私自贩卖茶叶 10 斤至 100 斤，罚款 100 文，脊杖 20；300 斤以上，脊杖 20，并同时予以一定数额罚款。对首次私贩到多次私贩均制定不同的惩处措施，多次私贩将予以严厉的惩处。其茶并随身物皆没收，同时还会将其公之于众，重者甚者逮捕入狱，由所辖地方政府部门负责审查并进行判决，出狱后禁止其再从事茶业相关行业，强制要求以其他行业谋生。三次至多次私自贩卖茶叶，不问数量多

---

① （清）董诰等 . 全唐文［M］. 北京：中华书局，1983：10042-10043.

少，均必须进行惩处，惩处手段包括逮捕入狱、加重徭役、收押外放等，其目的在于警示众人，以戒再犯。由此可见，政府对于私贩茶叶的行为处罚是相当严厉的。①

唐大中六年（852 年），盐铁转运使裴休又立税茶法 12 条，其中涉及私运、私藏茶、盐的相关惩处措施，量刑也极重。见《新唐书》卷 54：

大中初，盐铁转运使裴休著条约：私鬻三犯皆三百斤，乃论死；长行群旅，茶虽少皆死；雇载三犯至五百斤、居舍侩保四犯至千斤者，皆死；园户私鬻百斤以上，杖背，三犯，加重徭；伐园失业者，刺史、县令以纵私盐论。②

其中主要内容包括：私运茶叶至 300 斤或替私贩运载茶叶至 500 斤，达到 3 次以上者，一律判处死刑；结党成群长途贩运私茶，不论多少，旅店留宿私贩或掮客介绍买卖私茶到 1000 斤，达到 4 次以上者，一律判处死刑；园户和私贩行买卖在 100 斤以上者杖背，3 次以上者，杖背以外，并罚充苦役；园户不愿种茶，擅自砍伐茶树，当地刺史县令发现没有及时制止，以纵私盐论，从严处分。从整段文献来看，在国家经济疲敝之际，为保证国家税收，对于茶叶私贩的处罚可谓是严之又严。

宋代对于茶叶私贩的处罚也是有增无减。见《宋史》卷 183：

凡民茶折税外，匿不送官及私贩鬻者没入之，计其直论罪。园户辄毁败茶树者，计所出茶论如法。旧茶园荒薄，采造不充其数者，蠲之。当以茶代税而无茶者，许输他物。主吏私以官茶贸易，及一贯五百者死。自后定法，务从轻减。太平兴国二年，主

———————
① 《禁园户盗卖私茶奏》中私贩茶 100 斤和 300 斤脊杖数均为二十，似有误。
② （宋）欧阳修，宋祁. 新唐书［M］. 北京：中华书局，1975：1382.

吏盗官茶贩鬻钱三贯以上，黥面送阙下；淳化三年，论直十贯以上，黥面配本州牢城，巡防卒私贩茶，依本条加一等论。凡结徒持杖贩易私茶、遇官司擒捕抵拒者，皆死。太平兴国四年，诏鬻伪茶一斤杖一百，二十斤以上弃市。雍熙二年，民造温桑伪茶，比犯真茶计直十分论二分之罪。淳化五年，有司以侵损官课言加犯私盐一等，非禁法州县者，如太平兴国诏条论决。①

事实上，到宋代时，因为利益的驱使，私茶的贩卖还是十分严重的。为防止边守人员与茶贩的相互勾结，宋淳亿三年（992年），政府在现有刑法基础上，专门针对巡城防卒订立了三条法令，其主要内容包括：私卖茶叶卖值在10贯以上者黥面，配本州牢关禁；巡城防卒私贩茶叶依本条加一等论罪；凡结徒持杖贩易私茶，遇官司擒捕抵拒者皆死刑。

茶叶私贩的根本原因在于利益的驱使，所以即使面对政府严厉的处罚措施，私贩依然存在。以南丝路的茶叶私贩为例，南丝路地区除政府专卖的茶叶外，私贩茶叶一般是销往有需求的民族地区，且利润可观：

本州岛导江县蒲村、堋口、小唐兴、木头等镇，各准茶场司指挥，尽数收买茶货入官，并已施行。民之受弊，大率均一，惟导江县一处，尤为切害。盖缘本处是西山八州军隘口，自来通放部落入城，博易买卖，其蕃部别无现钱交易，只将椒、腊、草药之类，于铺户处换易茶货，归去吃用，谓之茶米，或有疾病，用此疗治，且暮不可暂阙。②

① （元）脱脱等.宋史［M］.北京：中华书局，1979：4478-4479.
② 曾枣庄，刘琳.全宋文［M］.上海：上海辞书出版社；合肥：安徽教育出版社，2006：122.

这一段文字是阿坝地区的少数民族到导江茶市购买茶叶的状况，南丝路茶区的茶叶销路甚好，其主要贸易对象是少数民族地区。南丝路少数民族聚居区，尤其是高海拔地区，基本不产茶，但由于常年食肉，又不可一日无茶，于是这些少数民族便成为南丝路上茶叶的最大消费者，他们经常到四川茶区用土特产换取茶叶。在这条商贸通道上，除茶叶外，丝绸和盐也备受民族地区欢迎，丝绸、茶叶和盐成为南丝路商贸通道上的主要交易货品。但同时，由于所有交易并不可能都通过官方途径实现，私贩利润极大，所以私贩茶、丝绸和盐在南丝路上也是屡禁不止。由于唐宋以后实行的茶叶政府专卖政策，政府对南丝路茶叶实行严格的控制，因此，南丝路茶区与少数民族之间的茶叶商品交换实际上进行得十分艰难。因为不为官方许可，这些贸易行为都只能在私底下进行，需要冒巨大的风险，如果不是商业贸易的利益驱使，恐怕难以为继。

宋代茶叶产量比唐时有所增长，但增长的产值基本都用于榷茶上。宋侍御史刘挚曾上奏疏：

> 蜀产茶，地不过数十，州人赖以为生，茶司尽榷而市之，园户有茶一本，而额至数十斤，官所给钱靡费于公者，名色不一，给借保任，输入视验，皆牙侩主之，故费于牙侩者，又不知几何，是官于园户名为平市，而实夺之。园户有逃而免者，有投死以免者，而其害犹及邻伍，砍伐茶则有禁，欲增植则加市，故其俗论，谓地非生茶也，实生祸也。①

刘挚这一奏议所表达的主要意思是，普通茶农根本没有从茶叶种植中得到利益，利益都被官府盘剥而去，对于茶农来说茶树种植越多，利益损害越大，加之地方官员的执行过程中存在很多的问题，无论丰收还是歉

---

① （元）脱脱等．宋史［M］．北京：中华书局，1979：4500-4501.

收，茶税缴纳数额不变，地方官员对于茶农、茶商的盘剥也时有存在。事实上，从榷茶实施之初，这项政策就遭到当地百姓的强烈抵抗。在宋末爆发的茶农起义，也是茶农长期被压迫的集中反抗。

宋朝榷茶官员李杞、蒲宗闵曾专门到四川督查榷茶，引起了当地茶民的极度不满。时任彭州知府的吕陶直言：

> 川蜀产茶，视东南十不及一，诸路既皆通商，两川独蒙禁榷。茶园本是税地，均出赋租，自来敷卖以供衣食，盖与解盐、晋矾不同。……今立法太严，取息太重，遂使良民枉陷刑辟，非陛下仁民爱物之意也。……诸路既许通商，两川却为禁地，尽榷民茶。随买随卖，取息十之三。今日买十千之茶，明日即作十三千卖之。[①]

从吕陶的言语中，可知四川茶区的茶主要用于政府的榷茶，但榷茶的实施对于茶农和茶商来说，完全是极大的盘剥，榷茶之后茶农和茶商几乎无利益可言。政府在东南茶区实行的是通商政策，即允许其进行商业贸易，但对巴蜀茶区实行的是茶叶专卖即榷茶。茶业专卖政策在某种程度上会束缚南丝路茶业商业经济的正常发展，政府主导的茶马贸易虽然对经济发展也产生了一定的积极影响，例如在促进南丝路茶产业迅速扩张、保证茶业经济的持续稳定发展等方面，其作用都是正面的，但长期专卖必然导致南丝路茶产业在技术革新、品质保证等方面逐渐显出缺陷。这为南丝路茶产业后期的衰落也埋下了伏笔。

---

① （元）脱脱等．宋史［M］．北京：中华书局，1979：10978．

第三节　元明清时期南丝路茶业经济状况

一、南丝路茶业贸易的新变化

（一）与民族地区的茶业贸易更加频繁

从元明开始，南丝路茶叶更多的销往藏、羌地区。"马市为夷货流通之府，胡汉之人胥仰藉焉。抢掠所获不足以当市易之利，夷人以市为金路，惟恐失之。"[①] 这条"金路"就是茶马贸易线路，明王朝对朝贡京师的藏族僧俗上层，均例给茶叶、绢、缎、等厚赏，其中以赏茶为大宗，而茶叶亦主要用川茶来支付。

元明时期，南丝路茶区四川与藏区的茶叶贸易更加频繁。元初时期，政府采取的是统购茶叶，销售于羌、藏地区。由于加价过多，引起当地少数民族的强烈不满，大有聚众骚乱之势。其时，成都路总管张庭瑞乃变更茶法，政府停止经营，由商人自行购运，按引纳课，汉藏之间，听其民间自由互市。这场风波方告平息。"官买蜀茶，增价鬻于羌人，人以为患。庭瑞更变引法，每引纳二缗，而付文券与民，听其自市于羌，羌、蜀便之。"[②] 将元政府所定茶税减少到引纳二缗，事实上是非常巨大的退让，如此不仅让巴蜀茶商感到满意，藏、羌少数民族也感到满意，如此一来，南丝路与藏区的茶叶贸易便更加兴盛。

元代有销往藏区的专供茶叶品种。松潘、黎、雅地区藏族所需的茶叶已单独形成一个品种叫"西番茶"，以别于腹地所饮的各种川茶。元人忽思慧列举当代各种名茶，其中叙述"西番茶，出本土，味苦涩，煎用酥油；川茶、藤茶皆出川"。[③] 所谓"西番茶，出本土"，实际上是指天全、

---

① （明）陈子龙等.明经世文编［M］.北京：中华书局，1962：4598.

② （明）宋濂等.元史［M］.北京：中华书局，1976：3923.

③ （元）忽思慧.饮膳正要［M］.北京：人民卫生出版社，1986：58.

雅州、汉源等地区，后扩大至邛州、名山、峨眉、夹江等地，均为"西番茶"的产区。

元明统治者出于政治的需要，对藏族土司采取羁縻政策，也更加注重与其上层的经济文化交流。雅州、碉门茶马司的茶源亦来自夔州、叙州等地，明初的四大茶仓均设于南丝路地区，以备民族地区不时之需，绝大部分川茶均供应于藏族地区，从而形成特有的边、腹引案制度。

洪武三十年（1397年），为了保证政府对川茶储运，确定在四川修建成都、保宁、重庆、播州宣慰使司地面四大茶仓，集中川茶以备西番易马和以茶换粮之用。将南丝路区域产茶之地四川、贵州等纳入了与少数民族以茶换粮区域。

> 三十年，命右军都督府遣镇抚刘王于泸州市绵布往西番易马，凡用布九万九千余匹，得马一千五百六十四，命分给建昌、盐井二卫军士操养。[1]

四川地区参与茶马交易已经成为一种常态。碉门、雅州茶马司易马的茶叶全系川茶，甚至远从夔州、叙州等地运来。松潘地区虽未设茶马司，地方当局亦不时以茶叶等物与藏族易马，其茶叶亦来自成都府属地区。

明朝对朝贡京师的藏族僧俗上层，均例给茶叶、绢、缎、等厚赏，其中以赏茶为大宗，而茶叶亦主要用川茶来支付。成化十九年"命四川岁输茶十万斤于陕西茶马司。给番僧。免其候支也"。[2]而四川碉门、雅州是乌思藏、朵甘等地僧俗进贡的大道，每年进京贡使络绎于途，他们在返藏中亦主要在碉门地区领取赏茶。川茶成为处理民族关系的重要物资，因而成为政府严加控制物资的重要原因。藏族僧俗上层的朝贡与赏赐成为汉藏经

---

① （明）王世贞撰．魏连科点校．弇山堂别集［M］．北京：中华书局，1985：1711.

② （明）谈迁著．张宗祥点校．国榷［M］．北京：中华书局，1958：2470.

济文化交流的又一渠道，实质上是茶马互市的补充手段。

清朝时期，继续执行以满足各民族茶叶供应为目标之一的民族政治经济政策，刺激了藏族茶商的贸易积极性，使得南丝路茶业贸易得到进一步发展。明代藏族茶商多系朝贡兼营商业，表现为贡商一体，且多为寺院及土头经营。清代以后，他们不需要贡使的身份来从事商业活动，只要有资本即可组织驮队赴边镇贸易，于是出现了大批寺庙商、土商、头商、平民商等。藏族商人的增多，使得清初南丝路地区的商业活动和场所极大发展，以打箭炉地区为例，其锅庄数量从十三家发展到四十八家，增加速度和数量都十分迅猛。

此外，雅安地区在清代之前对茶市控制较严，自清代由商人纳引营运后，雅安茶市顿时兴旺起来。《巡抚都御史尹同率茶法条议》中有"商旅满关隘而茶船遍于江河"①的盛况，南路边茶在清初出现鼎盛时期。康熙时期后，打箭炉、松潘等地成为边茶交易的主要汇聚地，川藏茶道上的巴塘、里塘、炉霍、甘孜等市镇也商贾渐增，店铺鳞次，逐渐成为因茶叶贸易而兴盛起来的康藏高原新兴城镇。

这其中，打箭炉城最具代表性，其建立和兴旺很大程度上源自边茶贸易的兴盛。道光时所著《康輶纪行》卷一记载：

打箭炉四面皆山，有土城，东、南、北三关汉蕃互市之所，蕃民数百户，大寺喇嘛数千，西藏派堪布主之，汉人贸易者百数，余惟夷役营兵而已。内外汉蕃，惧集市茶，同知征其税焉。②

茶商、锅庄业③在当地商贸中有举足轻重之势。汉商深入藏区受到少

① （明）万表编．于景祥，郭醒点校．皇明经济文录［M］．沈阳：辽海出版社，2009：553.
② （清）姚莹著．欧阳跃峰整理．康輶纪行［M］．北京：中华书局，2014：16.
③ 为汉藏贸易穿针引线，既是交易场所、作坊，又是客货栈房的特殊行业。

数民族的欢迎，各类手工业者也结伴前往，络绎于途的茶驮更促进高原市镇的兴旺。同治时期，炉霍土司派人到打箭炉要求汉商到当地营业，一些陕籍商人突破"不入夷地"的禁令应邀前往，使炉霍的商情随即活跃。不久麻书土司亦以同样的方式招揽汉商到甘孜营业，陆续开设一些锅庄，"市场逐日以繁盛"。也就是说，在茶叶贸易的带动下，南丝路民族地区的商业活动更加繁盛，这也是明清时期后在南丝路地区表现出来新的经济特征。

（二）南丝路茶业公司初露雏形

随着茶业经济到清代的进一步发展，南丝路茶业商品经济到清代时更是出现了很多现代商业经济因素。这些新的商业因素的出现，使南丝路茶业经济的发展又进入了一个新的阶段。众所周知，中国是茶叶生产的故乡，中国境内拥有世界上最早的野生茶树，中国产茶、饮茶的历史十分悠久，可以说，现今世界上的茶叶品种绝大多数均来源于中国。16世纪开始，中国饮茶习俗传入欧洲的贵族社会圈中，那时，茶叶在欧洲上层社会中是被视为奢侈品般存在的物品。从16世纪到19世纪，茶叶都是中国出口商品中的大宗，早期荷兰和英国的东印度公司都是主营中国茶叶到欧洲的转运贸易业务，而正是在巨大的经济利益面前，欧洲人逐渐不再满足于从转运贸易中获得的利益，他们不再愿意用大量真金白银购买茶叶，而是希望直接控制茶叶贸易的利益首端，这也是欧洲列强用洋枪大炮敲开中国大门的根本原因，经济利益的需求永远是最大的动力。

"边茶公司"成立的20世纪初期，中国茶叶生产仍然停留在工场手工业的小农经济时期，是一种粗放的、劳动密集型、纯手工的生产方式。在这种生产方式下，茶叶农户接受茶园地主的雇佣，其生存本质上依附于土地关系而非生产关系，因此，农户只满足于在茶园中日出而作日入而息的简单重复劳动，根本不会去思考技术革新、商品经营等相关问题。而对于茶园主来说，由于其占有土地，小农经济的生产经营方式是最安全最合适的。如果没有新的经济方式的侵入，无论茶园经济中的雇佣者或是被雇佣者，都完全是相安无事的，他们都不用去考虑新的生产方式、经营方式或是运输方式，因为既有的产、制、运、销是最适合当时中国经济形态的。

时任川滇大臣、四川总督的赵尔丰也为形势所迫积极选择求"变"，于是极力倡导"边茶股份有限公司"的成立，试图以新的生产方式和经营管理方式改革四川茶叶产业。

清朝时期，川茶销售依然实行专卖制度，称为"边茶"销售，顾名思义，川茶主要行销于康藏民族地区。清政府将茶叶产业作为与藏区进行政治交流和经济交流的手段之一。在中国各地的茶产业发展中，四川茶产业更有着非比寻常的地位和意义，因为其兴衰与汉藏关系密切相关。售卖茶叶、争夺国际市场更多的是出于经济利益的需要，但印茶极力打入西藏经济市场的行为背后，则完全是出于政治目的。事实上，在十八世纪中叶，当大量英国探险家进入西藏地区活动之时，他们就已经发现茶叶在藏民生活中不可替代的重要存在。英人海斯汀任印度总督时，即千方百计地推行印茶销藏的政策，他更加偏重于政治上的考虑，其最终目的在加强与西藏的政治交往，由此，海斯汀千方百计将印茶倾销于康藏地区。可见，川茶销藏，其政治意义与经济意义同样重要。

在此背景下，"边茶公司"的创建，则不仅是出于经济需要，更是出于政治需要。南丝路所在区域地理位置敏感，在清末复杂的政治经济环境之下，四川总督赵尔丰还是敏锐地察觉到这一点，因此极力促成"边茶公司"的成立。赵尔丰征战藏区多年，对西藏的政治经济状况，对西藏在南亚地区的战略地位都十分清楚。对于"边茶公司"的成立，茶商们只是从经济利益的角度考虑，纷纷持反对态度，而赵尔丰是排除一切阻力，并从政策和资金上给予"边茶公司"最大限度的支持，一定要促成公司的成立。而从"边茶公司"的建设制度和运营规则来看，其完全是英国人在印度茶叶公司的翻版，由此可见，赵尔丰创立"边茶公司"的直接目的就是要与蚕食西藏茶叶市场的印茶公司抗衡。"边茶公司"在管理方式上也进行了前所未有的尝试。"边茶公司"是以股份经营的方式创建的，其最大的五个股东分别是川茶最为集中的五个县茶商共同组成，分别是邛崃、雅安、荥经、天全、名山。"边茶公司"成立不久清政府便在辛亥革命的动摇中崩溃，"边茶公司"当然也随之消逝而终，但其对中国茶产业的巨大影响却是深远的。因为南丝路区域与西藏特殊的地理关系和政治关系，"边茶公司"对于这场茶叶经济变革反映最为迅速和激烈。

综上所述，"边茶股份有限公司"的成立正是在清末世界茶业经济格局巨变的情况下，中国茶叶产业对自身提出的变革所致。清末的中国茶叶产业面临着巨大的挑战和危机，许多有识之士也深刻意识到，如果不进行革命性的变革，中国茶叶产业只有死路一条。因此，"边茶公司"是中国茶叶产业在变革中的一次伟大尝试，对南丝路茶产业和中国茶产业产生了深远的影响。

二、南丝路茶业经济衰落的原因

南丝路茶业经济的发展过程与榷茶、茶马贸易这种带有明显政治意义的经济行为已紧紧联系在一起，其发展、衰落也将随国家政治经济的变化而变化。不同时代的政治经济形势变化影响着南丝路的经济发展。

（一）东南地区的茶业经济迅速发展

东南地区的经济快速发展有着主客观方面的原因。海上丝绸之路开通以后，东南沿海地区有着地域上的优势，经济快速崛起。同时，自宋代中央政府南迁，种种因素使得东南地区的经济开始迅猛发展。这其中也包括茶产业。

两广和江浙茶区的茶叶生产到元明时期快速上升。以明代某年茶税为例，在各处茶课钞数中的统计数据为：

应天府江东瓜埠巡检司 110000 贯；苏州府 2915 贯 150 文；常州府 4129 贯，铜钱 8258 文；镇江府 1602 贯 630 文；徽州府 70568 贯 750 文；广德州 503280 贯 960 文；浙江 2134 贯 20 文；河南 1280 贯；广西 1183 锭 15 贯 592 文；云南银 17 两 3 钱 1 分 4 厘；贵州 81 贯 371 文。合计税收 686015 贯 721 文，又 1183 锭 17314 两（即 20484 两）。[①]

在一年的数据中，云南和贵州的茶税数额明显不符合常理，应该是当年统计数据滞后的原因，因为从其他可考资料来看，云南的茶税绝对不止这点，同时贵州的茶税也不可能才 81 贯，统计数据不准确。但从这些数据可以看出，两广和江浙地区的茶业经济已经占据全国的绝大部分。这说明到元明时期，其他茶区的茶业生产已经开始超越南丝路茶区。需要说明的是，这其中的数据不包括四川和陕西地区，因这两个地区的茶叶是直接实行榷茶制，每年按照规定的茶叶数额直接交与官方机构。

元明以后，南丝路茶叶贸易兴盛的地区是四川、重庆和湖北位于南丝路区域内的西部地区，相对前朝地域有所缩减。榷茶制施行的主要地区转移到四川、陕西、湖北、江西地区，其全国的榷茶司设置位于江西境内。榷茶制有很多制度依旧沿袭自唐宋。明代时，几乎全国都有茶叶的产区，从前不产茶的区域也开始种茶，明代茶区基本奠定了今天的茶区体系。（明代）除北直隶、山东、山西布政司生态环境不宜植茶外，南直隶及其他 11 个布政司均有生产；而且在秦岭、淮河以南广阔的茶区内，许多不曾产茶的地方开始引种茶叶，且形成名茶；有的地方则是传统生产又有新的发展，出现了全面发展、名品纷呈的繁荣局面。[②] 所以，茶叶经济是元明重要的经济贸易形式之一。

---

① （明）申时行.大明会典［M］.南京：江苏广陵古籍刻印所，1989：684.

② 郭孟良.明代茶叶生产的发展［J］.殷都学刊，2000（2）：31–35.

但与此同时，南丝路的茶叶经济却在日益萎缩。据可考文献，元明以后，南方丝绸之路的茶叶贸易相对前朝也是有所衰退的。

　　其他产茶之地，南直隶常、卢、池、徽，浙江湖、严、衢、绍，江西南昌、饶州、南康、九江、吉安，湖广武昌、荆州、长沙、宝庆，四川成都、重庆、嘉定、夔、泸，商人中引则于应天、宜兴、杭州三批验所，征茶课则于应天之江东瓜埠。自苏、常、镇、徽、广德及浙江、河南、广西、贵州皆征钞，云南则征银。

　　其上供茶，天下贡额四千有奇，福建建宁所贡最为上品，有探春、先春、次春、紫笋及荐新等号。旧皆采而碾之，压以银板，为大小龙团。太祖以其劳民，罢造，惟令采茶芽以进，复上供户五百家免除。凡贡茶，第按额以供，不具载。①

在这段文献的注释中特别标注有一段文字：

　　明代贡茶额最初并不确定。例如，洪武年间建宁贡茶共1600余斤，隆庆年间逐渐增至2300余斤。宜兴贡茶原为100斤，宣德年间增为29万斤。茶民每年在贡额之外还向镇守太监献纳茶1000斤。参见《古今图书集成·食货典》卷293《茶部》。

可见，从明代贡茶供应分配、朝廷对各地贡茶的需求可以明显看出，南丝路各大茶叶产区已经不再具有明显的优势。同时，从元明茶书著作来看，南丝路区域内的名茶除了蒙山茶依旧被提及外，其他地区的名茶，甚至包括云南普洱茶居然都没有进入元明时期的茶书，这说明随

①〔韩〕朴元熇主编.〔韩〕权仁溶等校注.明史食货志校注［M］.天津：天津古籍出版社，2014：166.

着其他茶区茶叶产业的崛起，南丝路茶业在全国的地位事实上是有所下降的。

（二）榷茶对南丝路茶业经济的破坏

由于南丝路地区与西北地区相距不远，交通相对便利，且又是茶叶主要产区，历朝历代一直将南丝路茶区作为榷茶制的主要地区。榷茶在南丝路茶叶产区是从唐末宋初便开始执行，一直到清末才逐渐因外来经济因素所打破。唐宋时期，南丝路地区的榷茶为国家政治经济提供了重要支撑，元明清依然沿袭在南丝路的榷茶制。

榷茶制在加速南丝路茶叶经济发展的同时，也对南丝路茶叶经济发展带来致命的影响，这种影响是南丝路茶叶经济逐渐失去了市场特征，距离竞争性的经济发展规律越来越远。政府榷茶的同时，希望能够对南丝路茶业经济全面掌控，并不希望茶产业走上市场化和竞争化道路，因此对产业的控制和盘剥是十分厉害的。

例如元朝时，政府对南丝路当地的茶商和茶农剥削十分厉害。至元五年（1268年）忽必烈"用运使白赓言，榷成都茶，于京兆、巩昌（甘肃陇西县）置局发卖，私自采卖者，其罪与私盐法同"。[①]明政府交易西北战马，也主要是榷四川茶。元明的茶叶流通实行国有制，在前人的基础上，已建立了十分严密的制度，例如宋元明均沿用的引茶制度，通过印颁引由、纳钱请引、依引照茶、过关批验、赴司交税、贩毕销引等一系列严密的程序，将茶商可以自由操作的空间压缩到最低限度，其最大目的就是防止茶叶走私、漏税，限制自由贸易，从而保证国家对茶叶流通的绝对控制权。在此背景下，元明政府对四川还实行着比此更加严格的榷茶制。

神宗熙宁七年，干当公事李杞入蜀，经画买茶于秦凤、熙河

---

① （明）宋濂等．元史［M］．北京：中华书局，1976：2393.

博马，王韶又言"西人颇以善马至边，所嗜惟茶"。

自熙丰来，旧博马皆以粗茶，乾道末始以细茶遗之，成都利州路十一州产茶二千一百二万斤，茶马司所收大较若此。

臣按：后世以茶易马事始见于此。盖自唐世回纥入贡已以马易茶，则西北之人嗜茶有自来矣，盖西北多嗜奶酪，奶酪滞膈而茶性通利，能荡涤之故也。是则茶之为物，虽不用于三代而用于唐，然非独中国用之，而外夷亦莫不厌焉。宋人始置茶马司，本朝捐茶利予民而不利其入，凡前代所谓榷务、贴射、交引、茶繇诸种名色今皆无之，惟于四川置茶马司一、陕西置茶马司四，间于关津要害置数批验茶引所而已，及每年遣行人赍榜于行茶地方张挂，俾民知禁，又于西蕃入贡为之禁限，每人许其顺带有定数。所以然者非为私奉，盖欲资外国之马以为边境之备焉耳，其视前代夺民生日用之资以为国家经费之用，岂不天渊哉？圣世仁民之泽大矣，生斯世而为斯民者，乌可不知所自。

侍御史刘挚言蜀地榷茶之害："园户有逃以免者，有投死以免者，而其害犹及邻伍，欲伐茶则有禁，欲增植则加市，故其俗论谓地非生茶也，实生祸也。"

知彭州吕陶言："川陕西路所出茶货北方、东南诸处十不及一，诸路既许通商，两川却为禁地，且如解州有盐池，民间煎者乃是私盐，晋州有矾山，民间炼者乃是私矾，今蜀州茶园乃百姓己物，显与解盐、晋矾事体不同。"

臣按：产茶之地江南最多，今日皆无榷法，独于川陕禁法颇严，盖为市马故也。夫以中国无用之茶而易外国有用之马，虽曰取茶于民，然因是可以得马以为民工，其视山东、河南养马之役固已轻矣，然恩泽既厚，怨□易生，天下皆无而己独有之，民愚不能反己，况其地素贫而易变，伏惟当世司国计者宜有以调停而优待之，俾两得其便，一方之人不胜幸甚。

元世祖至元十七年，置榷茶都转运司于江州，总江淮、荆南、福广之税，其茶有末茶、有叶茶。①

这段文献对至唐宋以来的榷茶制进行了全面的梳理和分析，直接指出以茶易马是以少数民族对茶的需求痛点而产生，并同时指出榷茶有着不可避免的后果。可见，四川、陕西的茶叶生产则主要是供政府交易战马之用，是属于战备范围，与两广和江浙地区的茶叶主要供国家经济之用性质完全不一样。长期的专营政策使得南丝路茶业经济发展更多停留在作坊经营与管理阶段，经济发展的活力与动力严重不足。这也使得清末时期，当商品经济化潮流到来时，南丝路茶业经济便一蹶不振。从中国茶业经济和文化的发源地开始，到最后茶业产业发展却远远落后于东南，这不是一朝一夕所造成的。

（三）南丝路境外茶业经济的冲击

丝绸、茶叶在很长时期内都是中国对外贸易中最受欢迎的商品，仅仅依靠这两种商品，就使得欧洲源源不断地向中国输入大量白银。面对贸易逆差，欧洲商人想尽办法在中国境外发展丝绸、茶叶产业，著名的东印度公司就是英国人在亚洲发展茶叶、丝绸产业的主要平台。

"川省榷茶已重，无论官运、商运，不宜再事取盈。傥征多而值昂，立至印茶浸入。"政府已意识到榷茶制对川茶产业发展的不利之处，且认为正是在川茶产业发展中的某些错误导致物美价廉的印度茶叶迅速进入西藏市场。

于是英属印度侦其状，乃亟种茶，五年而成，使人运至藏，

---

① （明）丘浚撰．金良年整理．朱维铮审阅．大学衍义补［M］．上海：上海书店出版社，2012：251.

时光绪壬辰也。藏人初疑不敢饮，英商乃大减其值，少于华茶三倍，印茶渐销，内地茶渐减矣。①

英国在价格上一再压低，印茶以其产量高、制作精、运费低等优点畅销西藏市场，如不加抵制，显然有取代川茶之势，川茶业面临严重危机。其时清政府与西藏地方上层均从不同的角度认识到这一危机的严重性，除了在外交上通过谈判限制印茶入藏外，并采取团结商民，组织公司以及改进川茶产销的一系列措施。

不止印茶的冲击，斯里兰卡、日本、俄罗斯甚至蒙古，都对中国茶产业产生着影响，中国茶在世界茶叶市场全面受损。在整个华茶商业市场日趋衰退的大形势下，南丝路茶业市场必然受到严重影响，川茶向藏区的销售也尤其受到印茶的影响。英人海斯汀任印度总督时，即千方百计地推行印茶销藏的政策，他更加偏重于政治上的考虑，其最终目的在"欲削弱我国在藏的势力"。近人宋之豪著文揭露海斯汀政策的实质。虽然川茶在清末为国家政治经济付出了重要贡献，"四川边茶已形成了中国专制独占贸易政策的坚固基石，亦即成为本部与边疆民族强有力的外交工具。……川茶的作用，实在是沟通汉藏民族的最大枢纽，也是四川茶业历史中最光荣的一页"。② 但这也并未能挽回川茶日益衰败的颓势。

小　结

南丝路所在区域茶业经济极为发达，茶叶在很长时期内是经济贸易中的主要物资，茶业产业是地区经济的主要支柱，从事茶业相关行业的人

---

① 徐珂．清稗类钞［M］．北京：中华书局，2010：2341.
② 宋之豪．论四川之茶叶［J］．四川经济季刊，1946，3（3）.

员很多，有大量以茶园经济为生的普通民众，在此背景下，南丝路各个区域的茶业经济均得到高度发展。可以说，在南丝路区域已形成以茶叶为中心的文化圈和经济圈，围绕茶叶这一核心南丝路经济文化都发生着深刻变化。蜀茶在南丝路茶业经济发展中处于较为领先的地位，早在汉代便已有专门的茶叶市场供茶叶买卖，后南丝路其他地区的茶业经济也随即开始发展，在南丝路形成众多茶区。到唐代时，南丝路茶业经济已达到高度发达的程度。唐末始，国家实行榷茶制，榷茶时间从唐末一直持续到清末，榷茶的主要范围在南丝路各个茶区，尤以巴蜀茶区为盛。由于实行榷茶制的时间很长，榷茶制对南丝路茶业经济的影响深刻且长远，直到近代南丝路茶产业的发展都还在内外交困的局面中奋力挣扎。

第四章　南方丝绸之路的丝绸产业和文化

四川丝绸的起源时间相当早，而在古蜀国的历史上，养蚕缫丝也颇具代表性。史称黄帝正妃嫘祖"教民育蚕"，"治丝茧以供衣服"，历代供奉她为"先蚕"。而嫘祖相传是蜀地西陵氏国之女，据段渝教授考证，西陵氏国位于今天蜀地的盐亭地区。后，黄帝、嫘祖的儿子昌意娶蜀山氏女以后，嫘祖驯养家蚕、缎丝制衣的方法便流布到蜀山地区，致使从前养桑蚕的蜀山氏转变为驯养家蚕的蚕丛氏，巴蜀地区进入丝绸起源的新时代。[①]

《蜀王本纪》载："蜀之先称王者有蚕丛、柏濩、鱼凫（案：《文选·蜀都赋》刘注引下有"蒲泽"二字）、开明。是时人萌椎髻、左衽，不晓文字，未有礼乐，从开明已上至蚕丛，积三万四千岁。"[②]《授时通考》摘引《茅亭客话》所述："蜀有蚕市，每正月至三月，州城及属县一十五处，耆旧传闻，古蚕丛氏为蜀主，民无定居，随蚕丛所在致市居，此其遗风也。"[③] 可见，蚕丛王对于蜀地的丝绸织造发展产生了十分深远的影响。

黄帝嫘祖的历史可追溯至四五千年之前，这说明在四五千年的古蜀国，当地人们已经初步掌握了养蚕治丝的技术。当古蜀进入蚕丛王时代，古蜀养蚕治丝的能力又得到进一步的提高，蚕丛王的得名似乎与"蚕

---

①　段渝.巴蜀丝绸对世界古代文明的贡献［J］.文史杂志，1997（4）：26–28.

②　（清）严可均.全上古三代秦汉三国六朝文［M］.北京：中华书局，1958：414.

③　（清）鄂尔泰.授时通考［M］.北京：中华书局，1956：卷72.

桑"之事也颇有联系。段渝教授虽然认同古蜀与丝绸的密切关系，但认为"蜀"与"蚕"二字差别巨大，古"蜀"字包含有野外毒昆虫之毒辣一义，而古"蚕"字则特指经人工驯化后的家蚕，品性相差甚远。或许古蜀早期便以野蚕之类的毒辣昆虫而闻名，而后经人工驯化饲养的家蚕用以缫丝，而无论怎样，古蜀从早期便与蚕桑丝绸发生着密切的关系。

第一节　四川是南丝路丝绸文化的中心

一、蜀地与蚕桑起源关系密切

四川丝绸历史久远，据公元前 4 世纪脱烈美《地志》书中，提到一个产丝的国度叫 Seres，中译赛力斯。据学者研究，这个 Seres 便是古代蜀国的音译名称，在西语里意思是丝国。[①] 段渝教授认为，《史记》中记载张骞在大夏（今阿富汗）看见由蜀人商贾在印度销售的"蜀布"，其实就是蜀地生产的丝绸。[②] 印度 Haraprasad Ray 教授指出，在印度阿萨姆语里，"布"可以用来表示"丝"的意义。扬雄《蜀都赋》说成都有"黄润细布，一筒数金"，意思是成都的丝绸以黄色的品质尤佳。印度考古学家乔希（M.C.Joshi）指出，古梵文文献中印度教大神都喜欢穿中国丝绸，湿婆神尤其喜欢黄色蚕茧的丝织品。这种黄色的丝织品，就是扬雄所说的"黄润细布"。湿婆神的出现相当于中国的两周时期，那时成都就已与印度发生了丝绸贸易关系，最早开通了丝绸之路。可见，由于成都丝绸的西传而引起丝绸之路的开通，成都是丝绸之路的源头所在。

在文献记载中，也有很多关于蜀地与蚕桑起源的论述。在《农政全

---

① 杨宪益.译余偶拾［M］.北京：生活·读书·新知三联书店，1983：19.
② 段渝.成都在丝绸之路经济带中的历史地位［N］.成都日报，2015-04-15（4）.

书》《授时通考》《桑志》《蜀故》等文献中均有"古蚕丛氏衣青衣，教民蚕桑"的相关记载。在《通鉴续编》《通鉴纪事本末》《通鉴辑览》等文献中均有"西陵氏之女嫘祖为帝元妃，始教民育蚕、治丝茧以供衣服……后世祀为先蚕"等相关记载。

四川的成都地区，从战国时代开始，蚕织事业已初具规模。到西汉时期，成都的织造事业更为兴盛，主要以织锦而著称。事实上，锦是属于丝绸织造中工艺比较复杂，档次比较高的一种。在成都早期的丝绸行业中，主要以民间的蚕桑织造为主，蚕桑业可以说是普通老百姓赖以生存的重要生产经济来源。虽然丝绸的生产状态是作坊式的，但官方对丝绸流通的限制是相当严格的。丝绸产业在很长一段时期内都是国家经济的重要来源，所以官方是严格限制私人在市场上进行丝绸交易的。

甲骨文中的"蜀"字，章太炎先生经过仔细辨认，认为就是一只蚕的形象。事实上，不限于章太炎先生，主流学者的观点基本都认为古"蜀"字与"蚕"字有非常密切的联系。同时，古蜀国的开国国王"蚕丛王"，与古蜀国蚕桑事业的起源也有着重要关系。

1965年在成都百花潭出土一尊十分精美的战国采桑宴乐射猎攻战纹铜壶。铜壶花纹共分为四层，其中第一层是采桑射猎纹饰，主要表现的是普通百姓的采桑织造和射猎。采桑纹饰包括男女在桑林的劳作、采摘桑叶、运送桑叶和饲养蚕等活动，生动形象地再现了战国时期采桑织造的全过程。

此外，汉代时，在四川范围内的许多地区，都出现过与"蚕桑"内容相关的画像砖。画像砖是汉代文化最具代表性的历史遗迹之一，汉画像砖在四川和陕西地区最普遍。在四川博物馆中，专门陈列有大量的汉代画像砖遗迹。应该说，这些画像砖是研究汉代四川民间生活的最重要的历史参考，同时，也形象具体地再现了当时四川人民的生活、劳作、经济、教育等场景，是不可多得的第一手历史资料。在这些画像砖中，有大量桑林场景，也有劳动人民采桑、喂蚕、缫丝等行为的再现。

在成都土桥曾家包汉墓出土的画像砖中，刻有两架织机，证明在汉代时四川的织造技术已经达到一定水平，并开始使用织布机。同时，2012年在成都天回镇老官山汉墓出土 4 架织布机，成都市博物馆根据原机进行复原，在馆内展示一架与原机大小一样的织布机。织机结构复杂，制作精巧，由此可见，汉代四川的丝绸织造已经进入相当成熟的阶段。

《后汉书》卷 13 有文："蜀地沃野千里，土壤膏腴，果实所生，无谷而饱。女工之业，覆衣天下。"[①]蜀地历来物产丰富，丝绸产量巨大，在全国都十分有名。四川丝绸产业不仅历史悠久，到两汉时显然已经非常繁荣，品种丰富，技术高超。四川的织锦技艺沿袭了前代织作的技艺，经过不断创新而发展起来的，为后世蜀锦的勃兴，也奠定了基础。[②]

二、蜀锦直接影响南丝路经济发展

两汉时期，四川丝绸业再次经历了飞跃，两汉时期四川丝绸不再是素色的"黄润细布"，而是演变为具有各种花色的彩锦。"锦"是丝绸中工艺复杂、花色丰富、档次更高的一种。《释名》曰："锦，金也，作之用功重，其价如金，故其制字从帛与金也。"[③]强调了锦织造的费功及贵重的身价。而蜀锦从汉魏时期开始，也逐渐崭露头角。

其中，《太平御览》卷 815 引曹丕《与群臣论蜀锦书》："前后每得蜀锦，殊不相比，适可讶，而鲜卑尚复不爱也，自吾所织如意虎头连璧锦，亦有金薄、蜀薄。来至洛邑，皆下恶，是为下工之物，皆有虚名。"[④]曹丕在《与群臣论蜀锦书》一文中对蜀锦如此惊讶，因为在了解蜀锦之前，北方基本使用的都是鲜卑族的织造品，从曹丕与大臣的对话中，可以推断

---

① （南朝宋）范晔撰 .（唐）李贤等注 . 后汉书［M］. 北京：中华书局，1965：535.
② 朱新予 . 中国丝绸史（通论）［M］. 北京：纺织工业出版社，1992：49.
③ （汉）刘熙 . 释名［M］. 北京：中华书局，2016：64.
④ （宋）李昉等 . 太平御览［M］. 北京：中华书局，1960：3622.

出，洛阳城贩卖的主要是北方的丝织品，而曹丕在得到蜀锦后，顿时觉得鲜卑织品相较于蜀锦还是略逊一筹。所以，朱启钤在《丝绣笔记》中才有这样的论断："盖春秋时蜀未通中国，郑、卫、齐、鲁无不产锦。……魏晋以来蜀锦勃兴。"① 春秋时期，北方的郑、卫、齐、鲁等国家织锦业已是比较繁盛，而蜀地虽然蚕桑养殖的时代比较久远，但因为不与中原相联系，蜀锦之妙并不为中原地区所知，而蜀锦成为商业经济真正开始发展则在汉魏时期。汉魏时，蜀锦已经成为蜀国的代表性物资。所以，左思《蜀都赋》写道："贝锦斐成，濯色江波。"② 此处贝锦便是蜀锦。又《华阳国志》载，诸葛亮平滇，赐给当地的羌民族"瑞锦、铁券"，到晋时此二物仍在，其中"瑞锦"便是是蜀锦的品种之一。

蜀锦蓬勃发展，行销全国，以至魏、吴两国都要到蜀地买锦。朱启钤《丝绣笔记》又称："魏晋以来，蜀锦勃兴，几欲夺襄邑之席，于是襄邑乃一变而营织成，遂使绫锦专为蜀有。"在蜀锦未被中原所了解，蜀锦商品经济还未完全发展之前，襄邑地区是中原著名的纺织中心，而蜀锦勃兴之后，连襄邑这样曾以纺织闻名的地位都受到了蜀锦的挑战，到最后蜀地成为生产绫锦的中心。

在连年征战的时期，蜀锦成为支撑蜀国军需的重要经济来源。《蜀中广记》有记，诸葛军令曰："军中之需，全藉于锦。"③《诸葛亮集》亦云："今民贫国虚，决敌之资，唯仰锦耳。"④ 可见织锦业对于蜀国的重要意义。织锦业在南丝路地区成为重要的经济商品，对经济发展产生了重要而深远的影响。

---

① 朱启钤.丝绣笔记［M］.杭州：浙江人民美术出版社，2019.

② （梁）萧统编.（唐）李善注.文选［M］.上海：上海古籍出版社，1986：185.

③ （明）曹学佺.蜀中广记［M］.北京：国家图书馆出版社，2014.卷67.

④ （宋）李昉.太平御览［M］.北京：中华书局，1985：3624.

第二节　南丝路丝绸产业的发展状况

一、织锦业遍及南丝路沿线地区

为了更好地对丝绸生产各环节进行控制，从中央到地方逐渐开始设置专门的织造管理机构。其中在蜀国设立的"锦官"颇为有名。"锦官"是为管理成都的织锦生产而专门设置的管理机构，为此，成都又被称为"锦官城"。成都夷里桥南岸道西城，便是魏晋时期锦官城的旧址，《华阳国志》有文："其道西城，故锦官也。锦工织锦，濯其江中则鲜明，濯他江则不好，故命曰'锦里'也。"[①]民间传说道：蜀锦只有濯锦江之水才会光艳无比，而濯他江之水则暗淡无光，锦江之水拥有如此神奇的功效，蜀锦才得以名扬天下。当然，这只是一种传说，不过从另一个角度也说明蜀锦工艺之妙及在人们心中的重要地位。

不止成都，事实上，在整个南丝路沿线地区，以锦为代表的丝绸生产都是尤其繁盛的。晋代常璩在《华阳国志》中记载了当时的蚕桑区域，其中包括巴郡、巴东郡、巴西郡、涪陵郡、宕渠郡的巴地。其中巴郡的垫江县"有桑、蚕、牛、马"；巴西郡"土地山原多平，有牛、马、桑、蚕"；江阳郡的汉安县"土地虽迫，山水特美好，宜蚕桑"；蜀郡的织锦更是盛名在外。扬雄《蜀都赋》有"尔乃其人，自造奇锦"[②]；左思《蜀都赋》有："阛阓之里，伎巧之家。百室离房，机杼相和。贝锦斐成，濯色江波。"[③]从汉至魏，锦都是蜀都无可替代之物，无论扬雄还是左思，在其文中对蜀都和蜀锦的赞美都不吝美辞。

南方丝绸之路沿线的四川、广西、贵州、云南等地区都是蚕桑的重

---

① （晋）常璩撰．刘琳校注．华阳国志校注［M］．成都：成都时代出版社，2007：120.
② （清）严可均．全上古三代秦汉三国六朝文［M］．北京：中华书局，1958：402.
③ （梁）萧统编．（唐）李善注．文选［M］．上海：上海古籍出版社，1986：185.

要生产地区，在丝绸业上也有长足发展。据《华阳国志》记载，在云南地区的永昌郡"土地沃腴。有……蚕桑、绵、绢、采帛、文绣"。《后汉书》卷 76 记载古哀牢国："土地沃美，宜五谷蚕桑，知染采文绣，罽氍帛叠。兰干细布，织成文章如绫锦。"① 古哀牢国的中心区域即今天的云南保山地区，因此，云南地区在汉代时，其丝绸产业也取得了发展与进步。

当然，由于基础较好，巴蜀地区的丝绸生产在管理上更加规范，生产上也有着严格的程序。王建在其《织锦曲》一诗中曾这样写道："长头起样呈作官。"② 可见，蜀锦在织造中是有着严格的程序的。即便是蜀锦的花纹样式，也不是随意选取的。首先必须经由负责人设计出某一种花纹样式，然后上报管理机构，最后经过审批同意后才能付诸生产。同时，在王建的这首诗中还有"限日未成官里怪"一句，说明整个生产过程对产品的质量要求和时间限制极其严格。

明朝时，四川阆中的丝绸产业逐渐发达，为规范阆中的丝绸生产，政府在阆中也设置了管理机构。阆中以其"阆茧"闻名，阆茧所产桑蚕丝不同于一般，质量极佳，为某些地区的专供。当时阆中的阆茧产量大，质量高，由当地蚕户缫出"水丝"，丝细而光润，远销全国。阆中同时也是四川丝织品的重点产区。明朝时，中央在各个地区设立了专门用于织造的政府机构，在四川设有布政司，对相关工作进行管理。③ 在蜀锦传统产区的成都，明朝初年设立了官办的织染局，其织造的丝绸制品专门供宫廷使用，南丝路沿线织锦业的发展程度可见一斑。

① （南朝宋）范晔撰 . （唐）李贤等注 . 后汉书［M］. 北京：中华书局，1965：2849.

② （清）彭定求等 . 全唐诗［M］. 北京：中华书局，1960：3388.

③ （明）谈迁著 . 张宗祥点校 . 国榷［M］. 北京：中华书局，1958：1718.

二、南丝路织锦工艺领先全国

蜀锦是南丝路四川地区生产的彩锦，距今已有两千年的历史。蜀锦是蜀人在经过长时间积累、摸索、改进等过程中逐渐发展起来的，包含着众人的智慧。蜀锦出现后，对巴蜀地区的经济、文化都产生了巨大的影响。蜀锦兴起于汉代，早期以多重经丝起花（经锦）为主，唐代蜀锦技术有很大发展，并远销到日本、波斯，唐代以后品种日趋丰富，图案大多是团花、龟甲、格子、莲花、对禽、对兽、翔凤等。北宋建立成都锦院，元明以来品种更多，应用更广。

朱启钤《丝绣笔记》："春秋时蜀未通中国，郑、卫、齐、鲁无不产锦。"又云："自蜀通中原而织事西渐，魏晋以来蜀锦勃兴。"[1] 西汉时，蜀锦品种、花色甚多，用途很广，行销全国。

从汉代"蜀布"远销大秦（今罗马地区），到后来在新疆发现的蜀锦，足以证明蜀锦对地方经济文化和国家经济文化的深远影响。考古发掘中，新疆吐鲁番阿斯塔那——哈拉和卓古墓群内，曾出土大批织锦，均为蜀锦。20世纪50年代以来，在湖南长沙和湖北江陵等地出土的战国织锦和刺绣，据专家研究，均属古代蜀国的产品。[2] 此外，在唐代吐鲁番文书中发现有"益州半臂""梓州小练"等蜀锦织物的名目，并标有上、中、下三等的价格。[3] 可见，蜀锦在沿线地区都已经产生了不小的影响。

魏晋南北朝时，全国织造"锦"的最主要产地是以邺城为中心的魏锦和以成都为中心的蜀锦。从魏晋时期开始，蜀锦逐渐成为蜀国重要的经济来源。蜀丞相诸葛亮把蚕桑生产放在重要位置，蜀锦在当时不仅是对外贸易的商品，而且也是军费开支的来源。"今民贫国虚，决敌之资，唯仰锦

---

① 朱启钤. 丝绣笔记 [M]. 杭州：浙江人民美术出版社，2019：卷2.

② 武敏. 吐鲁番出土蜀锦的研究 [J]. 文物，1984（6）：70-80.

③ 日本龙谷大学图书馆藏《大谷文书》，第3097、3066号。

耳。"在其他文献中，也多次记录诸葛亮将蜀锦作为国家重要的经济来源。

唐代蜀锦保存到现代的有团花纹锦、赤狮凤纹蜀江锦等多种，其图案有团花、龟甲、格子、莲花、对禽、对兽、斗羊、翔凤、游麟等。发展到宋元时期，蜀锦更是进入了全盛时期。成都经济文化在宋代的异常繁荣，与蜀锦的全盛应该也有不可分割的关系。这时的蜀锦已经当之无愧地成为全国四大织锦之一。宋代官府锦院主持生产的宋锦以四川成都的蜀锦最著名。北宋在成都设转运司锦院，到南宋改为茶马司锦院，所产蜀锦花式繁多。从《蜀锦谱》来看，蜀锦历史悠久，技艺精湛。

> 渡江以后，外攘之务，十倍承平。建炎三年，都大茶马司始织造锦绫被褥，折支黎州等处马价，自是私贩之禁兴。又以应天、北禅、鹿苑寺三处，置场织造。其锦自真红被褥而下凡十余品，于是中国织纹之工，转而衣衫椎髻鸩舌之人矣。乾道四年，又以三场散漫，遂即旧廉访司洁己堂创锦院，悉聚机户其中，犹恐私贩不能尽禁也。则倚宣抚之力建请于朝，并府治锦院为一，俾所隶工匠，各以色额织造。盖马政既重，则织造益多，费用益伙，提防益密，其势然也。今取承平时锦院，与今茶马司锦院所织锦名色着于篇，俾来者各以时考之。①

《蜀锦谱》中记载有土贡锦、官诰锦、臣僚袄子锦以及输送去广西、黎州、叙州、南平军、文州交易的锦和较贵重的细色锦。其花式多达上百种。又，《丝绣笔记》摘引元戚辅之《佩楚轩客谈》记载蜀地的十种主要锦名：长安竹、天下乐、雕团、宜男、宝界地、方胜、狮团、象眼、八答晕、铁梗襄荷。②

---

① （元）费著撰．李音翰整理校点．蜀锦谱［M］．上海：上海书店出版社，2015：76.
② 朱启钤．丝绣笔记［M］．杭州：浙江人民美术出版社，2019.

南丝路丝绸生产到清末时期仍然保持着生命力。清末光绪二十三年（1897 年），浙籍官员周孝怀出任劝业道时，因鉴于四川生丝系属土种黄丝，质、种均欠优良，故设立蚕务总局及各县蚕务局，又设立生丝检查所，检查四川运往上海的生丝，以保证质量。并引进浙江蚕学馆的优良蚕种，如新圆、诸桂、新昌长、轰青等白茧种。在桑种方面亦移植湖桑及鲁桑，使丝色变白而洁莹。[①]

光绪二十七年至二十八年间（公元 1901—1902 年）在三台万安寺创办禅农丝厂，以新式铁机缫丝，开辟了四川铁机丝厂的新纪元。井研县在光绪年间产丝也颇多，农民以蚕丝收入为生，其生丝质量亦属上品，织户均争购之。

清末时期，中国丝织品以四川成都、福建建阳所产为最有代表性，而据称成都有机房二千处，织机万余架，机工四万人。丝织品占全省总额百分之七十。[②] 乐山的苏稽、白杨坝等场镇几乎家家有织机、户户出丝绸，年产绸缎约 10 万匹，以绸为主，南充机房约 30 家，除织造花素绸外，还生产花素绫、湖绉等产品。此外，西充、三台、阆中、绵阳、重庆、新都、新繁、合川、宜宾等，城乡都有丝织机场与织户。同时四川少数民族地区如远州等地（今茂县羌族自治县境内），已能生产色彩交带配合得当、层次丰富、花色瑰丽的高级织锦。炼染方面的技术与江浙一样都很娴熟。蜀锦以及其他丝织品的大红色鲜艳且色牢度高，久不褪色。其他如谷黄、浅红、古铜等色都为佳品，据说这与炼染所用的水质有很大关系。

综上所述，南丝路地区的织锦技艺在长时期内均保持着较高的水平，织造业在全国范围内应该是具有引领地位的。

---

①　成都市群众艺术馆 . 成都掌故［M］. 成都：四川大学出版社，2001：279.

②　孙皓 . 拯救蜀锦［J］. 文明，2004（10）：16.

第三节　南丝路丝绸贸易的兴盛

一、丝绸成为南丝路贸易的大宗

南方丝绸之路的丝绸贸易十分繁荣。《丹阳记》曰："江东历代尚未有锦，而成都独称妙，故三国时魏则市于蜀，而吴亦资西道。"[①] 可见蜀锦在当时已远销南、北方。

蜀国亡时，安汉令何随去官还乡，"时巴土饥荒，所在无谷，送吏行乏，辄取道侧民芋。随以锦系其处，使足所取直（值）"。[②] 这不仅说明蜀地以"丝绸"作为实物货币，同时也说明"锦"在四川经济领域有着广泛而重要的影响。

隋唐时期，巴蜀地区仍然是丝绸生产和供应的主要地区，"人多工巧，绫锦雕镂之妙，殆侔于上国"。[③] 这是对巴蜀丝绸和工匠的赞誉。据《唐六典》和《元和郡县图志》所记载各地上贡丝绢的情况，益州仍然是重要上贡地区。

吕大防在《锦官楼记》一文中，记录宋代的成都锦院共有织机 154 台，日用挽综工 164 人，用抒之工 154 人，炼染之工 21 人，纺绎之工 110 人，还有其他工匠 449 人。宋代的成都锦院是由政府官办的丝绸织造厂，其规模非常巨大。政府之所以在成都营建如此巨大的锦院，主要是解决经济需要，无论是军需还是政府内需，丝绸都是十分适宜的实物交易货币。[④]

南丝路上丝绸贸易的繁荣还可从各个地区市场贸易的繁荣中见到。例如在成都的市场贸易中，每月都有不同类型商品的集中交易活动，可以说

---

① （宋）李昉.太平御览［M］.北京：中华书局，1985：3624.
② （晋）常璩撰.刘琳校注.华阳国志校注［M］.成都：成都时代出版社，2007：478.
③ （唐）魏征等.隋书［M］.北京：中华书局，1974：830.
④ （明）杨慎编.刘琳，王晓波点校.全蜀艺文志［M］.北京：线装书局，2003：931.

是月月都有专门的集市。"按清风亭、解玉溪在大慈寺，雪锦楼、蚕市、药市、七宝市皆在寺前。"又：

> 风俗旧以二月二日为踏青节，都人士女络绎游赏，缇幕歌酒，散在四郊。历政郡守虑有强暴之虞，乃分遣戍兵于冈阜坡冢之上，立马张旗卓望之。公曰："虑有他虞，不若聚之为乐。"乃于是日自万里桥，以锦绣器皿结彩舫十数只，与郡僚属官分乘之，妓乐数舡，歌吹前导，命曰游江。于是郡人士女骈集于八九里间，纵观如堵，抵宝历寺桥，出燕于寺内。寺前创一蚕市，纵民交易。嬉游乐饮，复倍于往年。薄暮方回，公于马上作歌，其略曰："我身岂比狂游辈，蜀地重来治凋瘵。见人非理则伤嗟，见人欢乐生慈爱。"①

其中三月和四月则主要和丝绸交易相关，据褚人获的《坚瓠续集·成都十二月市》记载："三月蚕市，四月锦市。"事实上，蚕市从正月到二月要举行多次，主要是以"蚕"为名，可见蚕市是以蚕具等为主要交易产品的定期集中交易市场，蚕市人流很大，经常拥堵不堪。

同时，在文献《岛夷志略》中也记录了丝绸在南丝路境外交易的状况：

> （交趾）贸易之货，用诸色绫罗匹帛、青布、牙梳、纸扎、青铜、铁之类。……（真腊）货用金银、黄红烧珠、龙段、建宁锦、丝布之属。……（彭坑）贸易之货，用诸色绢，……②

东南亚大量岛国交易物品都以丝绸为主。其中沿海上丝绸之路、南

---

① （清）王士禛撰．牟通点校．秦蜀驿程后记［M］．济南：齐鲁书社，2007：3582.
② （元）汪大渊撰．苏继庼校释．岛夷志略校释［M］．北京：中华书局，1981：51，70，96.

方丝绸之路从四川、云南将丝绸输入越南、缅甸、印度等东南亚、南亚国家，见证了南方丝绸之路丝绸贸易的兴盛。①

南方丝绸之路的丝绸贸易中，不仅贩卖巴蜀丝绸、云南织锦、壮锦、苗锦等，还贩卖苏杭丝绸的最新品种。王士性在《广志绎》卷五"西南诸省"中，谈及南方丝绸之路沿线的贸易状况，其中涉及如川、滇间之乌蒙至金沙江下游的马湖府，有这样的记载：

> 其水矶洑礁汇，奔驰如飞，其下有所谓万人嵌者，舟过之辄碎溺，商贩入者，每住十数星霜，虽僻远万里，然苏、杭所织种种文绮，吴中贵介未披，而彼处先得。②

丝绸贸易已经成为南丝路经济发展的重要组成，苏杭一带最新的丝绸产品都贩卖于南丝路沿线，足见丝绸贸易的兴盛。

二、丝绸商品种类极多而丰富

成都蜀锦素来以质量上乘、精致细腻、花色丰富、品种多样著称。《中国丝绸史（通论）》一文有"唐朝各道所贡高级丝织品名一览表"，其中剑南道产"锦"，"绫"有葡萄绫、红绫、双纠绫、对凤两窠独窠绫、双丝绫；"罗"有单丝罗、段罗、衫段罗、交梭罗；"纱"有花纱、轻容。③

在印花花纹上，蜀锦也有雕版印花花样，白居易曾在其诗《玩半开花赠皇甫郎中》中有"成都新夹缬，梁汉碎胭脂"之句，"夹缬"是唐代时丝绸织品中的一种染色印花，深受时人喜爱，此处意在说成都新出的夹缬

① 朱新予.中国丝绸史（通论）[M].北京：纺织工业出版社，1992：272.
② （明）王士性著.昌景琳点校.广志绎[M].北京：中华书局，1981：107.
③ 朱新予.中国丝绸史（通论）[M].北京：纺织工业出版社，1992：170.

丝绸艳丽多姿，宛如梁汉时期细碎的胭脂之色。此诗不仅道出蜀锦印花花色之美，也道出蜀锦备受时人所关注的状态，是当时审美与潮流的象征。

宋代的"锦"名目极其繁多。例如，用作官服的锦有：八答晕锦、天下乐锦、翠毛狮子锦、簇四盘雕锦、盘球锦、云雁锦、方胜练鹊大锦、盘球晕锦、方胜宜男锦、红团花大锦、青地莲荷锦、倒仙牡丹锦、黄花锦、宝照锦、法锦等。这些众多锦名在《蜀锦谱》中有所记载，由此可知，蜀锦的种类非常多样，技艺高超，也备受肯定。而宋代时，官用织锦多数恐是蜀地所产或是仿蜀产品。

费著《蜀锦谱》中所列锦样名目就分四等三十九种，纹样包括花卉、翎毛、走兽、人物和几何图形等各个方面。宋人笔记称文彦博守成都时，为贡谀后妃，曾织金线莲花灯笼锦贡献宫廷。"彦博知益州贵妃有力焉，因风彦博织灯笼锦以进，"① 蜀灯笼锦色彩丰富，且工艺复杂，可视为锦缎中的高级代表。此外，还有一种落花流水锦，也是宋锦中的典型式样，最初为川蜀锦工所创，后在苏州地区得以发扬。

蜀锦在花色、花纹上品种繁多，不一而足。例如"陵阳公样"，便是来自四川的一种特色花纹。"陵阳公样"是唐代一种颇具盛名的丝绸图案概称，具有特殊的装饰风格。据唐张彦远《历代名画记》，"益州大行台检校修造，凡创瑞锦、锦官绫，章彩奇丽，蜀人至今谓之'陵阳公样'"；又"高祖太宗时、内库瑞锦对鸡、斗羊、翔凤、游麟之状，创自师纶，至今传之"。② 窦师纶，益州人，任益州大行台检校修造时创造了众多的丝绸花样，因窦师纶封爵为"陵阳公"，所以人们便将他所设计的丝绸图案称为"陵阳公样"。③"樗蒲纹"也是蜀锦的一种。樗蒲是中国古代的一种赌博工具，"樗蒲纹"是根据工具的外观样式做成的花样。"蜀地织绫，其文有两

① （宋）李焘.续资治通鉴长编［M］.北京：中华书局，1992：4115.
② （唐）张彦远.历代名画记［M］.北京：人民美术出版社，1963：192-193.
③ 朱新予.中国丝绸史（通论）［M］.北京：纺织工业出版社，1992：190.

尾尖削而中间宽广者，既不像花，亦非禽兽，乃名为樗蒲。"①明清时的织锦也偶有仿宋代蜀锦"樗蒲锦"。

吕大防在《锦官楼记》中曾说，蜀锦"织文锦绣，穷工极巧。其写物也如欲生，其渥彩也如可掇"。可见，当时的蜀锦力求在花样、技术、色彩等方面精益求精。陶宗仪在《南村辍耕录》卷七中对蜀主孟昶所盖的锦被样式进行了详细描述，"孟蜀主一锦被，其阔犹今之三幅帛，而一梭织成，被头作二穴若云板样，盖以扣于项下，如盘领状，两侧余锦则拥覆于肩，此之谓鸳衾也"。②可见，蜀锦织造的技术非凡，在技艺上已经达到近乎完美的状态，蜀后主的锦被，较之今日依然显得豪华富丽。同时，也看出蜀锦在当时的丝绸产业中已经占据非常重要的地位，在社会中具有一定的影响力。

与成都相去不远的眉山地区也以丝织业著称。四川眉山古称眉州，也是历史上的重要经济文化名城。眉州产"皂罗"十分有名，《宋史》卷153有文："诏诸州商税入缯帛无得，还为渍坏，时内出眉州皂罗。""皂罗"是指一种黑色的薄质丝绸物品，在宋代时使用较多，"士大夫尝好帽以乌纱，衫以皂罗"。③可见，"皂罗"应该是一种比较高档的丝绸产品，主要为上层官员的服饰上所使用。而当时眉山所产"皂罗"便供应到全国各地。

四川的丝绸产业发展到元朝时，依旧长盛不衰，在中国乃至世界的丝绸产业中都占据着重要地位。《马可波罗行纪》中谈到，在成都，能见到"精美漂亮的布匹，绉纱和绫绸"，这印证了成都丝绸产业依旧发达，品种依旧多样。四川所生产的丝绸制品都是行销范围相当广泛的、档次较高的丝绸产品，主要供应上层社会所使用。

---

① （唐）段成式撰.许逸民校笺.酉阳杂俎校笺［M］.北京：中华书局，2015：519.
② （元）陶宗仪.南村辍耕录［M］.北京：中华书局，1959：86.
③ （元）脱脱等.宋史［M］.北京：中华书局，1979：3579.

南丝路上，除四川地区的丝绸生产颇具代表性外，其他地区也有特色鲜明的丝绸生产。例如，"云南绞缬"也是一种很有名的丝绸制品。"缬"的意思就是丝绸的染色。中国古法染布中的"三缬"，即绞缬、蜡缬、夹缬延续至今，用这三种方法染出的手工布至今仍深受人们喜爱。元代《太平乐府》中有"苔望绣绞缬"之句，可见此种方法也常见于世。云南丝绸除扎染外，还流行蜡染，即前面所称的"蜡缬"，今称蜡染，其方法是将蜡加热熔化后点画花纹图案织物上，待干后，放入染液中。这样涂蜡处因蜡的防染作用而不受染，染后将蜡煮洗干净，即显出花纹，制品花样饱满，层次丰富。

不仅如此，在南丝路地区的傣族有傣锦、贵州有苗锦、广西有壮锦等品种。据《后汉书》卷86云：南蛮"好五色衣服"。[1] 这里的"南蛮"，是对我国南方少数民族的泛称。可知南方少数民族喜欢色彩鲜艳的衣服，且在汉代时应该可以自行纺染一些色彩鲜艳的衣物。在《北史》卷95中有"僚人能为细布，色致鲜净"的文献记载[2]，这里的"僚人"主要指今天广西地区的壮族和侗族。据宋代周去非于《岭外代答》卷六记载："邕州左、右江蛮，有织白缕，白质方纹，广幅大缕，似中都之线罗，而佳丽厚重，诚南方之上服也。"[3] 这里的邕州位于今天的广西境内，可以看出，宋代的壮锦在当时的南方已经属于较为高档的丝绸制品。

在南丝路沿线区域内，以蜀锦为代表的丝绸制品品种繁多，色彩丰富，品质精美，制作工艺先进，颇受众人喜爱，在很大范围内都产生着影响。

---

① （南朝宋）范晔撰 .（唐）李贤等注 . 后汉书［M］. 北京：中华书局，1965：2829.

② （唐）李延寿 . 北史［M］. 北京：中华书局，1974：3154.

③ （宋）周去非著 . 杨武泉校注 . 岭外代答校注［M］. 北京：中华书局，1999：223.

三、民族地区丝绸产业持续发展

西南地区是南方丝绸之路的必经之地，也是南丝路经济文化传播与发展的主要区域。除四川地区外，西南少数民族的蚕桑丝绸业开始也较早，其丝绸产业也是颇具特点的。据《新唐书》卷 222 "南蛮传"记载，唐代时，西南少数民族"食蚕以柘，蚕生阅二旬而茧，织锦绣精致"。①而樊绰在《蛮书》卷七中对西南少数民族饲养"柘蚕"的记载更为详细：

> 蛮地无桑，悉养柘，蚕绕树。村邑人家，柘林多者数顷，耸干数丈。三月初，蚕已生，三月中，茧出。抽丝法稍异中土。精者为纺丝绫，亦织为锦及绢。其纺丝入朱紫以为上服。锦文颇有密致奇采，蛮及家口悉不许为衣服。其绢极粗，原细入色，制如衾被，庶贱男女许以披之。亦有制绣，蛮王并清平官礼衣悉服锦绣，皆上缀波罗皮。俗不解织绫罗，自太和蛮寇西川，虏掠儿女及女工非少，如今悉解织绫罗也。②

西南少数民族地区不产桑树，因此当地人以柘叶饲养蚕，称为"柘蚕"。柘树在西南地区的作用相当于中原地区的桑树，西南少数民族地区在其住宅地周围也是遍植柘树。柘蚕的抽丝方式与桑蚕稍有不同，但以丝织绢、锦等则是相同的。或许正是因为丝绸品质的不同，所以西南少数民族更长于织锦、绢及刺绣，而其绫罗织造技术则是久久未能提高，于是唐代时还发生南诏抢掠绫罗女工的事件。樊绰认为是掳掠事件发生后西南民族才真正掌握了绫罗织造技艺。

在《后汉书·西南夷传》中，记载云南"永昌郡宜蚕桑"。永昌即今

---

① （宋）欧阳修，宋祁．新唐书［M］．北京：中华书局，1975：6269.

② （唐）樊绰撰．向达校注．蛮书校注［M］．北京：中华书局，2018：173.

天云南保山地区，说明在汉代时，云南少数民族的丝绸产业也得到了一定发展，否则不会有永昌郡适宜饲养蚕桑的文献记录。从宋代至清代，西南少数民族的丝织水平也得到一定程度的发展。在永昌郡丝绸业发展的同时，贵州苗锦和广西壮锦都有了发展，后期，云南傣族的丝织品也开始闻名于全国。元明时期，云南傣族织造的"千崖锦"颇负盛名，尤其是德宏地区傣族的千崖锦，更是其中的上品。明代万历年间，云南傣族织制的丝幔帐和绒锦，被列为贡品。这说明云南傣族到元明时代，其织锦和丝织技艺水平已达到较高的高度。除了织锦和其他一些丝织品外，云南少数民族的刺绣也有了很大的发展。^① 由此可见，除蜀锦外，南丝路民族地区的织造技艺也在持续发展中。

四、丝绸是普通百姓的主要经济来源

丝绸贸易的兴盛也可以从老百姓生计与丝绸的关系上来看。丝绸产业的发达，使得南丝路上百姓的生计全赖于此。早在《诗经》中已有不少与桑林有关的诗句，桑林已然成为百姓生活中必不可少的场景之一，由此可见，种桑养蚕在社会中极具普遍性。贯休《偶作》："尝闻养蚕妇，未晓上桑树；下树畏蚕饥，儿啼亦不顾。"^②诗中表现了下层百姓养蚕的艰辛，也说明丝绸对于普通人来说就是他们的生活来源。丝绸产业在成为国民经济的重要组成后，养蚕栽桑便成为下层百姓的重要生活来源。贯休这首《偶作》表现了一位养蚕妇女的辛勤劳作。天还未亮就忙着采摘桑叶，采摘后便忙着喂养蚕桑，连自己的幼儿啼哭都顾不上。一方面，百姓的劳作是辛苦的；另一方面，蚕桑经济是支撑家人生计的重要来源。

而王建的《当窗织》一诗，让人读来也是感慨万千，"水寒手涩丝脆

---

① 朱新予.中国丝绸史（专论）[M].北京：中国纺织出版社，1997：336.

② （清）彭定求等.全唐诗[M].北京：中华书局，1960：9329.

断，续来续去心肠烂，草虫促促机下鸣，两日催成一匹半"。① 即使到近代
的丝绸工厂，缫丝都是在水中进行，需要织工在水中将蚕茧缫丝，许多织
工因为手指长期浸泡于水中而粗糙不已，手指溃烂，足以见缫丝的艰难。
古人无机器的辅助，全凭双手，天气寒冷，水温很低，丝涩易断，难以劳
作，织工心烦意乱，心力交瘁，但无奈上面催促得急，必须尽快交货，于
是日日夜夜辛苦劳作，两天才织成一匹半的丝绸。

王建另一首《织锦曲》也充分表现了织女辛苦的劳作生活。"一梭声
尽重一梭，玉腕不停罗袖卷。窗中夜久睡鬈偏，横钗欲堕垂著肩。合衣卧
时参没后，停灯起在鸡鸣前。"② 织女昼夜不停地劳作，直到天亮鸡鸣前才
得以休息，只顾着劳动，衣袖卷了起来，发鬈凌乱也顾不得整理，夜半的
劳作使织女疲惫不堪，昏昏欲睡，但为了赶工时，织女顾不上休息，更顾
不上自己美丽的容颜，心里只是想着怎么样最快地完成织锦的任务，以至
于睡觉都是和衣而睡。

王建《簇蚕辞》："三日开箔雪团团，先将新茧送县官。"③ 记叙普通百
姓辛苦织造丝绸也首先要向政府缴纳丝绸税赋。元稹《织妇词》："缫丝织
帛犹努力，变缉撩机苦难织。东家头白双女儿，为解挑纹嫁不得。"④ 同样
描写的是下层老百姓在丝绸织造中的辛苦劳作。足以看出，丝绸生产在当
时已成为普通老百姓赖以生存的生活来源，织女唯有不停劳作才能换取家
人生计。

---

① （清）彭定求等 . 全唐诗［M］. 北京：中华书局，1960：3380.
② （清）彭定求等 . 全唐诗［M］. 北京：中华书局，1960：3388-3389.
③ （清）彭定求等 . 全唐诗［M］. 北京：中华书局，1960：3379.
④ （唐）元稹著 . 吴伟斌辑佚编年笺注 . 新编元稹集［M］. 西安：三秦出版社，2015：
1235.

第四节　丝绸产业在南丝路地区的扩大

整个南丝路地区均是国内丝绸锦缎生产的重要产区，大量文献证明，该地区有代表性的丝绸产品，有完整的丝绸发展历史。丝绸产业发展在西南地区呈现出比较明显的由点到面的辐射过程，也就是说，南丝路的丝绸产业发展是从比较发达的丝绸产区发展到欠发达地区的，并相互交流、相互影响，共同发展推进。

一、诸葛亮在民族地区的影响

当然，对于诸葛亮在丝绸产业中的影响，更带有一些神话色彩。同前面茶文化和茶产业发展相同，诸葛亮在西南地区的影响力，更多的是普通百姓中的英雄崇拜和精神信仰。正如《古今说海》中摘引《滇载记说选》所言：

> 永昌益州地置云南郡于白崖，诸夷慕武侯之德，渐去山林，徙居平地，建城邑，务农桑。[1]

民众对诸葛亮的纪念更多是出于"慕武侯之德"，诸葛亮鞠躬尽瘁、死而后已的精神为民众所追慕。当然，诸葛亮在云南地区征战的同时也为当地少数民族带来了新的生产生活方式，对于诸葛亮为人们带来的福祉，少数民族都是十分感激的，同时也铭记并称颂诸葛亮的德行。在这段文献中，诸葛亮为少数民族带来的福祉包括教化他们从山地迁居到平地，迁居平地后教给他们如何在平地搭建房屋、学会耕种，也教给他们种桑养蚕丝织的能力，这段文献本质上是诸葛亮将中原的农耕生活方式植入了西南少

---

[1]　（明）陆楫.古今说海［M］.成都：巴蜀书社，1988：186.

数民族的生活之中。当然，这些生产生活方式的改变并不全然是诸葛亮所为，所以其实更多是精神追慕的一种表达。丝绸业是农耕生产方式的重要经济来源之一，西南少数民族地区逐渐接受这种新的生产生活方式。于是，在某些西南少数民族的民族记忆中，诸葛亮便成了他们的蚕桑文化启蒙人。

在南丝路贵州的《遵义府志》中记载了一种锦缎，其名为"武侯锦"，这种锦缎"用木棉染成五色织之，质粗有文彩，俗传武侯征铜仁蛮不下时，蛮儿女患痘，多有殇者求之，武侯教织此锦为卧具生活，故至今名目武侯锦"。① 从这段文献可以看出，在贵州地区流传的这种锦缎，当地人认为是诸葛亮南征时带给当地人的。② 后来也有研究者研究过这些锦缎的花色纹样，认为其与蜀锦也非常相似。这是记载诸葛亮在贵州地区与丝绸产业相关的文献之一，从文献来看，其民间传说的成分较重，是否为历史事实还有待进一步考证。因此，对诸葛亮教授织锦这一说法也是对武侯怀念和精神追慕的因素更多。

二、南丝路境内段丝绸产业的扩大

（一）从"驱尽江头濯锦娘"看云南地区的丝绸产业发展

文献有云南地区养蚕织造的明确记载。河蛮是存在于云南境内洱海边的西南少数民族，与大理南诏政权有着联系，其有文献可考的养蚕历史。据《通典》卷 187 文献记载，河蛮在较早时期便有养蚕业存在。"早蚕以正月生，二月熟"；"有丝麻女工蚕织之事，出绳、绢、丝、布，幅广七寸以下"；"女子绔布为裙。"③ 说明在唐代初年，河蛮妇女已经在利用和四川地区相同的蚕桑养织法进行丝绸纺织，丝绸产品比较丰富，包括绢、丝等

---

① （清）郑珍，莫友芝.遵义府志点校本［M］.成都：巴蜀书社，2013.

② 卢华语.唐代蚕桑丝绸研究［M］.北京：首都师范大学出版社，1995：61.

③ （唐）杜佑.通典［M］.北京：中华书局，1988：5067.

产品。^①而当地妇女也已经开始使用工艺层次低、比较粗糙的丝绸制作可供穿着的裙。

即使如此，云南丝绸业的发展相比四川来说，在复杂工艺的掌握上稍逊。文献记载，南诏国曾多次到成都掠走织锦女工，其后又将女工送回四川，其中规模较大的一次是在公元 829 年。樊绰《蛮书》卷七记载："（南诏）俗不解织绫罗，自大和三年（829 年）蛮贼寇西川，掳掠巧儿及女工非少，如今悉解织绫罗也。"^②可见，虽说南诏丝织业在早期有所发展，但对于复杂织锦的工艺仍然未掌握得很好，需要熟练女工的进一步技术指导。"绫罗"是丝绸织品中比较高级的品种，而南诏对于简单工艺的丝绸织品应该是能够织造，例如"绢"，但对于诸如绫、罗、锦等工艺复杂的丝绸织品，滇人还没有完全掌握其织造技术。所以南诏几次攻入四川之时，都曾进入成都掠走数名织锦女工。

《新唐书·南诏传》对南诏攻入成都的史实有如下记载，大和三年，南诏攻入成都"慰赉居人，市不扰肆。将还，乃掠子女、工技数万引而南……南诏自是工文织，与中国埒。明年，上表请罪。比年使者来朝，开成、会昌间再至"。^③关于南诏掳掠了近万名工匠到南诏的史实，后来西川节度使李德裕在给唐文宗的奏疏《第二状奉宣令更商量奏来者》中提到掳掠的工匠人数是 9000 人。^④南诏攻入成都后不久，军队班师回朝，回云南之前，他们掳掠了大批工匠，后，南诏在第二年主动向唐王朝上书请罪，并于公元 831 年主动将 4000 名工匠送回成都。^⑤这从当时人所留下的诗歌中也可找到印证，可见这一事件在当时的影响力还是较大的。如雍陶的《哀蜀人为南蛮俘虏》之"初出成都闻哭声"：

——————

①　李晓岑.南诏大理国科学技术史［M］.北京：科学出版社，2010：132.

②　（唐）樊绰撰.向达校注.蛮书校注［M］.北京：中华书局，2018：174.

③　（宋）欧阳修，宋祁.新唐书［M］.北京：中华书局，1975：6282.

④　（清）董诰等.全唐文［M］.北京：中华书局，1983：7220.

⑤　（宋）司马光撰.（元）胡三省音注.资治通鉴［M］.北京：中华书局，1956：7877.

　　但见城池还汉将，岂知佳丽属蛮兵。锦江南度遥闻哭，尽是离家别国声。

　　大渡河边蛮亦愁，汉人将渡尽回头。此中剩寄思乡泪，南去应无水北流。

　　欲出乡关行步迟，此生无复却回时。千冤万恨何人见，唯有空山鸟兽知。

　　越巂城南无汉地，伤心从此便为蛮。冤声一恸悲风起，云暗青天日下山。

　　云南路出陷河西，毒草长青瘴色低。渐近蛮城谁敢哭，一时收泪羡猿啼。①

还有马义《蜀中经蛮后寄雍陶》：

　　酋马渡泸水，北来如鸟轻。几年期凤阙，一日破龟城。
　　此地有征战，谁家无死生。人悲还旧里，鸟喜下空营。
　　弟侄意初定，交朋心尚惊。自从经难后，吟苦似猿声。②

都是对于南诏攻占成都然后掳掠大批工匠走后诗人所抒发心中之感。以及，睦州诗人徐凝一首七言诗《蛮入西川后》：

　　守隘一夫何处在，长桥万里只堪伤。
　　纷纷塞外乌蛮贼，驱尽江头濯锦娘。③

---

① （清）彭定求等.全唐诗［M］.北京：中华书局，1960：5925.
② （清）彭定求等.全唐诗［M］.北京：中华书局，1960：10023.
③ （清）彭定求等.全唐诗［M］.北京：中华书局，1960：5384.

从以上三首南诏入侵四川的诗来看，"岂知佳丽属蛮兵""汉人将渡尽回头""一日破龟城"，南诏攻破成都当属无疑，从"驱尽江头濯锦娘"一句也印证南诏掳掠织锦女工入南诏的史实。

织锦对于南诏来说竟如此之重要，以至于兴师动众也要带走大批女工，其中最重要的原因是南诏急于掌握高级丝绸织造技术，由此可见丝绸产业在经济中的重要地位。在很长的时期内，丝绸在极其广泛的范围内都作为实物货币，用丝绸可以交换马匹、黄金、珍宝等各种经济物资。《新唐书》曾记载南诏"以缯帛及贝市易"，说明在南诏丝绸、贝币的货币性。所以南诏掳掠织工的行为并不只是单纯想织出精美的衣物供自己穿着，这正如吐谷浑、波斯每年大量向中原购买大量的丝绸，也不是为了本族人可以穿着上更多的丝绸衣物。其根本原因就是看中丝绸广泛的货币交易属性。

由此，从南诏时期开始，云南的蚕桑养织和丝绸织造技术便开始更加精细。樊绰《蛮书》卷七详细记载了南诏国时期从种桑到养蚕到织造的完整过程：

> 蛮地无桑，悉养柘，蚕绕树。村邑人家，柘林多者数顷，耸干数丈。三月初，蚕已生，三月中，茧出。抽丝法稍异中土。精者为纺丝绫，亦织为锦及绢。其纺丝入朱紫以为上服。锦文颇有密致奇采，蛮及家口悉不许为衣服。其绢极粗，原细入色（按："原细"二字未详），制如衾被，庶贱男女计以披之。亦有刺绣，蛮王并清平官礼衣悉服锦绣，皆上缀波罗皮（南蛮呼大虫为"波罗密"）。①

在南诏时期，"锦"是不能为下层百姓所穿的，一般百姓只能穿用粗绢织成的"衾被"，且是披在肩上作为披肩，这种穿法在今天的西南民族

---

① （唐）樊绰撰．向达校注．蛮书校注［M］．北京：中华书局，2018：173.

中还可见到，即厚实的织物披肩。"贵绯、紫两色，得紫后，有大功则得锦。又有超等殊功者，则得全披波罗皮。""妇人，一切不施粉黛，贵者以绫锦为裙襦，其上仍披锦方幅为饰。"①对国家、民族有特殊贡献的人才能得到锦或者虎皮；而只有贵族妇女才能穿绫锦织成的裙，使用锦装饰的衣物，可见锦在南诏国也是相当高贵的衣物。南诏时，皮逻阁逐河蛮有功，"又以破㵲蛮功，驰遣中人册为云南王，赐锦袍、金钿带七事"。②皇帝嘉奖皮逻阁的物品则是锦袍。

另外，《滇略》中记载云南乌蛮"妇女披发，衣布衣，贵者锦缘，贱者被羊皮。"其中"贵者锦缘"说明到元代时期，锦在云南少数民族中还是属于比较高级的丝绸织品。

从文献记载来看，南诏已经掌握蚕桑的养织方法和丝绸的织造技术，只是云南地区都用野生的柘树叶养殖蚕。对于蚕的生长规律已是相当熟悉，但在抽丝方法上与中原稍有不同。南诏人不仅能够给丝绸染色，还在丝绸上进行刺绣，也能够织出技术要求更高的锦。

在此背景下，云南地区的丝绸织造技术得到长足进步，其丝绸品在社会上也得到了认可。欧阳修在《六一诗话》中记载了一事：苏轼在四川任渭井监时，曾购买过一件"蛮布弓衣"，这件弓衣是西南夷人织造并售卖于苏轼。虽然弓衣出自蛮人之手，但工艺精湛，上面所绣之内容和纹饰也十分高雅，弓衣绣的是梅圣俞的《春雪》诗。后来苏轼将这件弓衣赠予欧阳修，欧阳修本人对此也十分喜爱，用此物来装饰他的古琴，并称其"真余家之宝玩也"。③这段文献说明，到北宋时期，云南的丝绸织造技术已经非常成熟，从其所绣内容来看，也是十分符合中原人士的审美标准。

1978 年，在维修大理崇圣寺三塔期间，在塔内发现了一批大理时期

---

① （唐）樊绰撰．向达校注．蛮书校注［M］．北京：中华书局，2018：209.

② （宋）欧阳修，宋祁．新唐书［M］．北京：中华书局，1975：6270.

③ （宋）欧阳修．六一诗话［M］．武汉：崇文书局，2018：24.

的丝织品。包括绢、纱、锦、罗、绫、绮等品种。幅宽一种为 27~28 厘米，一种为 50 厘米。这些丝织品工艺十分精湛，织品图案有云彩、云雷、几何、花卉、彩蝶、飞天等，图案生动丰富。[①]另外，考古人员在调查云南洱源火焰山砖塔时，也发现了大理王国时期的丝绸织品，包括一幅白绢、三张素丝绸和两条麻布，这些布帛的作用是包裹物品，其中白绢的幅宽为 24 厘米。[②]

由此，南丝路云南地区的丝绸织造技艺已达到精湛之标准，而云南地区的丝绸产业在此基础上也得到长足发展。

（二）特色民族织锦产业初步发展

由于广西壮锦在当地普通百姓中有着广泛的民间贸易，因此壮锦的官营和私营在宋元以后越来越繁盛，产业发展也良好。而由于壮锦充分吸收了各种织锦的优势和特点，迅速加大产业化生产和经营，使得壮锦在商品贸易市场中发展得越来越好。壮锦的织锦技术、花色样式均非常出色，可用于许多场合，因此，从普通百姓到达官贵人均比较喜爱壮锦。这里需要指出的是，壮锦不仅仅在广西地区，包括南方地区以及国内的许多地区，都有壮锦销售，其影响范围可以说已经覆盖全国。

在有关于广西忻城历史的相关专著中曾摘引广西地方志《庆远府志》，其中谈到壮锦作为特产上贡中央的情况：

乾隆二年（1737 年）忻城土县岁办土锦四色长连十二端装璜银四十六两一钱，由府解缴盐法道转呈，道光三年（1823 年）三月奉旨停免。[③]

---

① 邱宣充.大理三塔出土的古代纺织品［J］.云南文物，1986（20）.

② 张增祺.洱源火焰山砖塔出土文物研究［C］.载云南省博物馆编《云南铁器时代文化论》，昆明：云南人民出版社，1992：286-287.

③ 覃桂清.广西忻城土司史话［M］.南宁：广西民族出版社，1990：58-59.

文献中所谈到"土锦"即壮锦。壮锦工艺精美，在当时也深受喜爱，并长期作为颇具特色之织锦上贡中央。此外，在清人沈日霖《粤西琐记》、清乾隆《归顺直隶州志》等文献中，对壮锦之工艺和色彩也是赞赏有加。

除壮锦外，贵州苗锦以其特色技艺在中国丝绸产业中也占有一席之地。贵州苗族喜将各种布料染色后织成可用的苗锦、苗被等。

> 苗俗男女椎髻赤足，耳贯大环，好彩绘，无论丝、布、麻、枲，辄染绛靛为衣裳。亦能织纴，所产有苗锦、苗被、苗巾之属。①

相关文献中多有"苗锦"的记载。

> 苗妇耕山播种汲水负薪，俱同男子，又地不产桑，鲜识养蚕之事。其所能者纺棉为纱绩，麻为线组织成布，为绨绤之服，作御寒之衣耳。纺车径止盈尺而机亦最狭，故纺织俱须席地坐，惟所用梭则长二尺，较民间织布梭甚大。布宽不满八尺而均匀坚厚，颇能耐旧染色。不赴市肆，自觅草根木皮浓煮为汁，置布其中沤之成皂青色，……苗衣皆妇女自为之，常购五色绒线为衣边花，饷至市中所货苗巾、苗锦等物。②

> 仡佬各寨，地高气寒，与永绥相似。秋冬之间，雾气漫弥，咫尺莫辨，卓午始见日光。男妇俱耐寒，隆冬只衣单袷，行走风雪，女人穿花熠裙，不着下衣。间有知刺绣者，花纹粗疏，与苗锦无异。③

---

① （清）戴名世撰．王树民编．戴名世集［M］．北京：中华书局，1986：422.

② （清）段汝霖编纂．伍新福校点．楚南苗志［M］．长沙：岳麓书社，2008：167.

③ （清）严如熤撰．黄守红标点．朱树人校订．苗防备览［M］．长沙：岳麓书社，2013：579.

贵州地区妇女织锦也是较为普遍的劳作，锦可做衣物、被、巾等，绝大部分是用于市场售卖。苗锦在当地属于比较高档的丝绸织品，一般农村妇女在平时是不可能用于穿着的，除非在重要时节。苗锦织造有其工艺特点和配色特点：

> 裳用苗锦为之□缝，而青红相间，亦杂以花片，点缀其上，光彩陆离，各相夸示。……①

从文献可见苗锦织造的精美所在。苗锦在长期发展中逐渐形成了自己的织造方式，既有民族特色也适应于实际穿着。民族地区的织锦如壮锦、苗锦曾以贡品出现，在中原地区也作为珍贵物品相互赠送，因此也具有一定影响力。清人舒位《黔苗竹枝词》谈到苗锦：

> 折得芦笙和竹枝，深山酬唱《妹相思》。蜡花染袖春寒薄，坐到怀中月堕时。②

苗锦有其特色工艺，深受世人喜爱，清人梁玉绳也曾赞苗锦"普历黔南路八千，几端苗锦胜吴缣"，称赞苗锦胜过江南织锦。

袁枚有诗《谢浦柳愚山长赠苗锦》：

> 鲁望文传记锦裙，邱迟割爱许评分。天孙组织输新样，蛮女机丝妙绝群。裁被真堪覆衰老，业诗兼可寄夫君。只愁叠向空箱去，化作苇发五色云。③

① （清）段汝霖编纂.伍新福校点.楚南苗志［M］.长沙：岳麓书社，2008：237.
② 李廷锦，李畅友.历代竹枝词选［M］.南宁：广西人民出版社，1987：159.
③ 王英志.袁枚全集新编［M］.杭州：浙江古籍出版社，2015：772.

　　袁枚在诗中盛赞苗锦工艺的精湛，感慨边远之地竟也能织出如此精美的织锦，并为其丰富的色彩所吸引。可见，南丝路地区之壮锦、苗锦在发展过程中逐渐开发创造自己的工艺特色，各方面也并不亚于其他丝绸产品。

三、南丝路境外段丝绸业发展缓慢

　　南丝路境外段的东南亚、南亚地区也是丝绸生产与贸易的重要地区。《蛮书》曾提到"骠国和弥诺、弥臣诸国之妇女悉披罗缎"，这里的骠国和弥诺、弥臣诸国主要指今天的缅甸。从文献来看，至少在唐代之前，缅甸人便穿戴丝绸衣物。但缅甸自身发展丝绸产业可以追溯到的时期，据文献推测可以到魏晋时期。诸葛亮"劝诸彝筑城堡、务农桑，诸彝皆自山林徙平原"，诸葛亮在西南地区的经营使得蚕桑养殖技术迅速发展到西南少数民族并由此传入缅甸、越南等边境地区。所以，中缅文化研究专家陈炎也认为中国的农桑技术就是在魏晋时期传入缅甸的。[①]

　　关于东南亚泰国、柬埔寨丝绸产业的发展情况，国内可用的研究资料并不多，元人周达观的《真腊风土记》是其中比较重要的文献资料之一。书中曾提道：

　　　　土人皆不事蚕桑，妇人亦不晓针线缝补之事，仅能织木棉而已。亦不能纺，但以手理成条；无机杼以织，但以一头缚腰，一与搭上梭，亦止用一竹管。近年暹人来居，却以蚕桑为业，桑种、蚕种皆自暹中来，亦无麻苎，惟有络麻。暹人却以丝自织皁绫衣着，暹人却能缝补，土人打布，损破皆倩其补之。[②]

---

① 陈炎.中缅两国人民友好往来的历史［N］.光明日报 1955-12-8.

② （元）周达观.真腊风土记［M］.北京：中华书局，1981：163.

从这段文献可以看出，柬埔寨丝绸产业的发展相当晚，到元代时，柬埔寨的土著居民并没有掌握蚕桑技术，仅仅只能用最原始的工具和最简单的方法编织木棉。但这段文献中却提到从泰国移居到柬埔寨的暹罗人，已经熟练掌握蚕桑养殖和丝织技术，并且这项技能也已经成为暹人的生活技能。有研究者认为，泰国的蚕桑养殖和丝织技术是云南人南下泰国带来的，并且在公元三世纪左右丝织技术就已经传到了泰国[①]。

而关于东南亚、南亚其他国家丝绸产业的发展情况，由于国内文献的缺乏，并不能找到确切的材料支撑。蒋猷龙认为，老挝的蚕桑养殖源于中国居民的南迁，而印度尼西亚、菲律宾、马来西亚的蚕业发展到较为成熟的阶段则比较晚。在南亚的孟加拉国等蚕桑产业发展也比较晚。

从关于东南亚、南亚丝绸产业的现有文献来看，南丝路境内段丝绸业的发展明显早于境外段，丝绸业发展在南丝路上是以中国丝绸产业为源头，沿南丝路呈辐射性状向境外段发展，但发展速度明显缓慢。南丝路沿线是世界丝绸产业的重要发展区域，中国丝绸产业发展对于世界丝绸产业有着重要影响。

第五节 南丝路丝绸产业的国际互融

一、中国与东南亚、南亚丝绸产业的互融

《越史略》有文，中国"艺业，首在蚕丝，故所纺织极为精巧。亚力山大王希腊辟达土，罗马得此绢而珍惜之，以转贩多，价日陡贵；大海罗马帝得领土在亚细亚之西，……迨取波斯，航路始便，一百七十九年为汉

---

① 蒋猷龙.南亚、东南亚蚕业起源的研究［J］.中国蚕业，1990（3）：46—49.

桓帝延熹九年，大秦帝安敦遣使跨印度洋。"①

这说明，首先，中国的丝绸产业在海外非常受欢迎，并且海外丝绸贸易经济量应该非常巨大。其次，中国海外丝绸贸易已经深入欧洲地区，并且因为长途贸易中丝绸几经转手使得丝绸的价格涨得非常高。最后，这条海外丝绸贸易的线路应该是经印度洋经越南前往欧洲地区的，这条线路与南丝路线路部分重合，应该是中国丝绸贸易非常重要的线路之一。正是因为这样，使得从中国到东南亚、南亚、欧洲的绝大部分地区都在进行着丝绸贸易。

经南丝路与缅甸的海外经济交流也如火如荼地进行。中国缅甸跨文化研究专家陈炎在论文《汉唐对缅甸在东南亚丝道中的地位》一文中指出，丝绸应该是从中国西南地区传入东南亚地区的，直接进入的地区就是地跨中国同缅甸、老挝边境的哀牢族地区。②中缅边境的永昌（今云南保山）自古是我国通往缅甸、东南亚、南亚各国的门户。中缅贸易交往十分繁荣，我国西南盛产的丝绸就大量经此外销，而从外国输入的商品也都由此集散，转运到内地。故有"永昌出异物"之称。③

中国商人就循着从永昌至勃固的商道，把中国的丝绸和其他货物源源运抵勃固。缅甸古代诗人吴西为称赞永昌的丝绸而写的一首诗中，描述永昌产的丝，经过染色加工，织成漂亮的"白底金线翠色边"的三色丝绸，质地精良，绚烂夺目，只有宫廷中的达官贵人们才能享受。它是如此迷人，以致人们为之倾倒。哈威的《缅甸史》还提到，541年缅王莽瑞体攻陷下缅甸沿海商业城市马都八（今莫塔马）时，就发现仓库中藏满丝绸等货物，"当时世界各国商人云集（马都八）……"可见该地丝绸贸易之盛。

———————

①　王云五. 越史略［M］. 北京：商务印书馆，1936.

②　陈炎. 汉唐对缅甸在东南亚丝道中的地位［C］//《社会科学战线》编辑部. 社会科学战线丛刊：世界史论文集. 长春：社会科学战线，1981（1）：219.

③　陈炎. 中国同缅甸历史上的文化交流（中）［J］. 文献，1986（4）：199.

不仅如此，中国丝绸还以缅甸为媒介，再从海路运销到世界各地。①

　　而在东南亚的印度尼西亚，其同样享受着中国丝绸带给他们的福利。印尼史学家威陶斯·德克尔也曾经说过："我们的祖先是向中国学习用蚕丝织绸的，不久，我们也会织绸了。"②

　　明初，郑和船队到达榜葛剌国（即孟加拉国）时，发现当地"桑柘蚕丝皆有"，③这一点与云南诸夷的情况十分相似。从气候条件来说，印巴次大陆与云南有许多相似之处，例如野生茶树最早出现的地区就是云南和印巴次大陆，所以在印巴次大陆发现野生柘树也是很有可能的。野生柘树的树叶可以喂养蚕，这在云南地区的应用很早，所以我们也有理由相信孟加拉国的蚕桑织造技术是经云南地区传播过去的。

二、巴蜀丝绸传入印度

　　丝绸传入印度的道路不止一条，但经缅甸道进入印度是最早的。这一结论为业内许多专家所达成共识。巴蜀丝绸业发达，因而经缅甸输入印度的丝绸极大可能是来自四川。

　　中国丝绸传入印度最早见于侨胚厘耶（kautiliya）所著的《治国安邦术》一书。书中有这样一句话："侨奢耶和产生在 cina 的成捆的丝。""cina 的成捆的丝"，意思是"中国成捆的丝"。据说侨胚厘耶生于公元前 4 世纪，那么至迟在公元前 4 世纪中国的丝已输入印度。④事实上，这里所谈到的中国丝绸传入印度，最大可能便是蜀地丝绸的传入。蜀地丝绸业发达，位于中国西南，经云南出缅甸再到印度，是非常合理的行径线路。

---

①　陈炎 . 中国同缅甸历史上的文化交流（中）[J] . 文献，1986（4）：200.

②　陈炎 . 南海"丝绸之路"东方研究论文集 [C] . 北京：北京大学出版社，1983.

③　（明）巩珍著 . 向达校注 . 西洋番国志 [M] . 北京：中华书局，2000：40.

④　朱新予 . 中国丝绸史（通论）[M] . 北京：纺织工业出版社，1992：87.

　　唐朝时，南方丝绸之路依然在沿线的丝绸贸易中起到重要作用，蜀地丝绸便是经南方丝绸之路到东南亚、南亚等地。据《蛮书》卷六记载"银生城又南有婆罗门、波斯、阇婆、勃泥、昆仑数种外通交易之处"。[①] 除丝绸贸易外，南方丝绸之路经云南与缅甸、东南亚的其他贸易也非常频繁。隋唐丝绸的私人贸易非常兴盛。元稹有诗《估客乐》，其中有诗句："炎洲布火浣，蜀地锦织成。"便对当时丝绸贸易的兴盛之状进行了描述。隋唐商人有估客，有坐贾。估客即转运商人，蜀锦是当时贩运的大宗物品之一。史料中经常可以看到"鬻缯者""鬻缯罗者"，都是对这些商人的称谓。由此，丝绸便经南丝路线路传入印度地区。

三、南丝路境内段丝绸的外销

　　汉晋时期中国蚕丝的外销线路主要有以下几条。徼外国家的入贡路线，或由蜀身毒道，经永昌、益州郡直上蜀地，此乃所谓永昌徼外各国的贡献路线；或从海路而来，所谓行船从日南徼外登陆，进贡东汉王庭。按当时中国对外交通的大势分析，则是从海蹼至交州再经红河水道，由益州直上蜀，然后经蜀与关中相连的褒斜道，抵达两汉政治经济文化中心。汉晋时期三条中西交通干线，互相贯通，相辅相成。由此可见，中国与东南亚、南亚丝绸产业文化的融合是明显存在的。

　　中国蚕丝在罗马时期已经是作为极其昂贵的商品销往欧洲，线路是经过印度洋抵达越南，从越南到达中国。这条线路正是南方丝绸之路的行走线路。这说明，早在汉代，南方丝绸之路上已经存在丝绸文化和丝绸经济的交流。

　　宋代时，中国与阿拉伯、印度之间的丝绸贸易主要是通过海路实现。宋人周去非在《岭外代答》卷三中说："中国船欲往大食，必自故临

---

　　① （唐）樊绰撰 . 向达校注 . 蛮书校注［M］. 北京：中华书局，2018：161.

易小舟而往。……大食之来也，以小舟运而南行，至故临目易大舟而东行……"①可见，宋代中国丝绸外销依然繁荣，中国与印度、阿拉伯等地都有着丝绸贸易。阿拉伯是丝绸消费的大国，而印度是水路前往阿拉伯的必经之地，印度扼中国与大食交通的咽喉，地位不言而喻，逐渐成为中国丝绸转运中东、欧洲等地的中转站。一时间，印度成为中国丝绸外销的集中贸易地。宋人赵汝适《诸番志》中也记载了不少国家来中国交易丝帛、缬绢等商品的文献。元人汪大渊在《岛夷志略》中谈到元朝时中国丝绸的外贸情况，大致与前面时期相似。

　　而考古发现也证明着文献中的情况。在新疆的丝绸考古发现中，出土有四川织造的蜀锦，而同时在日本的正仓院和法隆寺等寺院也保存有大量的唐朝丝绸，经验证其中就有蜀江锦。在文献和考古发现的事实面前，说明南丝路上的丝绸外销在很长一段时间内都保持着比较旺盛的状况。

小　结

　　丝绸在南丝路经济文化发展中具有与茶叶同等重要的地位，在茶叶经济文化发展的同时，丝绸经济文化也得到持续发展。南丝路丝绸经济文化在沿线地区均得到不同程度的发展，蜀锦是南丝路丝绸经济文化中的代表之一，巴蜀地区种桑养蚕的历史悠久，很早便开始发展丝绸产业，司马迁在《史记》中对"蜀布"之记载是最有力的文献依据，可以肯定，"蜀布"至少在汉代时便在南亚、中东甚至更远的地区产生了影响，同时有文献证明，南丝路丝绸已远销至南亚、中东和欧洲地区。丝绸对南丝路地方经济发展的影响巨大，其丝绸文化在全国也名噪一时，谓为美谈。除巴蜀地区外，云南地区、贵州地区、广西地区等民族织锦业也积极谋求发展，并形

---

① （宋）周去非著．杨武泉校注．岭外代答校注［M］．北京：中华书局，1999：126.

成颇具地方特色的丝绸产业和文化。南丝路境外段的丝绸产业发展缓慢，并没有形成具有独立生产能力的丝绸织造业，其主要是通过贩卖丝绸取得经济利益。可见，丝绸已成为重要的媒介，使得南丝路沿线地区和世界范围的广大地区，因丝绸而逐渐形成经济文化整体发展的合力，这也是"丝绸之路"发生发展的意义和价值。

第五章　南方丝绸之路的丝绸货币金融圈

唐代时期的大宗商品应首推绢帛。在国内市场上，绢帛是人人乐于接受的商品，因此它甚至取得货币的职能，成为与铜钱同时流通的货币。在国外，它受到各地区各民族的欢迎，沿着丝绸之路，远销到西亚乃至罗马。唐朝西北边境上的最大贸易就是绢马贸易。可以说，它在国内外的市场上都是不可一世的天骄。①

第一节　丝绸货币金融圈形成的基础

一、官营强化了丝绸在国民经济中的地位

关于锦官城丝绸生产的繁荣情况，《蜀都赋》曾这样描述："亚以少城，接乎其西，市廛所会，万商之渊；列隧百重，罗肆巨千，赇货山积，纤丽星繁"……"伎巧之家。百室离房，机杼相和。"②锦官城及其周沿一带的手工业，尤其是织锦业发达，刺激了成都古城的商业发展。魏晋时期，三国鼎立的曹魏和孙吴，都与蜀汉进行着极为密切的丝绸贸易。因

---

① 李埏.《唐宋茶业经济研究》序 [J].农业考古，2000（2）.
② （清）严可均.全上古三代秦汉三国六朝文 [M].北京：中华书局，1958：1883.

此，在文献中保留了不少蜀汉丝绸贸易的证明。"江东历代尚未有锦，而成都独称妙，故三国时魏则市于蜀，而吴亦资西道，至是始乃有之。"① 锦官城丝绸贸易活跃而兴盛。

对西南地区的丝绸实行大规模强制官营主要始于宋。从宋开始，不仅四川地区的丝绸官营强化了，南平僚区的丝绸、盐铁、畜牧等产业都实行官营，宋代僚中地区包括今綦江、南川和贵州桐梓等地区。宋朝灭后蜀，入住蜀地，将后蜀国库中的丝绸搬运一空。宋代之前，蜀地丝绸生产以小农经济为主，即单户织造，商户的私下交易也很普遍。但到宋代时，对四川的丝绸经营实行了专卖政策，在四川设立的"博买务""市买院""织造院"等机构，都是官方专门进行丝绸交易的机构。

> 土富饶，孟氏割据，府库益充溢。及王师平蜀，孟氏所储悉归内府，后言事者竞起，功利成都，除常赋外，更置博买务，诸郡课民织作，禁商旅不得私市布帛。②
>
> 又诏川峡诸州市买院、织造院，除供军布帛外，其余锦琦、鹿胎、透背、六珠……等段匹自今不须买。③

从两段文献来看，宋代在四川地区专设官方经营丝绸交易的场所，其目的就是实现政府对于丝绸经济的完全控制。

宋严禁丝绸的坊间交易行为。这种收归国有的行为目的，一方面是强化对于西南地区的经济垄断，另一方面也可以保证宋对于西南地区的绝对控制。宋代时，僚中的绢是供应中央政府的贡品，北宋在南平军④ 开设市

---

① （宋）李昉．太平御览［M］．北京：中华书局，1985：3624.
② （清）毕沅．续资治通鉴［M］．北京：中华书局，1957：385.
③ （宋）李焘．续资治通鉴长编［M］．北京：中华书局，1992：527.
④ 宋代组建南平军，直接管辖今綦江、隆化，重庆南桐，贵州桐梓等地区。

马场，每年买马 50 匹以上。① 可见，除丝绸外，宋代在西南地区设置专门机构对经济进行有效控制。

至宋代将丝绸产业官营后，虽然也允许丝绸民间交易，即织造户除缴纳政府丝绸份额之外，可以进行个人贸易行为，但政府在这方面却控制得相当严格，尤其是宋初，蜀锦基本成为宋初经济发展的供给。宋代丝绸官营的本质实际上是垄断经营，而政府在成都设立的织锦机构实际上是要实现对整个南方地区丝绸贸易的辐射控制作用。

官营的结果直接强化了丝绸在商品交换、赋税缴纳、绢马贸易等各方面的经济地位，使得大量商品交换都必须以丝绸为核心和媒介，这为南丝路丝绸货币金融圈的逐渐形成提供了先决条件。

二、产业发展进一步巩固了丝绸货币的地位

南丝路上的丝绸产地遍及各个地区。《华阳国志》记载了巴蜀地区出产丝绸的部分重要产区，其中包括巴郡、巴东郡、巴西郡、涪陵郡、宕渠郡的巴地。例如，巴郡的垫江县盛产"有桑、蚕、牛、马"；巴西郡"土地山原多平，有牛、马、桑、蚕"；江阳郡的汉安县"土地虽迫，山水特美好，宜蚕桑"。而蜀郡的织锦生产更是其经济的主要来源，左思在《蜀都赋》中称成都城是"阛阓之里，伎巧之家。百室离房，机杼相和。贝锦斐成，濯色江波"。而在远在云南西部与缅甸接壤的永昌郡也是"土地沃腴，有……蚕桑、绵、绢、采帛、文绣"。由此可见，在南丝路的绝大多数地区确是当时丝绸生产的重要区域之一。

南丝路丝绸产地的丝绸产量、生产状况、经营状况等都是比较良好的，南丝路丝绸产业已在全国占据重要地位。《后汉书》卷 82 记录曹

---

① 段渝，陈世松，贾大泉.四川通史（第四册）[M].成都：四川大学出版社，1993：119.

操语："吾前遣人到蜀买锦，可过敕使者，增市二端。"①《太平御览》卷八一五引山谦之《丹阳记》："江东历代尚未有锦，而成都独称妙，故三国时魏则市于蜀，而吴亦资西道。"②可见，三国时期，蜀国的锦产业几乎垄断着整个中国的市场，吴国、魏国都需要向蜀国购买锦。

两晋时期，以成都丝绸市场为核心的南丝路丝绸产业得到进一步发展。据《艺文类聚》的记载，在两晋时，政府已形成一套程序严格的丝绸产品生产流程。③在生产程序规范的背后是丝绸贸易规模的剧增，这一点在日本学者池田温的《中国古代籍帐研究》中也得到了证实。在这部研究著作中，池田温谈到成都的丝绸市场"能衙有膏续罗者"，而且有"牙郎"从中促成，因此，池田温认为成都市场上的丝绸贸易必然不是零星买卖，而是大宗生意。由此，说明南丝路上的丝绸贸易规模很大。④

十六国至南朝时期，南丝路地区应该是中国丝绸生产和贸易最兴盛的地区之一。南朝将经济发展作为其立国的根本，虽然南北朝时期战乱频繁，但南方城市的经济文化在这一时期也得到一定程度的发展，成都便是其中城市之一。成都经济文化在南朝时期都得到进步，南朝统治者依靠成都的发展优势，大力发展其手工业，丝绸是最重要的发展项目之一。《北史》卷 82 有文：

> 何妥，西域人也，父细脚胡，通商入蜀，遂家郫县，事梁武
> 陵王纪，主知金帛，因致巨富。⑤

《北史》中所记载的何妥是西域人，他因为做生意的缘故了解到成都

---

① （南朝宋）范晔撰．（唐）李贤等注．后汉书［M］．北京：中华书局，1965：2747.

② （宋）李昉．太平御览［M］．北京：中华书局，1985：3624.

③ （唐）欧阳询．艺文类聚［M］．北京：中华书局，1965：1456–1464.

④ 〔日〕池田温．中国古代籍帐研究［M］．东京：东京大学东洋文化研究所，1979.

⑤ （唐）李延寿．北史［M］．北京：中华书局，1974：2753.

盛产丝绸，同时自己也进入四川地区从事丝绸贸易，到后来干脆定居成都附近的郫都区，并与当政者交好，也由此富甲一方。在何妥的人生经历中，看到的是南丝路上丝绸贸易的繁荣。在丝绸产业和丝绸贸易繁荣的条件下，使得逐渐成为各种商品交换核心和媒介的丝绸有了坚实的产业支撑。

三、文献可见蜀与滇之间的丝绸贸易

南丝路各个地区之间也存在以丝绸为媒介的经济交换，相对比较固定，即丝绸在这一交换关系中始终处于最重要最核心的地位。

宋文《云南买马记》详细记录了宋熙宁年间通过蜀向西南夷、云南诸番地等购买良马之事。其间，蜀人杨佐则均以缯锦购买马匹，而西南夷、滇之诸番则好蜀人之丝绸，对于南方丝绸之路中的"绢马贸易"可以说是一次非常真实的再现。[①]

"峨眉有进士杨佐应募，自倾其家赀，呼群不逞佃民之强有力者，凡十数人，货蜀之缯锦，将假道于虚恨，以使南诏。乃裹十日粮，贮酰、醢、盐、茗、姜、桂，以为数月之计。"蜀峨眉进士杨佐接下朝廷此次入西南夷、滇交易良马的工作，毅然耗尽家财，招募随从，前往滇地。杨佐变卖自家的财产，而是购买了大量的丝绸，这些丝绸便是杨佐前往滇地交换良马的货币。此处我们能够明确的是，宋代时，丝绸依然作为非常重要的实物货币，用以良马之交易。

后又载"束密王悦蜀之缯锦，且知市马之来其国也，待佐等甚厚，不惜椎羊刺豕，夜饮藤篍酒"。束密王为当时滇境内一酋王，从文字记载来看，束密王对蜀之丝绸的价值和功能十分清楚，同时也对杨佐带来了大量

---

① 曾枣庄，刘琳. 全宋文［M］. 上海：上海辞书出版社；合肥：安徽教育出版社，2006：240.

的丝绸感到十分高兴。当束密王得知杨佐是用这些丝绸来购买马匹时，不仅高兴，还待杨佐一行人以重礼。

后，束密王又将杨佐带到大理，将他引见于都王，"佐抵大云南之翌日，都王令诸酋长各引兵，雄张旗队，拥佐等前，通国信，即谕市马之实，而都王喜形于色，问劳，赠送佐等各有差"。都王对杨佐的到来与目的也感到十分高兴，"喜形于色"，立即将"以绢易马"之事通报于各番国，要求各番国将良马立即汇集于此，听候杨佐的差遣。此次，杨佐募朝廷之命，行"绢马贸易"之事在云南可谓圆满，同时也颇受云南诸番之重视。

于是，到第二年，云南诸番便按照前与杨佐之约定，主动驱马前往蜀以易市，但却遭遇"寻以陕西诸蕃就汉境贸易如初，而西南市马之议罢"。政策变化实在太快，第二年宋与云南的"绢马贸易"便进入寒冰期，这也让云南番人感到无奈。"明年，铜山寨申峨眉县，县申嘉州，州申本路钤辖司，以某日有云南蕃人贡马若干到寨，乃杨佐者奉帅府命，通国信招诱出来。钤辖司即下委嘉州通判郭九龄前视犒劳，且设辞以绐之，谓本路未尝有阳佐也，马竟不留。初，佐受云南八国都王回牒，归投帅庭，后缘颁示九龄，遂掌在嘉州军资库。蕃人知设辞相拒，其去也颇出怨语"。虽然官方行为上的"绢马贸易"并没有持续太久，但可以肯定的是，南方丝绸之路上"绢马贸易"是持久而繁盛的。这从《史记》文献记载中可以看出，"巴蜀民或窃出商贾，取其笮马、僰僮、髦牛，以此巴蜀殷富"。[①] 用以交换笮马、僰僮、髦牛的当有丝绸无疑。从考古发现也同时证明，巴蜀与西南夷的物质交换，远早于文献记载，也就是说，巴蜀的富庶是经历了南方丝绸之路上千年的物质积累。

《云南买马记》以文献证实绢马贸易在西南的繁盛。文中提到"王馆佐于大云南驿。驿前有里堠，题：'东至戎州，西至身毒国，东南至交趾，

---

① （汉）司马迁 . 史记［M］. 北京：中华书局，1972：2993.

东北至成都，北至大雪山，南至海上。'"此"云南驿"在今云南祥云县，是南方丝绸之路的重要驿站，至今仍然留有当时人员、马匹停留的痕迹，可见当初贸易的繁盛。

四、文献可见蜀与西南夷之间的丝绸贸易

南方丝绸之路上生活的西南夷少数民族，以其马匹、牦牛、犀、象等境内外特产与蜀的丝绸等物品进行着长期的经济交换。蜀通过互市与南中、西南夷等西南少数民族进行着丝绸、耕牛、战马等的贸易。在雅安、碉门（今天全）等地区，从宋朝开始都设有马场，在此经商的商贾络绎不绝，"蜀之富商大贾皆辐辏焉"①，证明在雅安、天全一带经商的商贾很多。

另外，西南夷中的"两林蛮""风琶蛮""大路蛮"等少数民族部落，每年都会派出几百人的庞大使团，携带马匹、犀、象、金银饰、毡等物品进入内地在蜀与中原进行商品交换。虽然西南夷诸部落携带而来的物品对于中原地区来说并不一定是特别需要的，但中央对此总是持欢迎的态度，无论唐、宋，或是前后蜀时期。例如，在唐时，"部落蛮"（今汉源境内）每年都会得到西川的赐锦3000匹，这种赏赐实质上是对于西南夷诸部落的一种抚慰，是处理与西南夷友好睦邻关系的一种方式。

南中的"耕牛、战马、金银、犀革"等物资通过互市大量进入巴蜀地区，永昌郡的"桐华布"（即棉布）一时成为成都市场上备受追捧的商品。"桐华布"应该是从印度地区传入东南亚，再经云南地区传入成都的。此外，许多蜀商也长途跋涉前往滇缅之交从事商品贸易，永昌郡在很长的时间内都是贸易十分繁荣的。在永昌，蜀商携带大量蜀地特产与当地商人和居民进行交换，这些蜀地特产主要包括丝绸、茶、麻布等。《魏略·西戎传》有文献载，蜀地商人甚至还到天竺东南的盘越国进行商品贸易。因

---

① （宋）李心传.建炎以来朝野杂记［M］.北京：中华书局，1988：875.

此，除了从北方经西域与中亚发生经济贸易关系外，蜀丝绸、锦还通过南方丝绸之路大量进入大秦，而中亚、欧洲的琥珀、珊瑚、珍宝也大量进入滇、蜀地区。

第二节　丝绸充当货币的功能

一、丝绸货币之用的普遍性

秦汉时期，布帛已成为非常普遍的实物货币。用布帛与粮食进行交换，以粮食为单位衡量布帛数量。而从《盐铁论》可以看出，"蜀汉之布"是以货币之用在民间贸易中是得到广泛认可的，而在税收中认可以布帛的货币功能也是从秦汉时期便开始，在四川地区也是广泛使用布帛作为各方面的实物货币之用。

秦汉时期，一匹普通的素织物（特指纺织工艺比较简单，没有花纹的素色丝织物）值 600 钱左右，而当时 1 石米的价格通常为 100 钱左右。1匹上等白素的价格相当于 8 石米的价格，1 匹高级提花丝织品的价格相当于上百石的米价。由此可见，丝织品的价格是比较昂贵的。所以，在经济价值的驱使下，从事丝绸买卖的商人日趋增多，并逐渐形成了数量和规模巨大的以丝绸为主角的商品交易市场。

据《盐铁论·本议》的文献记载："间者郡国或令民作布絮，吏恣留难与之为市。吏之所入，非独齐、阿之缣，蜀、汉之布也，亦民间之所为耳。"[①] 又《汉书·食货志》云："众民卖买五谷、布帛、丝绵之物，周于民用而不雠者，均官有以考检厥实，用其本贾取之，毋令折钱。"[②] 可见，丝

---

① （汉）桓宽.盐铁论 [M].北京：中华书局，2015：18.
② （汉）班固.汉书 [M].北京：中华书局，1962：1181.

绸织造在民间经济生活中是非常普遍的，人们生产的丝绸直接作用于经济交换。

秦汉之后，丝绸作为重要的实物货币其角色一直在货币市场中变换起伏，一段时期为官方所认可，但另一段时期又受到压制，无论怎样，丝绸的实物货币地位还是比较坚挺的，并在很长一段历史时期内都成为具有影响意义的货币形式。

黄初二年（221年），魏文帝"罢五铢钱，使百姓以谷帛为市。"① 政府在主观上完全认可丝绸的货币职能，并从官方角度规定丝绸可以充当法定货币。然而仅仅过了几年时间，到明帝太和元年（227年）时，因"钱废谷用既久，人间巧伪渐多，竞混谷以邀利，作薄绢以为市，虽处以严刑而不能禁也"，② 于是魏明帝"乃更立五铢钱，至晋用之，不闻有所改创"。③ 丝绸、谷物等实物货币在作为货币进行商品交换时最致命的弱点就是标准难以统一，正如文献中所记载，久而久之，一些不法之人会将劣质的丝绸或谷物混入货币市场，因此，丝绸作为实物货币始终在起伏变化中保持价值。

清人赵翼在《陔余丛考》卷30中写道："六朝则钱帛兼用，而帛之用较多。"④ 唐代在商业交换中仍然使用丝绸，视为货币，也颇同于魏晋南北朝时期。因为到唐代时，社会商业经济的发展更盛，对货币的需求也更盛，因为流通的需要，以丝绸为代表的实物货币始终在商品交换中起着重要作用，因此丝绸货币的存在与使用始终不能废止。唐代在玄宗一朝后三令五申，一再发布命令，规定"钱货兼用"，即丝绸实物货币与金属货币同时存在。例如，在开元二十年（732年）唐朝政府曾非常严格地要求使用丝绸为流通货币，规定绫、罗、绢、布、杂货等交易，均可通用，直言

① （唐）房玄龄等．晋书［M］．北京：中华书局，1996：794.
② （唐）房玄龄等．晋书［M］．北京：中华书局，1996：794–795.
③ （唐）房玄龄等．晋书［M］．北京：中华书局，1996：795.
④ （清）赵翼．陔余丛考［M］．北京：中华书局，1963：619.

市场交易并不一定用钱币，钱货均兼用，如有违反者将以罪治之。到开元二十二年（734 年），政府又出台一项法令："货物兼通，将以利用，而布帛为本，钱刀是末，贱本贵末，为敝则深，法教之闲，宜有变革。自今已后，所有庄宅以马交易，并先用绢、布、绫、罗、丝、绵等，其余市价至一千以上，亦令钱物兼用，违者科罪。"① 这里把"绢、布、绫、罗、丝、绵等"视为商品交易市场中的"本"，而将金属货币视为"末"。这说明丝绸在货币市场中具有极其重要的地位，流通极广。尤其在战乱时期，政府铸币业受到影响，以丝绸这一价值大且易携带的物品作为货币流通是有益的。以丝绸为商品交换货币的交易方式长期存在并持续了很长时间，所以在南丝路经济发展的历史时期内，丝绸货币一直存在并在货币市场发挥着重要作用与影响。

二、社会动荡时期的非典型货币

丝绸之所以能够在很长的历史时期内成为中国乃至丝绸之路沿线区域的重要实物货币，一方面在于其具有一定的价值，另一方面在这些广泛的地域内人们对于丝绸都有着较大的需求力并普遍认可其价值。尤其是在朝代更替、军阀混战、社会动荡的时期，丝绸在货币市场中的物资交换功能越发显著。

东汉初期在经历王莽之乱之后，以丝绸为代表的实物货币为稳定东汉初年的政治经济动荡起到了重要作用。《后汉书·光武帝纪》记载："初，王莽乱后，货币杂用布、帛、金、粟。"②

魏晋南北朝时期战乱频繁，丝绸的实物货币功能几乎无所不能。宋孝武帝即位时，中军周朗上书："农桑者，实民之命，……宜罢金钱，以谷

---

①　（宋）王溥 . 唐会要［M］. 北京：中华书局，1960：1627.

②　（南朝宋）范晔撰 .（唐）李贤等注 . 后汉书［M］. 北京：中华书局，1965：67.

帛为赏罚。……凡自淮以北，万匹为市；从江以南，千斛为货。……今且听市至千钱以还者用钱，余皆用绢布及米。"^①同时，"汉川悉以绢为货"，^②可见在南朝的丝绸产区内，用绢为货也是十分普遍的。

魏晋南北朝时期，由于社会比较动荡，因此很多时候都是钱帛同时在社会上流通。金属货币在很多时候都无法满足货币流通的需要，实物货币中丝绸是最合适的选择。更有甚者，在黄初二年（221 年），魏文帝直接罢用五铢钱，取而代之以"谷帛"即粮食、丝绸等实物货币作为社会流通的主要货币，"使百姓以谷帛为市"。^③

"时巴土饥荒，所在无谷，送吏行乏，辄取道侧民芋。随以绵系其处，使足所取直（值）。"^④蜀汉末期，安汉令何随去官还乡，经济匮乏，民不聊生，又恰值饥荒，官吏食芋，则以丝绸换之。可见，除在货币市场的正常使用外，在社会动荡时期，丝绸货币更是起到十分重要的经济支撑作用。

三、丝绸作为实物货币的使用

丝绸在南丝路地区具有实物交易功能。曶鼎铭中有"匹马束丝"交换五个奴隶的记载，说明丝绸很早便用于物质交换了。在秦惠王时，巴蜀以殷富闻名于中原，《史记·西南夷列传》中有文献记载："巴蜀民或窃出商贾，取其笮马、僰僮、髦牛，以此巴蜀殷富。"^⑤从这一段文字可以看出，巴蜀民多擅长经商，正是商品交换使得巴蜀地区获得了大量本地没有且需要的物品。例如，长于在西南山地间行进的笮马，这种马相比北方战马而

---

①　（梁）沈约.宋书［M］.北京：中华书局，1974：2093.

②　（梁）沈约.宋书［M］.北京：中华书局，1974：2074.

③　（唐）房玄龄等.晋书［M］.北京：中华书局，1974：794.

④　（晋）常璩撰.刘琳校注.华阳国志校注［M］.成都：成都时代出版社，2007：478.

⑤　（汉）司马迁.史记［M］.北京：中华书局，1972：2993.

言，身材矮小，更擅长在山林溪涧中负重穿梭。西南地区多山地，多大河，人们日常生活非常需要笮马的帮助，因此笮马是南方民族不可或缺的生活助手。僰僮是僰人用以商品交换的奴隶。在《史记》《华阳国志》的记载中，都提到巴蜀拥有大量僰人奴隶以参与生产劳作，也将巴蜀殷富的原因归结于巴蜀的大量僰僮。结合曶鼎铭的记载，蜀人极有可能会用丝绸与外族进行物质交换。

　　唐代的实物货币，依法令规定有粟、谷、布、帛等，而粟、谷体积大、价值低，不便携带运输，这就使它受到限制不能充分发挥其货币的职能，故真正进入流通领域的实际上是布帛。河南尹齐抗反对两税征钱，于贞元十二年（796 年）上疏云："今两税出于农人，农人所有，唯布帛而已；用布帛处多，用钱处少。"①然帛比布更轻便，价值更高，又优于布，故在唐代实际交易中，往往用丝织品。如商人贩运，多携绢帛。唐人风俗贵茶，"茶熟之际，四远商人皆将锦绣缯撷，金钗银钏，入山交易"。②"祁之茗，色黄而香，贾客咸议，愈于诸方，每岁二三月，赉银缯缯素求市将货他郡者，摩肩接迹而至。"③唐人购物，无论大宗交易或零星买卖以及日常开销，常以绢帛支付。据敦煌文书记载，天宝十三年（754 年）载，敦煌郡官府购马 100 匹，付绢 2500 匹，便是以绢易马的大宗商品交易。

　　南丝路地区自然受经济大环境的影响，丝绸也是作为非常普遍的货币存在于各种经济交流中。例如，《蛮书》卷八中有"本土不用钱，凡交易缯、帛、毡、罽、金、银、瑟瑟、牛羊之属，以缯帛幂数计之，云某物色直若干幂"。④可以看出在云南地区，丝绸、皮毛、金银、珍珠、牲畜等物质都可以作为等价交换的物品之一，但在众多的物质商品中，丝绸更具有通用货币的价值功能，因为衡量其他物质的方式是以丝绸数量来衡量的。

① （宋）欧阳修，宋祁.新唐书［M］.北京：中华书局，1975：1358.
② （清）董诰等.全唐文［M］.北京：中华书局，1983：7788.
③ （清）董诰等.全唐文［M］.北京：中华书局，1983：8431.
④ （唐）樊绰撰.向达校注.蛮书校注［M］.北京：中华书局，2018：214.

不止《蛮书》，其他文献中也多有西南地区以丝绸为货币使用的记录。在南丝路地区，缯、帛等丝绸是作为重要实物交易货币而存在的。

第三节　南丝路丝绸货币的流通方式

一、朝贡中所使用的丝绸

朝贡并不是单纯地将本国特产奉送于他国，西北民族、西南民族向中原朝贡的主要目的是进行政治、经济上的交流，从而达到互利互信。因此，朝贡既是政治行为，也可视为经济行为即称为"朝贡贸易"，而伴随朝贡贸易的，是广泛的物质交流。汉代以来，无论北方丝绸之路还是南方丝绸之路，丝绸在朝贡贸易中都承担着十分重要的角色。所以，马端临在《文献通考》卷331中写道："岛夷朝贡，不过利于互市赐予。"[①]可见，经济需求是朝贡贸易的根本出发点。

据史料和各种考古资料的记载，在南方丝绸之路上发生的朝贡行为相当频繁。这种朝贡行为可以溯源到古蜀国时期，"自以功德高诸王，乃以褒斜为前门，熊耳、灵关为后户，玉垒、峨眉为城郭，江、潜、绵、洛为池泽，以汶山为畜牧，南中为园苑"。[②]从三星堆和金沙的考古资料来看，蜀国当时已经聚集了大量外来文化因素，从服饰、头饰、祭祀用品的风格等方面，都可以看出蜀国文化的多元性，而这种多元性，正如常璩在《华阳国志·蜀志》中所写到的，蜀王"以汶山为畜牧，南中为园苑"，当古蜀国以武力征服周边酋邦后，酋邦则会被要求定期向其进行朝贡，这种早期朝贡应该是单向的，更多是周边酋邦向古蜀定期缴纳物资。

---

① （元）马端临．文献通考［M］．北京：中华书局，2011：9131.

② （晋）常璩撰．刘琳校注．华阳国志校注［M］．成都：成都时代出版社，2007：92-93.

　　而后期的朝贡贸易则不然，如马端临在《文献通考》中所说，是"利于互市"的一种行为。在不同政权之间，利用朝贡这种形式进行官方的经济贸易，形式合法可控，并有效阻止了民间贸易给国家带来的经济损失，同时，也加强了不同政权之间的交流，既带来经济上的互利，又带来政治上的互信，一举两得。因此，"朝贡"这种政治经济的交流方式在相当长的时期里都为不同政权之间交往所采取，并取得较好的成效。

　　中国统治者在与周边少数民族往来过程中，往往以朝贡贸易的形式赏赐少数民族使者大量的丝绸制品。《汉书》卷24中记载的某次朝贡贸易赏赐物资，汉武帝"北至朔方，东封泰山，巡海上，旁北边以归，所过赏赐，用帛百余万匹。"①

　　从史书记载来看，上自文帝，下迄昭帝、宣帝、元帝、成帝以至哀帝，均有赏赐丝绸的史实记录。这种统治者的赏赐行为实际上就是朝贡贸易，因为双方是存在数量巨大的商品交换行为的，在不允许国家之间自由贸易的时期，朝贡贸易是官方认可的国家间最主要的贸易方式之一，并一直持续到封建王朝的结束时期。

　　汉文帝六年（公元前174年）《报单于书》中也曾提到文帝回赠的物资，包括有"绣十四匹，锦二十匹，赤绨绿缯各四十匹；后宣帝时期，甘露三年（公元前51年）正月，呼韩邪单于朝天子于甘泉宫，宣帝赐锦绣绮绣杂帛八千匹；又明年（公元前50年）呼韩单于复入朝，礼赐加锦帛九千匹；又汉成帝四年（公元前29年）有朝贡者入朝，加赐锦绣绮帛二万匹；哀帝元寿二年（公元前1年），单于来朝，加赐锦绣绮帛三万匹……"②诸如此类的朝贡事实不胜枚举，赏赐丝绸的数量巨大，一般都是千匹以上，更有上万匹的。这种朝贡贸易方式，无疑加大了丝绸的生产量，客观上促进了丝绸产业从汉朝起更大规模的生产。

---

　　① （汉）班固.汉书［M］.北京：中华书局，1962：卷24：1175.

　　② （汉）班固.汉书［M］.北京：中华书局，1962：3758，3798，3798，3808，3817.

唐至北宋，南丝路区域的朝贡贸易依然繁盛。[①] 有研究者统计唐时南诏从开元至大中年间计进贡 44 次 [②]，但《册府元龟》卷 972 文献记载："诏自（元和）十二年至是，比岁遣使来朝，或年内二三至者。" [③] 可见南诏朝贡次数应远比以上统计为多。而《唐会要》卷 93 记载太和四年后南诏"赋贡不绝"，《资治通鉴考异》引《国史补》说，"云南自大中初，朝贡使及西川质子人数渐多"，[④] 则可以说明南诏朝贡的次数还在逐年递增。由此可见，南丝路少数民族政权与中原政权之间的交流是十分频繁的。

除南诏外，西南的少数民族政权昆弥、西洱河、东洱河、松外蛮、邛部州、两林蛮等均有朝贡的文献记载。蓝勇教授在论文《唐宋川滇、滇缅通道上的贸易》中详细列举了唐宋时期西南各少数民族政权朝贡、回赐的主要状况，除西南少数民族外，蒲甘、骠国等东南亚国家也进行朝贡。他们朝贡的主要物品多为当地特产如象牙、犀角、珍宝等，也有一些纺织品，主要以氍、毹等居多，而他们带回的主要物资则是丝绸。

二、用于赏赐的丝绸

中国的历代统治者都有赏赐丝绸制品的传统，自有文献记载以来，历朝历代都能找到赠赐的记录。

以鲜卑族为例，早在曹魏景元二年（261 年）拓跋氏之始祖神元皇帝拓跋力微曾遣其子沙漠汗为质于曹魏，"为魏宾之冠，聘问交市，往来不

---

① 蓝勇. 唐宋川滇、滇缅通道上的贸易 [J]. 中国历史地理论丛，1990（1）：167-168.

② 《云南各族古代史略》编写组. 云南各族古代史略 [M]. 昆明：云南人民出版社，1977：472.

③ （宋）王钦若等编纂. 周勋初等校订. 册府元龟 [M]. 南京：凤凰出版社，2006：11251.

④ （宋）司马光编著.（元）胡三省音注. 资治通鉴 [M]. 北京：中华书局，1956：8078.

绝。魏人奉遗金帛缯絮，岁以万计"，^① 说明早在三国时期，居住在蒙古一带的鲜卑拓跋氏已通过赠赐和互市等途径，从中原输入丝绸产品到周边地区。西晋时仍然如此，神元皇帝五十六年（275 年），文帝还国，"遗帝锦罽缯彩绵绢，诸物咸出丰厚，车牛百乘，行达并洲"。^② 可以看出，在很长的历史时期中，中国都通过赠赐和互市等方式将丝绸源源不断地输出到国外。

中原与周边许多民族都存在着朝贡贸易关系。"自俟斤以来，其国富强，有凌轹中夏志。朝廷既与和亲，岁给缯絮锦彩十万段。突厥在京师者，又待以优礼，衣锦食肉者常以千数。齐人惧其寇掠，亦倾府藏以给之。"^③ 魏晋时期，中国与突厥的交往甚密，同样也是采取和亲政策并赠赐丝绸等，给予比较优厚的物质利益与待遇。

三、高层互访时的馈赠物资

丝绸同时也是国家间高层领导互访时馈赠的重要物资，而这种馈赠也有着商品交易的本质特征。

建兴元年，蜀国和吴国重修旧好，蜀国派使者赴吴国，还顺便带去了"马二百匹，锦千端，及方物"。^④ 三国时期，蜀锦的价值不菲，诸葛亮就曾多次表示蜀国的经济、军资主要依靠蜀锦。此次蜀国给吴国带去锦千匹之多，还有战马 200 匹，物资的总价值应该是比较高的，这样也足以显示出蜀国的诚意。

西南夷族之间也相互使用贵重的丝绸以示友好关系，以加强沟通交流。例如，大理国段正严时期，滇地各个部落向大理王进贡大量的丝绸成

① （北齐）魏收．魏书［M］．北京：中华书局，1997：4．

② （北齐）魏收．魏书［M］．北京：中华书局，1997：4．

③ （唐）李延寿．北史［M］．北京：中华书局，1974：3290．

④ （晋）陈寿．三国志［M］．北京：中华书局，1971：1131．

品，总数量达到万件之多。① 大理国时期，滇地的部落都能纷纷进贡大量的丝绸制品，说明到宋代时，云南地区的丝绸织造技术应该比较娴熟，各个地区的丝绸织造产业已经铺开。由此看来，在大理国时期，云南的丝绸织造产业已经有了较大幅度的提升。

姚安德丰寺现存大理国段智兴元亨二年（1186 年）《兴宝寺德化铭并序》，首行有"皇都崇圣寺粉团侍郎，裳米黄绣手披"。② 大理国时期的碑《故溪氏谥曰襄行宜德履戒大师墓志并叙》也提道："由是道隆皇帝（大理国王段祥兴）降恩，裳以黄绣手披之级。"③ 这里"米黄绣手披"和"黄绣手披"都是刺绣织品，说明大理国时期，会对僧官赏赐特种的刺绣织品，从另一方面也看出，刺绣在大理国时期也是非常珍贵的物品。在大理国时期，云南也出土了不少丝绸织品，如在云南千寻塔发现的刺绣手披等。④ 丝绸制品在南丝路沿线均被视为稀有而珍贵的物品，只有在重要而特殊的时刻才会以丝绸制品进行馈赠。

中原统治者也经常以丝绸赏赐西南诸夷。"又有南蛮五姓番，皆椎髻乌毡，并如僧人，礼拜入见，旋赐汉装锦袄之类，更有真腊、大理、大食等国，有时来朝贡。"⑤ 此文献不仅涉及南丝路境内段西南民族，也涉及南丝路境外国家，这种赏赐行为进一步强化了丝绸在经济中的核心地位，并以这种方式将丝绸经济圈进一步扩大到东南亚，也将丝绸文化传播至更大的范围。

① （明）倪辂辑撰．（清）王崧校理．（清）胡蔚增订．（清）木芹会证．南诏野史会证［M］．昆明：云南人民出版社，1990：274.

② 王昶．金石萃编［M］．北京：中国书店，1985：大理篇 9.

③ 李晓岑．南诏大理国科学技术史［M］．北京：科学出版社，2010：135.

④ 邱宣充．南诏大理塔藏文物［J］．南诏大理文物，1992：139.

⑤ （宋）孟元老．东京梦华录［M］．北京：中华书局，1982：159.

四、互市中的丝绸货币

在边境地区开辟专门区域进行互市也是丝绸贸易的重要流通方式。而丝绸在互市往来中无疑充当的是货币与物资的角色。

南方丝绸之路沿线区域之间一直有着丝绸互市的传统。在南丝路巴蜀区域与羌族之间的经济互市中，以宋代为例，曾每年对威州、茂州（今理县、黑水等地）的羌人聚居部落给予经济的支援，拨付其钱 12000 缗，米麦 14700 石，绢 2850 匹及䌷布、绫锦、茶盐、银等物品。而威、茂的羌人部落则不定期将当地特产麝香、当归、羌活等物作为互市商品输往与巴蜀交界处的互市市场进行交易。

而南丝路西山诸羌在益州地区与吐蕃之间的互市贸易上也获利颇丰。唐高宗后期，吐谷浑亡国，吐蕃逐渐取代吐谷浑与益州进行着频繁的经济交往，但唐统治者从政治角度考虑，一直禁止益州与吐蕃进行直接的经济往来，因此西山诸羌便在益州与吐蕃之间的互市贸易中获得丰厚的利益。唐朝虽然禁止益州与吐蕃之间的经济贸易，但益州与西山诸羌和党项的互市贸易却是照常进行的。

五、僧侣互访时携带丝绸以作货币之用

南丝路沿线也是僧侣活动较为频繁的一条线路，从魏晋开始，高僧的出境互访越来越频繁，统治者对高僧的出境互访给予支持，同时也会要求他们完成一些政治任务，例如传布国家的文化、经济等。而僧侣在漫长的路线中会携带大量的物资出行，这些物资一方面是作为长途旅行的物质支撑，另一方面一些僧侣也打着传经布道的旗号为自己谋取经济利益。

例如，文献中记载的僧人释道仙，"本康居国人，以游贾为业，梁、周之际，往来吴、蜀江海上下，集积珠宝，故其所获赀货乃满两船，时或

计者云：'直钱数十万贯。'"① 文献中所提到的僧人释道仙，便是在僧人与商人这两个身份中互换角色，而他的发家致富便源于长期行游中对不同地区之间经济需求的熟悉。

在文献《高僧传》中也记录了大量在南丝路上行游的僧人。

《宋上定林寺昙摩蜜多》：学徒济济，禅业甚盛。常以江右王几，志欲传法。以宋元嘉元年辗转至蜀。俄而出峡，停止荆州，于长沙寺造立禅阁。……②

《宋京兆释智猛》：以甲子岁发天竺。同行三伴，于路无常，唯猛与昙纂俱还。于凉州出《泥洹》本，得二十卷。以元嘉十四年入蜀，十六年七月造传，记所游历。元嘉末卒于成都。余历寻游方沙门，记列道路，时或不同，佛钵顶骨处亦乖爽。将知游往天竺，非止一路，顶钵灵迹，时届异土。故传述见闻，难以例也。③

《宋京师道林寺畺良耶舍》：以此二经是转障之秘术，净土之洪因，故沉吟嗟味，流通宋国。……后移憩江陵。元嘉十九年西游岷蜀。……后还，卒于江陵，春秋六十矣。④

《晋荆州长沙寺释昙翼》：即令弟子三人捧接，飘然而起，迎还本寺。……后罽宾禅师僧伽难陀从蜀下。⑤……罽宾商人经常往来于南丝路的商道，罽宾禅师应该也是随南丝路一路到蜀，传道，交流，生活。

《宋京师中兴寺释慧览》：后乃归，路由河南。河南吐谷浑慕延世子琼

---

① （唐）道宣.续高僧传［M］.北京：中华书局，2014：1011.

② （梁）释慧皎撰，汤用彤校注.汤一玄整理.高僧传［M］.北京：中华书局，1992：121.

③ （梁）释慧皎撰.汤用彤校注.汤一玄整理.高僧传［M］.北京：中华书局，1992：126.

④ （梁）释慧皎撰.汤用彤校注.汤一玄整理.高僧传［M］.北京：中华书局，1992：128.

⑤ （梁）释慧皎撰.汤用彤校注.汤一玄整理.高僧传［M］.北京：中华书局，1992：199.

等，敬览德闻，遣使并资财令于蜀立左军寺，览即居之。①

《齐上定林寺释法献》载：释法献，姓徐，西海延水人。……以宋元徽三年发踵金陵，西游巴蜀，路出河南，道经芮芮。既到于阗，欲度葱岭。值栈道断绝，遂于于阗而反。②

这些僧人行游的共同点都是与南丝路有关，大量僧人在南丝路上行游，随之也促进了南丝路上的经济文化交流。在蜀地与南丝路上行游的僧侣越多，则越强化和扩大丝绸经济圈的影响力。

第四节　南方丝绸之路的丝绸货币金融圈

一、绢马贸易之用

一般认为，绢马贸易是主要存在于北方丝绸之路的政治、经济交流的主要方式，因此，但凡说到绢马贸易，首先都联系到西北少数民族以良马交换中原的丝绸。但事实上，绢马贸易也存在于南方丝绸之路。

在对外贸易中，四川输出的大宗商品，前后不尽相同。两晋南北朝时期，纺织品和蜀马的贸易最为兴盛，因此刘宋益州刺史刘道济重用长史费谦聚敛兴利。③"远方商人多至蜀土，资货或有直数百万者。谦等限布、丝、绵各不得过五十斤；马无善恶，限蜀钱二万。"④ 文献中益州刺史刘道

---

① （梁）释慧皎撰．汤用彤校注．汤一玄整理．高僧传［M］．北京：中华书局，1992：418.

② （梁）释慧皎撰．汤用彤校注．汤一玄整理．高僧传［M］．北京：中华书局，1992：488.

③ 段渝，陈世松，贾大泉．四川通史（第三册）［M］．成都：四川大学出版社，1993：265.

④ （梁）沈约．宋书［M］．北京：中华书局，1974：1381.

济为牟取利益，限制民间的绢马贸易，官方与民间的贸易争端一直是南丝路绢马贸易中存在的不可调和的矛盾。官方想全面控制绢马贸易，但对普通的商人和桑农来说，利益最大化就是民间自由交换，因此，官方控制与走私贸易的矛盾一直很激烈，刘道济任益州刺史期间曾发生过蜀人大规模起义，北宋前期，由于北宋政府在蜀地经济上的强势和高压政策，也一度导致王小波为首的茶民起义事件。

　　绢马贸易更多是以朝贡贸易的方式存在。从汉魏开始，中国的丝绸产业已经十分发达，但丝绸被严格控制民间贸易，所以丝绸和马匹的交易更多是基于朝贡贸易方式，即周边政权朝贡大量的马匹来中国，中国以回赐的方式给以对方大量的丝绸等物品。在西南和东南亚众多少数民族的朝贡物品中，我们发现，他们提供最多的商品是马匹，而中原回赐最多的物品则是丝绸。

　　战争时期，南丝路上的丝绸更是交易战马的重要物资。前蜀高祖王建以骑将出身，十分注重发展军事，得蜀之后，在文州（今甘肃文县）、黎州（今四川汉源）、雅州（今四川雅安）、茂州（今四川阿坝）交易马匹，组建了一支强大的骑兵部队。其马匹交易的主要物质便是丝绸，在前蜀时期，丝绸无疑是当时十分重要的物质基础和财政收入来源。

　　西南地产矮马，也称"蜀马"，南丝路上的丝绸与马匹之间便存在贸易关系。唐代剑南道汉州（今四川德阳）和巂州（今四川越西）贡蜀马。据《资暇集》载，成都府和宣城郡均有蜀马。"成都府出小驷，以其便于难路，号为蜀马。今宣城郡亦有小马，时人皆呼为宣州蜀马，语习不悟，良可笑焉。"[①]文献记载，唐政府在"有山阪险峻之处，及江南、岭南暑湿不宜大马处，兼置蜀马"。[②]而与这些矮马进行交易的便是丝绸。

---

①　（唐）李匡文撰．吴企明点校．资暇集［M］．北京：中华书局，2012：187.

②　（唐）李林甫撰．陈仲夫点校．唐六典［M］．北京：中华书局，1992：163.

萧梁益州刺史萧恢，一次就在蜀"市马千匹"。[①]类似与蜀有关的市马文献记载不在少数。从魏晋开始一直到宋，"绢马贸易"在官方的"市马"中都充当着十分重要的角色。丝绸不仅是南方丝绸之路中的主要经济货物，同时也被行销到各地。玄宗天宝年间，西北地区的交河郡市场上就有"益州半臂""梓州小练"和"维州布"。[②]这些丝绸品种均源自南丝路地区。

宋代在西南地区开辟了大量的马场，绢马贸易、茶马贸易同时存在，异常繁荣。例如，在今天泸州、宜宾地区泸南的乌蒙山区和大娄山地区便产马，《史记》中所提到的"僰马"便主要产自此，宋代也是南方丝绸之路地区的主要产马区之一。宋代在泸州、长宁曾设置马场，该地区的少数民族在此卖马。此外，彝族地区的雷波、马边同样产马，与宋朝在此以丝绸、马匹进行实物交易。[③]在此基础上，南丝路地区以丝绸为主要货币媒介的经济圈保证着绢马贸易的持续兴盛。

二、国库与军资之用

自蜀汉以后，蜀锦生产已比较发达，其所获利润已经成为蜀汉政权收入的主要来源，故诸葛亮曾说："今民贫国虚，决敌之资，唯仰锦耳。"[④]这种局面一直保持了很长时期，故《周书》卷39说："益州殷阜，军国所资。"[⑤]而这其中丝绸的作用不言而喻。前蜀王衍政府时期，曾修筑一座"缯山"，即由各种丝织品垒成的一座巨大假山。咸康元年（925年）11

① （唐）姚思廉.梁书［M］.北京：中华书局，1973：351.

② 〔日〕仁井田陞.吐鲁番出土的唐代交易法文书·附录·价格文书.

③ 段渝，陈世松，贾大泉.四川通史（第四册）［M］.成都：四川大学出版社，1993：127.

④ （宋）李昉等.太平御览［M］.北京：中华书局，1960：3624.

⑤ （唐）令狐德棻等.周书［M］.北京：中华书局，1971：699.

月王衍在成都被降时，在其内库收缴到数量众多的金帛，其将王宗弼将这些金帛作为降后唐的厚礼。五代十国时期，除金外，丝绸应该是国库中最重要的保值实物货币之一。不仅前蜀将丝绸作为货币存放于国库，后唐对于这些所降的丝绸也是悉数收纳，十分乐意。可见，不仅蜀地将丝绸等同于货币使用，在中原范围内的主要统治政权，都将丝绸作为主要货币使用，并得到广泛认可。

以巴蜀为代表的南丝路地区贸易发达，"蜀土沃饶，商贩百倍"，① 丝绸成为振兴南丝路经济贸易和支撑国家经济的重要物品。三国时期，蜀锦是诸葛亮用于南征北伐的重要军资。《华阳国志》记载，诸葛亮平滇后，赐给当地的羌族"瑞锦、铁券"，到晋时仍在，文献中提到的"瑞锦"便是蜀锦的一种。这种赏赐行为事实上便是对于当地经济资助的一种形式。刘璋与刘备在涪城相聚百日后，二人分手道别。临别"璋以米二十万斛，骑千匹，车千乘，缯絮锦帛，以资送刘备"，在这里，丝绸也是被作为军用资产给予刘备的。所以"江东历代尚未有锦，而成都独称妙，故三国时魏则市于蜀，而吴亦资西道"。南丝路丝绸经济发达为丝绸金融圈的形成奠定了基础。

到唐代后期时，因为社会的动荡，经济也随之遭遇不稳定，在这种形势下，丝绸在南丝路的作用更为明显，作为赋税来源之一用于国库收入，同时也支撑着国家军事开支。例如，唐德宗以后实行的两税法，"定税之数，皆计缗钱，纳税之时，多配绫绢"。② 到元和四年（809年）时更明文规定："自今以后，送省及留使匹段，不得剥征折估钱，其供军、酱菜等价值，合以留州使钱充者，亦令见钱匹段均纳。"③ 丝绸作为国家赋税重要来源，成为两税法中主要的征税对象，同时也会在特定时期专供国家军事

① （唐）李延寿.北史［M］.北京：中华书局，1974：1404.
② （清）董诰等.全唐文［M］.北京：中华书局，1983：4750.
③ （宋）王溥.唐会要［M］.北京：中华书局，1960：1538.

开支之用。

安史之乱爆发后，唐朝在西面和南面都遭遇威胁。西面吐蕃试图进犯，南面南诏国也虎视眈眈，唐朝在益州部署大量军力。而这部分军力的供给完全依靠益州经济，尤其是益州地区的丝绸产业。"自邛关黎雅，界于南蛮也；茂州而西，经羌中至平戎数城，界于吐蕃也。临边小郡，各举军戎，并取给于剑南。其运粮戍，以全蜀之力，兼山南佐之，而尤不举。"[①] 杜甫对此也有言，"剑南自用兵以来，税敛则殷，部领不绝，琼林诸库，仰给最多"。[②] 战争消耗巨大，为对抗战争威胁，保证政治稳定，维持西南地区的政治经济局面，国家必须主要依靠蜀地经济，尤其是以丝绸和茶叶为核心的南丝路经济圈，无疑是维持军事开支、保证国家稳定的重要基础。

益州地区长期被视为兵家必争之地，最重要的原因便是其经济的富庶和在西南地区的辐射地位。北周攻占成都后，将成都丝绸作为其军资的重要来源之一，向丝绸产业征以重税，以支撑其军事需求。所以历史文献中有"益州殷阜，军国所资"一说。[③] 从"军国所资"可见，丝绸对于北周的经济支撑作用是很大的，战争时期的军需开支需要耗费大量钱物，军需开支的保证是对国家政治稳定的最大支持。

正是因为丝绸对于政治、军事、经济等具有非常重要的作用，所以蜀地统治者历来十分重视蚕桑养殖，将其视为国家经济的基础事业。明德元年（934年）12月，后蜀孟昶颁布了《劝农桑诏》，内容是："刺史县令，其务出入阡陌，劳来三农，望杏敦耕，瞻蒲劝穑。春鹍始啭，便具笼筐；蟋蟀载吟，即鸣机杼。"[④] 孟昶以前蜀的统治为鉴，励精图治，发展经济，尤以发展农桑为经济之本。发展农桑不仅可以固本宽农，同时也进一步在

①　（清）董诰等 . 全唐文 [M] . 北京：中华书局，1983：3627.

②　（唐）杜甫著 .（清）仇兆鳌注 . 杜诗详注 [M] . 北京：中华书局，1979：2193.

③　（唐）令狐德棻等 . 周书 [M] . 北京：中华书局，1971：699.

④　（清）董诰等 . 全唐文 [M] . 北京：中华书局，1983：1296.

南丝路地区强化了以丝绸为核心的经济圈和货币圈。

宋朝初年，国库空虚，政府贫弱。彼时，经济富饶的蜀地是赵宋建国初期最主要的经济来源，对赵宋的政治稳固、政权统一、经济发展起到了重要的支撑作用。宋太宗时期，南丝路地区的丝绸产业在保证国家早期军政稳定、经济发展等方面起到重要作用，"川峡诸州匹帛丝绵䌷布之类，堪备军装者，商人不得市取贩鬻"，同时有"贾人先所市者，悉送所在官，官以市价偿之。藏匿者置于法"。①可以看出，丝绸的军资功能到宋代依然显著，南丝路地区对宋代早期的军政支撑地位也相当突出。

"孟氏割据，府库益以充溢，及王师取之，其重货铜布，即载自三峡而下，储于江陵，调发舟船，转运京师；轻货纹縠，即自京师至两川设传置，发卒负担，每四十卒所荷为一纲，号为'日进'。"②"轻货"特指绢帛一类的丝绸物品，而"纹縠"特指一种绉纱。从这段文献可以看出，孟氏后蜀的国库中除金属货币外，还存有大量丝绸罗纱，在占领后蜀后，宋政权则将后蜀国库所藏金银、丝绸等统统运走。《韩非子·六反》："夫陈轻货于幽隐，虽曾史可疑也；悬百金于市，虽大盗不取也。"陈奇猷集释引太田方曰："轻货，货之可怀者。"意思是说"轻货"特指非常便于携带的物品。"轻货"在唐刘肃的《大唐新语·釐革》中也出现过："肃宗初即位，在彭原、第五琦以言事得召见，请于江淮分置租庸使，市轻货以济军须。"③《大唐新语·釐革》中的这一段话非常值得注意，文献将丝绸对于国家经济的重要意义进行了简明扼要的表达。首先，丝绸是"租庸调"中的主要纳税项目之一，当然也是设置"租庸使"主要履行的工作之一；其次，收上来的丝绸主要用于"军须"，即丝绸将为国家的战争准备起到重要支撑作用。文献将丝绸的赋税功能和军资功能表达得十分明确。

---

① （清）徐松．宋会要辑稿［M］．北京：中华书局，2015：6108.
② （宋）钱若水修．范学辉校注．宋太宗皇帝实录校注［M］．北京：中华书局，2012：743.
③ （唐）刘肃．大唐新语［M］．北京：中华书局，1984：154.

　　"日进"的结果是"不数年，孟氏所储之诸物，悉归于内府矣"。而宋则得到"储积充羡""乃于讲武殿后别为内库以贮金帛，号曰'封椿库'"的结果。① 这里更加明确了丝绸作为国家经济的基础物资得以存在的理由。此外，宋代时，对四川的丝绸经营实行专卖政策，当时在四川设立的"博买务""市买院""织造院"等机构，都是官方专门进行丝绸交易的机构，而在民间的丝绸交易是政府绝对禁止的商业行为。南宋初年四川总领财赋赵开及其后继者都以加收赋税来筹集战争经费。"自建炎军兴，赵应祥榷盐酒之课，折绢布之估，科激赏之费，倍籴本之输，商贾农民，征率殆尽。"② 文献提到，在军资筹集物品中，除盐酒外，绢布即丝绸无疑是相当重要的物资之一，国家对于丝绸经济的绝对掌控也进一步凸显着丝绸的重要经济地位和对国家经济的重要支撑作用。

三、征收赋税之用

　　南丝路丝绸产业被逐渐纳入赋税征收的范围，这一方面促使南丝路地区的丝绸产业大幅提升，另一方面也使得丝绸逐渐成为国家经济的重要来源之一。作为税收来源的一种，丝绸在中国古代的经济生活中扮演着十分重要的角色。曹操在建安九年（204 年）曾规定，"户出绢二匹，绵二斤"。③ 这是户调制的先声，为后来西晋以户为单位，以绢、绵两项为内容的户调制定了基本模式。西晋太康元年（280 年），在实行占田制的同时，户调制也被确定下来："制户调之式，丁男之户，岁输绢三匹，绵三斤；女及次丁男为户者，半输，其诸边郡，或三分之二，远者三分之一。"④ 北魏时期，高祖延兴三年（473 年）时，"诏河南六州之民，户收绢一匹、

---

① （宋）李焘 . 续资治通鉴长编［M］. 北京：中华书局，1992：152.

② （宋）李心传 . 建炎以来朝野杂记［M］. 北京：中华书局，1988：393.

③ （晋）陈寿 . 三国志［M］. 北京：中华书局，1971：26.

④ （唐）房玄龄等 . 晋书［M］. 北京：中华书局，1996：790.

绵一斤，租三十石"。① 北宋末年开始，外族入侵，战争频繁，政局动荡，国家经济紧张，政府便采取"和买"政策，即官府不给钱而令民输绢纳粮，这实际上又是一种征收赋税的方式。从上述史实来看，丝绸是赋税中最普遍最重要的构成之一。

就南丝路所在地区来看，丝绸在南丝路地区的纳税中都是占主要地位的。据贡赋资料，唐代四川贡赋绵、绢计42州，蚕桑丝绸区占50州的84％。② 白居易《南宾郡斋即事寄杨万州》诗中有"仓粟喂家人，黄缣裹妻子"的诗句。③ 意思是忠州刺史以下的官吏是以畲田作为他们的禄食，同时也以黄绢充当俸禄。到前后蜀的南丝路时期，丝绸同样被纳入征税的范围，据《十国春秋》文献记载，（唐）大顺二年春三月，（前蜀）创征杂税，将所辖地区的赋税改为"绫一匹一百文，绢一匹七十文，布一匹四十文，猪每头一百文"。④ 丝绸和布直接被纳入税收范围，并且其价值较高。

以丝绸作为赋税缴纳，将丝绸纳入实物地租的征收，从文献记载来看，应该起源于汉朝。在此之前的长时间里，丝绸更多的是作为生活物资、民间贸易。然而当丝绸有了赋税功用后，则其经济上的价值和意义又不一样了。汉章帝时"是时谷贵，县官经用不足，朝廷忧之。尚书张林上言：'谷所以贵，由钱贱故也。可尽封钱，一取布帛为租，以通天下之用……'帝然之，有诏施行"。⑤ "一取布帛为租"，⑥ 可能是汉朝对农民征收实物地租的开始。据《后汉书》记载，待至质帝本初元年（146年）九月，朱穆上奏说："河内一郡尝调缣、素、绮……，才八万匹，今乃

---

① （北齐）魏收.魏书［M］.北京：中华书局，1997：139.
② 据《唐六典》《元和郡县图志》《通典》《新唐书·地理志》贡赋资料.卢华语著.唐代蚕桑丝绸研究［M］.北京：首都师范大学出版社，1995：51.
③ （清）彭定求等.全唐诗［M］.北京：中华书局，1960：4799.
④ （清）吴任臣撰.徐敏霞，周莹点校.十国春秋［M］.北京：中华书局，2010：491.
⑤ （南朝宋）范晔撰.（唐）李贤等注.后汉书［M］.北京：中华书局，1965：1460.
⑥ （南朝宋）范晔撰.（唐）李贤等注.后汉书［M］.北京：中华书局，1965：1460.

十五万匹。宫无现钱，皆出于民。"① 说明将丝绸征为赋税的现象是有增无减。

曹魏灭蜀汉后，在巴蜀地区实行的是租调制。租是指田租，按亩征收，每亩田需要向政府缴纳四升的税收；调是指户调，按户缴纳，每户人家需向政府缴纳绢二匹、绵二斤。② 西晋时，"远夷不课田者输义米，户三斛；远者五斗；极远者输算钱，人二十八文"。"丁男之户，岁输绢三匹，绵三斤；女及次丁男为户者，半输，其诸边郡，或三分之二，远者三分之一。夷人输賨布，户一匹，远者或一丈。"③ 西晋时赋税相比曹魏有所调整，相对成都周边，对于远夷地区的少数民族，赋税征收适当减少，同时征收物品也根据地域不同而有所不同。成汉时，"男丁一岁谷三斛，女丁一斛五斗，疾病半之。户调绢不过数丈，绵不过数两"。④ 直到刘宋孝武帝大明五年，"制天下民户，岁输布四匹"。⑤《初学记》卷 27 有"疏布一匹，当绢一匹。"⑥ 肖梁时，"其课，丁男调布，绢各二丈，丝三两，绵八两，禄绢八尺，禄绵三两二分"。⑦ 从上述文献可以看出，从曹魏开始实行的租调制，其调就主要以"绢、布、丝、绵"等布帛为主，因此，可以肯定的是，丝绸在较早时期便被纳入南丝路地区的赋税体系。

隋唐时期的税法基本是沿袭魏晋南北朝时期的，只在具体数量上有一些差别。据《隋书》卷 24 记载，北周的税法是"有室者，岁不过绢一匹，绵八两，粟五斛；丁者半之。其非桑土，有室者，布一匹，麻十斤；丁者又半之"。而隋朝的赋税是"丁男一床，租粟三石。桑土调以绢绝，麻土

①　（清）严可均.全上古三代秦汉三国六朝文［M］.北京：中华书局，1958：629.

②　此处数据来自《四川通史》第三册 294 页，只标明了数量，没标明时间限制。

③　（唐）房玄龄等.晋书［M］.北京：中华书局，1996：790.

④　（晋）常璩撰.刘琳校注.华阳国志校注［M］.成都：成都时代出版社，2007：365.

⑤　（梁）沈约.宋书［M］.北京：中华书局，1974：129.

⑥　（唐）徐坚.初学记［M］.北京：中华书局，1960：658.

⑦　（唐）魏征等.隋书［M］.北京：中华书局，1974：674.

以布绢。绝以匹，加绵三两。布以端，加麻三斤。单丁及仆隶各半之"。①
从文献来看，两个时期的税法体制基本相同，只是在具体税种的征收数额
上有些调整。

"租庸调"是唐代重要的赋税制度，"租庸调"赋税制度的实行大大
增加了丝绸在赋税中的比重。《旧唐书》和《新唐书》对租庸调的记载不
一致，但其中"调"都以《旧唐书》谓"绫、绢各二丈"，当是或绫或绢，
交纳其中一种，各为二丈；而《新唐书》则云"绢二匹、绫二丈"，绢单
列，且数额增加三倍，唐制，四丈为匹，另尚需再纳绫二丈。又多出"非
蚕乡则输银十四两"。②又开元二十五年（737 年）诏，"其河北河南，有
不通水利，宜折租造绢，以代关中调课"。③这段文献说明租可以用丝绸折
纳。另开元二十五年（737 年）六月，"自今以后，凡是资课、税户、租
脚、营窖，折里等应纳官者，并不须令出见钱，抑遣征备，任以当土，所
司均融支料，尝令折衷，十道使明加简察，勿使乖宜"。④说明资课、户
税、租脚等税目也可以用丝绸织品进行赋税折纳。史载天宝年间，全国
赋税收入包括租庸调、地税、户税等各种赋税总额为"其度支税计粟则
二千五百余万石，布绢绵则二千五百余万端屯匹，钱则二百余万贯"。⑤可
以看出，丝绸绢帛在全部赋税收入中占有相当大的比例。杜佑曾在《通
典》中记载 2500 余万石粟的赋税，有"三百万折充绢布添入两京库"，
说明丝绸在全国赋税收入中占有三分之一左右的比重。

唐代前期，"凡赋役之制有四，一曰租，二曰调，三曰役，四曰杂
徭"。⑥一般称唐朝初年的赋税法为"租庸调"，"课户每丁租粟二石。其调

① （唐）魏征等.隋书［M］.北京：中华书局，1974：679–680.
② 柳斌.《旧唐书》《新唐书》租庸调数额考［J］.浙江师范大学学报，2000（3）.
③ （后晋）刘昫等.旧唐书［M］.北京：中华书局，1975：2091.
④ （清）董诰等.全唐文［M］.北京：中华书局，1983：387.
⑤ （唐）杜佑.通典［M］.北京：中华书局，1988：111.
⑥ （唐）李林甫等.陈仲夫校.唐六典［M］.北京：中华书局，1992：76.

随乡土所产，绫、绢、䌷各二丈，布加五分之一。输绫、绢、䌷者，绵三两。输布者，麻三斤。皆书印焉。凡丁，岁役二旬，无事则收其庸，每日三尺。"① "凡授田者，丁岁输粟二斛，稻三斛，谓为租。丁随乡所出，岁输绢二匹，绫、䌷二丈，布加五之一，绵三两，麻三斤，非蚕乡则输银十四两，谓之调。用人之力，岁二十日，闰加二日，不役者日为绢三尺，谓之庸。有事而加役二十五日者免调，三十日者租、调皆免。通正役不过五十日。"② 可见，唐代的赋税是与丝绸类的实物货币挂钩。若因事增加派役，则以所增日数抵除租调，"旬有五日免其调，三旬则租调俱免"。③ 唐朝沿袭北魏的赋役制，允许赋税中的粮食、丝绸部分被赋役所代替，因此，唐初的赋税法除"租调"外，又加入"庸"即输庸代役，所以又将唐代初年的赋税法归纳为"租庸调"法。

　　南方丝绸之路沿线地区都是产丝、产布的重要区域，因此从魏晋开始，在四川等地所征收的布帛赋税都是很重的。以唐玄宗天宝年间的大概数据统计，益州每年贡纳的高级丝织品，便多达十万匹。而南丝路西南夷僚地区，由于其生产方式、物品等不同，所以在赋税缴纳上各朝代都给予他们比较宽松的政策。但整体来说，丝绸无疑是南丝路地区经济中最重要的税收来源之一。

四、以丝绸作为民间实物货币

　　民间贸易在南方丝绸之路经济圈中占据着相当重要的地位。南方丝绸之路经济圈所经过的区域，本不是中国统治者的核心区域，甚至于一直被认为是鄙夷之地。因此，这决定着南丝路经济圈不能享受更多统治核心所

---

①　（后晋）刘昫等.旧唐书［M］.北京：中华书局，1975：1826.

②　（宋）欧阳修，宋祁.新唐书［M］.北京：中华书局，1975：1342-1343.

③　（后晋）刘昫等.旧唐书［M］.北京：中华书局，1975：2088.

带来的经济便利，也不是朝贡贸易的主要通道，民间贸易往来在南丝路上则显得更加重要。

（一）以丝绸为媒介的民间贸易开始兴盛

有文献表明，丝绸从唐代起，不仅在国内是民间贸易中的主要货币，也是国际上国家之间进行贸易的主要货币。关于这个问题，在陈良伟研究员在《丝绸之路：河南道》一书中对南北丝绸之路国际间以丝绸为货币的贸易情况描述得非常详细：

> 河南国商人向南朝输入什么商品，文献不曾记载。从其两次出使皆献马匹且境内大量生产马匹来看，吐谷浑与南朝贸易以马匹为主。当时，南朝自失淮青诸州之后，马匹一直严重不足：地方需要马匹组织生产，军队需要马匹装备部队。南朝对马匹的需要量应当是非常大的。因此，吐谷浑商人向南朝输入商品，当是以马匹最为大宗。[①]

河南国从南朝进口什么商品，文献同样缺乏记载。从南朝常常赏赐其锦帛和丝绸，以及吐谷浑曾张口向西秦索要丝绸，吐谷浑商团大量从北齐进口丝绸，热水古墓出土大量丝绸等现象来分析，河南国商人主要从南朝特别是从益州进口丝绸。河南国居民当时还处在较低的生活水平上，而且当地气候并不允许居民长时间穿着丝绸。那么河南国的商人们需要如此之多的丝绸原因只有一个，用于中西方间的丝绸贸易。

吐谷浑和柔然的商人，也经常到益州购买丝绸，《南史·河南王传》："其地与益州邻，常通商贾。"[②]《南齐书》卷五十九《芮芮虏传》："芮芮常

---

① 陈良伟.丝绸之路：河南道［M］.北京：中国社会科学出版社，2002：313.

② （唐）李延寿.南史［M］.北京：中华书局，1975：1978.

由河南道而抵益州。"① 可见，吐谷浑和柔然国与蜀地有着十分密切的经济往来。丝绸作为中国重要的实物货币之一，相对他国来说，更看重其商品交换的功能而非其实际功用，吐谷浑和柔然都是西北典型的游牧民族，如果说丝绸能给予其生活多么重要的实用价值，似乎说不上，同时，西北的气候条件也并不适宜穿丝绸这类轻薄的衣物。所以，吐谷浑和柔然的商贾到益州购买丝绸的主要作用是商品交换。

可见，益州产丝绸不仅流通于南方丝绸之路，同时在北方丝绸之路上经河南道还进行着国际贸易。而正如陈良伟的疑问，吐谷浑也好，柔然国也好，其气候条件并不适宜穿着丝绸，那么为什么商人们如此热衷于交换大量的丝绸呢？因为丝绸的货币性质，吐谷浑也是将丝绸作为一种十分重要的实物货币用于与南亚、西亚的经济贸易。因为在当时亚洲乃至欧洲的地区内，丝绸是最保值的实物货币。

在国内，丝绸同样是贸易中非常重要的流通货币。唐代政府规定绢帛和布匹可以作为货币流通，与铜钱兼用。唐代的布帛有着明确的规格，"准令布帛皆阔尺八寸，长四丈为匹，布以五丈为端，锦六两为屯，丝五两为绚，麻三斤为缌。"② 唐代初年颁布的《唐律疏议》中，对于债务清偿，官吏受贿，财产定值等法律条文，均规定以绢帛计算价值。唐代官吏的俸禄，也可以用绢帛部分支付。军费的开支，皇帝的赏赐，民间的交易，往往都使用绢帛。唐代还屡次颁布诏令，规定钱帛必须同时行用。开元九年（721 年），玄宗下诏："绫罗绢布杂货等，交易皆合通用，如闻市肆必须见钱，深非道理。自今以后，与钱货兼用，违者准法罪之。"③ 开元二十二年（734 年），玄宗再次下诏规定："自今以后所有庄宅口马交易，并先用绢布绫罗丝绵等，其余市买至一千以上亦令钱物兼用，违者科罪。"④ 从政

①　（梁）萧子显 . 南齐书［M］. 北京：中华书局，1972：1025.

②　（唐）杜佑 . 通典［M］. 北京：中华书局，1988：107–108.

③　（唐）杜佑 . 通典［M］. 北京：中华书局，1988：201.

④　（元）马端临 . 文献通考［M］. 北京：中华书局，1986：91.

府角度倡导以丝绸类实物抵充钱币，这对于丝绸货币主体性地位的强化是有决定性作用的，一方面更多的丝绸货币进入流通系统，另一方面对于丝绸出口贸易也非常重要。

南丝路地区丝绸产地非常之多，围绕这些丝绸产地必然是以丝绸为核心的民间贸易。据《隋书·地理志》的记载，在南丝路的古梁州地区有31个郡县，其中宕渠、同昌、义城、平武、汶山、蜀郡、临邛、眉山等22个郡县都是"水陆所凑、货殖所萃"的繁荣之地，而所谓"人多工巧，绫锦雕镂之妙，殆侔于上国"的郡县初步统计至少有15个郡县，这15个郡县都是蚕桑丝绸集中产区与生产地，在古梁州的地区中占比达68%。[①]

围绕南丝路众多的丝绸产地，南丝路上形成了大量以丝绸为核心的贸易集市。历史文献记载南丝路的蚕市，"蜀有蚕市，每年正月至三月，州城及属县循环一十五处。晋旧相传，古蚕丛氏为蜀主，民无定，随蚕丛所在致市居。此之遗风也。又蚕将兴以为名也，因是货蚕之具及花木果药杂物。"[②]蚕市虽为旧俗，古已有之，而唐代与草市结合，又增添新的内容。如彭州唐昌县建德草市，是一个新兴的乡村集市，特别是"每及上春，……其日商旅辈货而至者数万，珍纤之玩悉有，受用之具毕陈"。[③]"珍纤之玩"就是指的丝绸。唐代草市流行于全国，尤其在盛产丝绸的南丝路地区，围绕丝绸交易有着十分繁盛的民间贸易，丝绸无疑是民间交易的重要角色。

左思《蜀都赋》云："锦城亚以少城，接乎其西，市廛所会，万商之渊；列隧百重，罗肆巨千，贿货山积，纤丽星繁。阛阓之里，伎巧之家。百室离房，机杼相和。"[④]成都商户林立，特别是丝绸商户，和织造的作坊比肩而邻，是十分繁华的商业城市，来自各地的商贾汇集于成都，形成繁

① 卢华语.唐代蚕桑丝绸研究［M］.北京：首都师范大学出版社，1995：51.
② （宋）柳永撰.薛瑞生校注.乐章集校注［M］.北京：中华书局，2012：259.
③ （清）董诰等.全唐文［M］.北京：中华书局，1983：8458.
④ （梁）萧统编.（唐）李善注.文选［M］.上海：上海古籍出版社，1986：184-185.

盛的民间贸易集市。

在南丝路的云南地区，丝绸同样是作为交易货币存在于民间贸易市场中的。南诏、大理国时期，云南的手纺业发展极快。"（南诏）俗不解织绫罗。自大和三年（829年）蛮贼寇西川，掳掠巧儿及女工非少，如今悉解织绫罗也。"[①]云南地区早期并不能进行高级丝绸制品的制造，后来从四川地区掳掠了一批织工后才逐渐发展其自己的丝绸织造产业。

"本土不用钱，凡交易缯、帛、毡、罽、金、银、瑟瑟、牛羊之属，以缯帛幂数计之，云某物色直若干幂。"[②]从这则记载来看，在当时的云南地区，基本上很少使用金属货币，而缯帛既是一种重要的大宗商品，同时又是一种货币，在各种物物交换的实物货币中，丝绸是最主要的交易货币。由于丝绸在南丝路地区是一种重要的大宗商品，具有很大的需求。由于丝绸作为实物货币的普遍性，在进行商品交换时，商品持有者一般都会选择首先将自己的商品交换成丝绸，然后再用丝绸换取自己所需的东西。[③]久而久之，丝绸在南丝路上的民间贸易中逐渐取得了一般等价物的地位。

同时，南丝路上以丝绸货币为主的贸易往来资金数额相当大。《宋书》卷45有文："远方商人多至蜀土，资贷或有直数百万者。"[④]如此多的商人前往蜀地从事商品贸易，往来的资金也非常巨大，蜀地贸易繁盛，可交易的商品众多，这些交易都是以丝绸货币为主的。

（二）丝绸用以衡量其他商品的价值

在很多地区的商品贸易市场，丝绸都具有衡量其他商品价值的功能。例如在唐代，一切物品都可以通过丝绸来衡量其价值。如"诸郡贡献，皆

① （唐）樊绰撰．向达校注．蛮书校注［M］．北京：中华书局，2018：174.
② （唐）樊绰撰．向达校注．蛮书校注［M］．北京：中华书局，2018：214.
③ 林文勋．云南古代货币文化发展的特点［J］．思想战线，1998（6）：64-69.
④ （梁）沈约．宋书［M］．北京：中华书局，1974：1381.

取当土所出，准绢为价，不得过五十匹"。① 唐代土贡品种繁多，一律"准绢为价，不得过五十匹"是用绢来计算其价值以确定最高限额。

唐律规定："诸平赃者，皆据犯处当时物价及上绢估。"② 唐大中六年刑部员外郎李朋《平贼定估议》有："赃谓罪人所取之赃，皆平其价值，准犯处当时上绢之价……假有人蒲州盗盐，戊州事发，盐已费用，依令'悬平'，即取蒲州中估之盐，准蒲州上绢之价，于离州断决之类。"③ 而"诸监临主司受财而枉法者，一尺杖一百，一匹加一等，十五匹绞；不枉法者，一尺杖九十，二匹加一等，三十匹加役流"。④ 闭而所谓受财一尺、一匹者，非即受绢一尺、一匹，而指所受财物价值之相当于一尺或一匹绢及至十五匹、三十匹绢，再根据所受财物价值的大小，分别给予轻重不同的惩处。在这里，绢帛也充当了价值尺度的角色。

唐代各类劳动按日计酬，也以"旧绢三尺"为准。如租庸调制中的庸，即"用人之力，岁二十日，闰加二日，不役者日为绢三"。⑤ 可知劳动力薪酬也可以丝绸进行结算。唐人文献中，以绢帛计物价者，更俯仰皆是，举不胜举。如人们熟知的白居易《卖炭翁》诗："半匹红纱一丈绫，系向牛头充炭直。"所述虽是横行霸道、强买强卖的不等价交易，但也透露了一个事实，即在唐人经济生活中，绫绢常用来表现各类商品的价值。

丝绸也常常成为财富的标志。高宗时长安富商邹凤炽，"尝谒见高宗，请市终南山中树，估绢一匹。自云，'山树虽尽，臣绢未竭'"。⑥ 玄宗时杨

---

①　（唐）杜佑．通典［M］．北京：中华书局，1988：112.

②　刘俊文．唐律疏议笺解［M］．北京：中华书局，1996：337.

③　（清）董诰等．全唐文．［M］．北京：中华书局，1983：7858.

④　（唐）杜佑．通典［M］．北京：中华书局，1988：4251.

⑤　（宋）欧阳修，宋祁．新唐书［M］．北京：中华书局，1975：1343.

⑥　（宋）李昉等．太平广记［M］．北京：中华书局，1961：4062.

国忠"中外饷遗辐凑，积缣至三千万匹"。① 文宗时，凤翔节度使郑注被杀后，"既籍没其家财，得绢一百万匹，他货称是"。② 在这些人物的财富中，均是用丝绸来计算和衡量其财富总量。

综上所述，在南方丝绸之路上存在一条以丝绸为中心的货币圈和金融圈。丝绸以其在世界范围内广泛的影响力逐渐成为南丝路上公认的普遍交易货币，无论哪一个政权，都清楚认识并肯定丝绸的中心地位，这无疑进一步强化以丝绸为中心的金融圈。在这个金融圈中，占据主要地位的始终是以成都为核心区域的四川地区，这也意味着南丝路丝绸金融圈的控制权始终掌握在中国统治者的手中，这是中国对西南乃至东南亚、南亚地区政治经济影响的重要表现。

小　结

丝绸在南丝路经济中的影响已不仅是商品的价值，其在丝绸之路中是作为最典型的商品，已经具备一定的流通货币功能。丝绸价值高，易携带，不易腐烂，可在长途跋涉中长期持有，丝绸在欧洲颇受欢迎，用丝绸基本可以在丝绸之路沿线各个地区和国家交换一切实物商品，围绕丝绸，在南丝路乃至广泛的丝绸之路沿线形成丝绸经济圈和货币金融圈，其在经济中的影响不限于南丝路和中国，可以说，丝绸是世界性的商品和非典型实物货币。这也是丝绸产业在南丝路和中国地区成为经济支柱并长期发展的重要原因。在丝绸之路的丝绸货币金融圈发展中，南丝路是不可忽略的重要组成部分，南丝路与北丝路在地理位置上有交叉，南北丝绸之路之间不仅存在贸易上的交流，也存在文化上的交融，还存在人口迁徙流动等其

---

① （宋）司马光撰．（元）胡三省音注．资治通鉴［M］．北京：中华书局，1956：6920.

② （后晋）刘昫等．旧唐书［M］．北京：中华书局，1975：4401.

他因素带来的影响交流；同时，南丝路与海丝路之间的经济文化交融也长期存在。由此，对南丝路丝绸经济的全面认识不仅在于中国西南地区和东南亚地区，其影响辐射范围应该是面向古代社会的全球经济。

结　语

　　南丝路不仅具有以丝茶经济文化为代表的交流功能，更具有重要的政治意义。如果仅仅将南方丝绸之路视为经济交流的通道，则无法全面评价其对沿线各个国家所产生的重要政治影响。南丝路经济交流使得沿线国家在政治上达成共同利益，通过持续的接触和交流，使得南丝路沿线政权在政治上达成共识，并逐步形成共同的政治利益。南丝路有着区域的经济利益共同体和政治利益共同体，确保南丝路沿线国家在区域的共同利益，是各个政权都希望得到的结果。

　　朝贡贸易是南方丝绸之路经济文化交流的重要载体，也是丝绸文化及交流的重要载体。南丝路沿线区域包括数量众多的西南少数民族政权，境外东南亚、南亚的大量国家，政治形势十分复杂。南丝路沿线区域的政治复杂性，使得大量的经济交流只能通过官方渠道进行，而朝贡贸易无疑是最合适的选择。朝贡贸易是南丝路沿线区域政治、经济、文化等各种交流的集中表现形式。

　　丝茶的经济文化交流意义是巨大的。以境外东南亚国家为例，珍珠、玛瑙、翡翠等珍宝、玉石、香料等物资是其特产，他们需要用这些物资交换丝绸、茶叶，甚至直接从贸易中得到大量金属货币。不可否认的是，丝绸、茶叶一直是中国经济市场中最受欢迎的实物"硬通货"，得到丝绸、茶叶便相当于得到世界范围内可通行的实物货币，丝绸、茶叶在从中亚、西亚至欧洲的广大国家中受到热烈的欢迎，他们可以用丝绸、茶叶交换一切他们需要的物资。物资互通的同时还有生产技术的传播交流。商品交易的同时总是伴随着生产技术的传播。因此，丝茶贸易不仅是一种经济交流形式，其实质上是集政治、经济、文化、民族等各个方面的交流合集。在朝贡贸易的官方形式下，更保证交流发展的有效性与长期性。

巴蜀地区是南丝路丝茶文化及交流的重要区域之一，中国是南丝路经济文化交流的掌控者。在南丝路的发展过程中，成都是丝茶文化及交流发展的起点和核心，成都是南丝路经济交流的起点，也是南丝路、北丝路、海丝路三条线路的交叉结合之处，还是长江经济圈的起点。在前面对南丝路线路的分析中已明确了这点。南丝路、北丝路、海丝路贯通中国全境，这三条线路共同构成中国与世界经济交流的线路。而成都位于南丝路、北丝路、海丝路三条线路的交叉结合处，这无疑使得成都的经济文化交流地位更加凸显。北丝路虽然是通过中国西北地区出中亚地区，但四川造丝绸在北丝路的商品交易中占据重要地位；同样，海丝路虽然是从中国东南沿海地区经海路到达东南亚，但巴蜀地区的丝绸、茶叶以及其他商品在海丝路经济文化交流中也是非常重要的物资之一。

丝绸经济和茶叶经济是南丝路经济文化交流最重要的载体。在南丝路的经济文化交流中，丝绸和茶叶的重要性是其他任何经济形态都无法取代的，可以说，整个南丝路的经济史就是围绕丝绸和茶叶经济而存在。丝绸是南丝路的通用货币，在世界范围内都具有重要的货币价值。

南丝路茶产业为国家政治稳定起到重要作用。唐末政治不稳定，国家战事较多，为保证基本的军备开支，统治者决定从南丝路茶业经济中征收重税，唐宋时期南丝路得到高度发展的茶园还是主要集中于巴蜀地区，所以事实上，这时的巴蜀茶业经济也就充当着国家军备开支的作用。宋代后，从茶税制发展到"榷茶制"，再后来设置专门区域进行"茶马贸易"。宋代"榷茶"，南丝路的茶业经济实行专卖，即政府掌握茶业经济的买卖，私人绝不允许私自买卖茶叶，茶园经营都是由政府掌控，国家有专门机构对茶业专卖进行管理和监督。国家需要大量购买马匹以备军需，马匹来源主要集中于西北地区，于是统治者采取以茶叶直接交换马匹而省去中间环节的"茶马贸易"，茶马贸易以茶叶交换马匹，对民族地区有重要的安抚作用。在政府的主导下，南丝路沿线所产茶叶经云南、四川、青海、甘肃换取西北良马，政府在多处设置专门的"茶马"易市，在此处有政府官员专门负责"茶马"交易。也就是说，南丝路所生产的茶叶被直接用于购买马匹，而这种交易方式并不是商品经济交易。

丝茶文化及交流促成南丝路地区逐渐形成相应的文化经济圈，加速南丝路沿线国家的丝茶产业融合。但需要注意的是，南丝路的两大经济支柱丝绸和茶叶经济都没有实现真正意义上的商品贸易，南丝路经济主要是服从于政治目的。南丝路地域范围内已形成丝茶文化圈现象，同时茶叶、丝绸是南丝路政治稳定的重要保证。茶叶文化及经济传播交流是从南丝路地区发展起来的，从野生茶树到人工种植茶树，再到茶文化的接受和传播，茶逐渐成为中国人生活中必不可少的文化元素，同时向周边的民族和地区不断影响、不断扩散，在南丝路地域范围内逐渐形成茶文化圈，并最终成为世界范围内的重要商品。而丝绸交流的重要意义则在于形成了南丝路丝绸货币金融圈现象。

参考文献

一、古籍

［1］司马迁.史记［M］.裴骃，集解.司马贞，索隐.张守节，正义.北京：中华书局，1972.

［2］班固.汉书［M］.颜师古，注.北京：中华书局，1962.

［3］范晔.后汉书［M］.李贤等，注.北京：中华书局，1965.

［4］司马彪.后汉书志［M］.刘昭，注补.北京：中华书局，1965.

［5］陈寿.三国志［M］.裴松之，注.北京：中华书局，1971.

［6］房玄龄等.晋书［M］.北京：中华书局，1996.

［7］沈约.宋书［M］.北京：中华书局，1974.

［8］萧子显.南齐书［M］.北京：中华书局，1972.

［9］姚思廉.梁书［M］.北京：中华书局，1973.

［10］姚思廉.陈书［M］.北京：中华书局，1972.

［11］李延寿.南史［M］.北京：中华书局，1975.

［12］魏收.魏书［M］.北京：中华书局，1997.

［13］令狐德棻等.周书［M］.北京：中华书局，1971.

［14］李延寿.北史［M］.北京：中华书局，1974.

［15］魏征等.隋书［M］.北京：中华书局，1974.

［16］刘昫等.旧唐书［M］.北京：中华书局，1975.

［17］欧阳修，宋祁.新唐书［M］.北京：中华书局，1975.

［18］脱脱等.宋史［M］.北京：中华书局，1985.

［19］宋濂等.元史［M］.北京：中华书局，1976.

［20］张廷玉.明史［M］.北京：中华书局，1974.

［21］赵尔巽.清史稿［M］.北京：中华书局，1977.

［22］司马光.资治通鉴［M］.北京：中华书局，1956.

［23］李焘.续资治通鉴长编［M］.北京：中华书局，1992.

［24］李心传.建炎以来系年要录［M］.北京：中华书局，2013.

［25］许嵩.建康实录［M］.北京：中华书局，1986.

［26］毕沅.续资治通鉴［M］.北京：中华书局，1957.

［27］杜佑.通典［M］.北京：中华书局，1988.

［28］马端临.文献通考［M］.北京：中华书局，1986.

［29］王圻.续文献通考［M］.上海：上海古籍出版社，1988.

［30］王溥.唐会要［M］.北京：中华书局，1960.

［31］王溥.五代会要［M］.上海：上海古籍出版社，1978.

［32］李林甫等.唐六典［M］.北京：中华书局，1992.

［33］李心传.建炎以来朝野杂记［M］.北京：中华书局，1988.

［34］徐松.宋会要辑稿［M］.上海：上海古籍出版社，2015.

［35］龙文彬.明会要［M］.北京：中华书局，1956.

［36］申时行.大明会典［M］.南京：江苏广陵古籍刻印所，1989.

［37］李吉甫.元和郡县图志［M］.北京：中华书局，1983.

［38］王存，曾肇，李德刍.元丰九域志［M］.北京：中华书局，2004.

［39］乐史.太平寰宇记［M］.北京：中华书局，2007.

［40］札马剌丁，虞应龙，孛兰盼，岳铉等.大元一统志［M］.台北：台湾图书馆（正中书局），1985.

［41］李贤等.大明一统志［M］.成都：巴蜀书社，2017.

［42］穆彰阿，潘锡恩等．大清一统志［M］．上海：上海古籍出版社，2008.

［43］祝穆．方舆胜揽［M］．北京：中华书局，2003.

［44］顾祖禹．读史方舆纪要［M］．北京：中华书局，2005.

［45］徐弘祖．徐霞客游记［M］．上海：上海古籍出版社，2016.

［46］常璩．华阳国志［M］．成都：成都时代出版社，2007.

［47］樊绰．蛮书校注［M］．向达，校注．北京：中华书局，2018.

［48］郑绍谦，李熙龄．普洱府志选注［M］．邓启华，注．昆明：云南大学出版社，2007.

［49］［越］黎崱．安南志略［M］．北京：中华书局，2000.

［50］谢肇淛．滇略［M］．四库全书本．

［51］李元阳．大理府志［M］．大理白族自治州文化局编辑组1983年翻印云南大理文史资料选辑地方志第一．

［52］范成大．桂海虞衡志校注［M］．严沛，校注．南宁：广西人民出版社，1986.

［53］郭松年，李京．云南志略辑校［M］．王叔武，校．昆明：云南民族出版社，1986.

［54］樊绰．云南志校释［M］．赵吕甫，校．北京：中国社会科学出版社，1985.

［55］欧阳询．艺文类聚［M］．北京：中华书局，1965.

［56］李昉等．太平御览［M］．北京：中华书局，1960.

［57］王钦若．册府元龟［M］．南京：凤凰出版社，2006.

［58］李昉等．太平广记［M］．北京：中华书局，1961.

［59］李石．续博物志［M］．李之亮，点校．成都：巴蜀书社，1991.

［60］董诰等．全唐文［M］．北京：中华书局，1983.

［61］彭定求等．全唐诗［M］．北京：中华书局，1960.

［62］扬雄．方言［M］．郭璞，注．北京：中华书局，2016.

［63］杨慎.扬雄集校注［M］张震译,注.上海:上海古籍出版社,1993.

［64］杨慎.升庵全集［M］.北京:商务印书馆,1937.

［65］杨慎.全蜀艺文志［M］.刘琳,王晓波,点校.北京:线装书局,2003.

［66］杨慎.丹铅总录笺证［M］.王大淳,笺证.杭州:浙江古籍出版社,2013.

［67］杨慎.滇载记［M］.郭松年,校.北京:商务印书馆,1936.

［68］郎瑛.七修类稿［M］.上海:上海书店出版社,2009.

［69］顾炎武.天下郡国利病书［M］.上海:上海古籍出版社,2012.

［70］顾炎武.日知录［M］.赵俪生,校.成都:巴蜀书社,1996.

［71］忽思慧.饮膳正要［M］.北京:人民卫生出版社,1986.

［72］曹学佺.蜀中广记［M］.北京:国家图书馆出版社,2014.

［73］汪大渊.岛夷志略［M］.北京:中华书局,1981.

［74］陶宗仪.南村辍耕录［M］.北京:中华书局,1959.

［75］袁枚.随园诗话［M］.南京:凤凰出版社,2009.

［76］周去非.岭外代答校注［M］.杨武泉,校注.北京:中华书局,1999.

［77］魏濬.西事珥校注［M］.杨东甫,杨骥,校注.南宁:广西人民出版社,2016.

［78］王士性,田雯.黔书［M］.北京:商务印书馆,1912.

［79］毛贵铭.黔苗竹枝词［M］.清光绪十年长沙王氏刻本（复印本）。

［80］周达观.真腊风土记［M］.北京:中华书局,1981.

［81］马欢.瀛涯胜览［M］.北京:商务印书馆,1937.

［82］巩珍.西洋番国志［M］.北京:中华书局,2000.

［83］赵汝适.诸蕃志校释［M］.杨博文，校释.北京：中华书局，2000.

［84］赵翼.陔余丛考［M］.北京：中华书局，1963.

［85］倪辂辑.南诏野史会证［M］.王崧，校理.胡蔚，增订.木芹，会证.昆明：云南人民出版社，1990.

［86］孟元老.东京梦华录［M］.北京：中华书局，1982.

［87］释慧皎.高僧传［M］.北京：中华书局，1992.

［88］道宣.续高僧传［M］.北京：中华书局，2014.

［89］张彦远.历代名画记［M］.北京：人民美术出版社，1963.

［90］费著.蜀锦谱［M］.上海：上海书店出版社，2015.

［91］陆羽.茶经［M］.郑州：中州古籍出版社，2010.

［92］陆羽.茶典［M］.北京：商务印书馆，2017.

［93］陆廷灿.续茶经［M］.郑州：中州古籍出版社，2010.

［94］朱权，田艺蘅.茶谱：煮泉小品［M］.北京：中华书局，2012.

［95］蔡襄.茶录［M］.上海：上海书店出版社，2015.

二、专著

［1］王云五.越史略［M］.北京：商务印书馆，1936.

［2］夏光南.中印缅道交通史［M］.北京：中华书局，1948.

［3］伯希和.交广印度两道考［M］.冯承钧，译.北京：中华书局，2003.

［4］藤田丰八.中国南海古代交通丛考［M］.何健民，译.北京：商务印书馆，1936.

［5］哈威.缅甸史［M］.姚梓良，译.北京：商务印书馆，1973.

［6］波巴信.缅甸史［M］.陈炎，译.北京：商务印书馆，1965.

［7］霍尔.东南亚史［M］.中山大学东南亚历史研究所，译.北京：

商务印书馆，1982.

　　［8］张星烺.中西交通史料汇编［M］.北京：中华书局，1978.

　　［9］方国瑜.中国西南历史地理考释［M］.北京：中华书局，1987.

　　［10］方国瑜，徐文德，木芹编.云南史料丛刊［M］.昆明：云南大学出版社，1998.

　　［11］李剑农.魏晋南北朝隋唐经济史稿［M］.北京：中华书局，1963.

　　［12］段渝，陈世松，贾大泉.四川通史［M］.成都：四川大学出版社，1993.

　　［13］段渝，谭洛非.濯锦清江万里流：巴蜀文化的历程［M］.成都：四川人民出版社，2001.

　　［14］屈小玲.南方丝绸之路沿线古国文明与文明传播［M］.北京：人民出版社，2016.

　　［15］申旭.中国西南对外关系史研究——以西南丝绸之路为中心［M］.昆明：云南美术出版社，1994.

　　［16］蓝勇.南方丝绸之路［M］.重庆：重庆大学出版社，1992.

　　［17］邓廷良撰.西南丝绸之路考察札记［M］.成都：成都出版社，1990.

　　［18］邓廷良.西南丝路——穿越横断山［M］.成都：成都出版社，2002.

　　［19］四川大学历史系.中国西南的古代交通与文化［M］.成都：四川大学出版社，1994.

　　［20］徐冶，王清华，段鼎周.南方陆上丝绸路［M］.昆明：云南民族出版社，1987.

　　［21］陆韧.云南对外交通史［M］.昆明：云南民族出版社，1997.

　　［22］《成都通史》编纂委员会.成都通史［M］.成都：四川人民出版社，2011.

［23］何耀华，李昆声等．云南通史［M］．北京：中国社会科学出版社，2011.

［24］陈庆浩，王三庆．越南汉文小说丛刊［M］．台北：台湾学生书局，1992.

［25］唐宋史料笔记丛刊［M］．北京：中华书局，2000.

［26］安国．无锡文库［M］．南京：凤凰出版社，2012.

［27］李敬洵．唐代四川经济［M］．成都：四川省社会科学院出版社，1988.

［28］贾大泉．宋代四川经济［M］．成都：四川省社会科学院出版社，1985.

［29］唐任伍．唐代经济思想研究［M］．北京：北京师范大学出版社，1996.

［30］中国西南文献丛书编委会．中国西南文献丛书［M］．兰州：兰州大学出版社，2003.

［31］罗长山．越南传统文化与民间文学［M］．昆明：云南民族出版社，2000.

［32］〔美〕劳费尔．中国伊朗编［M］．林筠因，译．北京：商务印书馆，2001.

［33］〔意〕马可波罗．马可波罗行纪［M］．冯承钧，译．上海：上海书店出版社，2001.

［34］杨宪益．译余偶拾［M］．北京：生活·读书·新知三联书店，1983.

［35］陈开沚．神农最要［M］．北京：中华书局，1956.

［36］李晓岑．南诏大理国科学技术史［M］．北京：科学出版社，2010.

［37］《云南各族古代史略》编写组．云南各族古代史略［M］．昆明：云南人民出版社，1977.

［38］段渝，邹一清.南方丝绸之路丛书［M］.重庆：重庆大学出版社，2018.

［39］段渝.酋邦与国家起源［M］.北京：中华书局，2007.

［40］段渝.走出盆地：巴蜀文化与欧亚古文明［M］.北京：人民出版社，2019.

［41］段渝.西南酋邦社会与中国早期文明［M］.北京：商务印书馆，2015.

［42］段渝.政治结构与文化模式：巴蜀古代文明研究［M］.上海：学林出版社，1999.

［43］段渝.四川简史［M］.成都：四川人民出版社，2019.

［44］段渝.巴蜀文化史［M］.成都：四川人民出版社，2012.

［45］朱启钤.丝绣笔记［M］.杭州：浙江人民美术出版社，2019.

［46］卫杰编.蚕桑萃编［M］.北京：中华书局，1956.

［47］姚宝猷.中国丝绢西传史［M］.北京：商务印书馆，1944.

［48］朱新予.中国丝绸史（通论）［M］.北京：纺织工业出版社，1992.

［49］朱新予.中国丝绸史（专论）［M］.北京：中国纺织出版社，1997.

［50］刘柏茂，罗瑞林.中国丝绸史话［M］.北京：纺织工业出版社，1986.

［51］李明伟，王震亚等.丝绸之路贸易史［M］.兰州：甘肃人民出版社，1997.

［52］甘肃省社会科学学会联合会，甘肃省图书馆.丝绸之路文献叙录［M］.兰州：兰州大学出版社，1989.

［53］欧洲丝绸宣传委员会.欧洲丝绸贸易15年（1975—1989）［M］.北京：中国丝绸进出口总公司，1991.

［54］卢华语.唐代蚕桑丝绸研究［M］.北京：首都师范大学出版社，

1995.

［55］《蜀锦史话》编写组．蜀锦史话［M］．成都：四川人民出版社，
1979.

［56］贾大泉，陈一石．四川茶业史［M］．成都：巴蜀书社，1989.

［57］许嘉璐．中国茶文献集成［M］．北京：文物出版社，2016.

［58］方健．中国茶书全集校证［M］．郑州：中州古籍出版社，
2015.

［59］本书编委会．民国茶文献史料汇编［M］．北京：全国图书馆文
献缩微复制中心，2010.

［60］卫星．普洱史话［M］．北京：社会科学文献出版社，2014.

［61］杨志玲．近代云南茶业经济研究［M］．北京：人民出版社，
2009.

［62］中国茶叶研究所．中国茶树栽培学［M］．上海：上海科技出版
社，1986.

［63］陈祖椝，朱自振．中国茶叶历史资料选辑［M］．北京：中国农
业出版社，1981.

［64］西双版纳州政府．中国普洱茶［M］．昆明：云南美术出版社，
1995.

［65］阮殿蓉．六大茶山［M］．北京：中国轻工业出版社，2005.

［66］陈椽．茶业通史［M］．北京：中国农业出版社，2008.

［67］陈良伟．丝绸之路：河南道［M］．北京：中国社会科学出版社，
2002.

［68］四川省钱币学会，云南省钱币研究会．南方丝绸之路货币研究
［M］．成都：四川人民出版社，1994.

三、期刊（学位论文）

［1］严德一.论西南国际交通路线［J］.地理学报，1938（1）.

［2］方国瑜.云南与印度缅甸之古代交通［J］.西南边疆（昆明版），1941（12）.

［3］朱伯奇.国际交通新路线［J］.旅行杂志，1949（6）.

［4］郑天挺.历史上的入滇通道［J］.旅行杂志，1943（3）.

［5］徐中舒.成都是古代自由都市说［J］.成都文物，1984（1）.

［6］陈茜.川滇缅印古道初考［J］.中国社会科学，1981（1）.

［7］段渝.商代蜀国青铜雕像文化来源和功能之再探讨［J］.四川大学学报，1991（2）.

［8］段渝.论商代长江上游川西平原青铜文化与华北和世界古文明的关系［J］.东南文化，1993（2）.

［9］段渝.巴蜀丝绸对世界古代文明的贡献［J］.文史杂志，1997(4).

［10］段渝.古代巴蜀与南亚和近东的经济文化交流［J］.社会科学研究，1993（3）.

［11］段渝.南方丝绸之路：中—印交通与文化走廊［J］.思想战线，2015（6）.

［12］段渝，刘弘.论三星堆与南方丝绸之路青铜文化的关系［J］.学术探索，2011（8）.

［13］段渝.藏彝走廊与丝绸之路［J］.西南民族大学学报（人文社会科学版），2010（2）.

［14］段渝.五尺道的开通及其相关问题［J］.四川师范大学学报（社会科学版），2013（4）.

［15］段渝.中国西南早期对外交通——先秦两汉的南方丝绸之路［J］.历史研究，2009（1）.

［16］段渝.古代中印交通与中国丝绸西传［J］.天府新论,2014(1).

［17］罗群，朱强.20 世纪以来"南方丝绸之路"研究述评［J］.长安大学学报（社会科学版），2015（3）.

［18］李绍明.近 30 年来的南方丝绸之路研究［J］.中华文化论坛，2009（1）.

［19］任乃强.中西陆上古商道——蜀布之路［J］.思想战线，2001（5）.

［20］童恩正.略谈秦汉时代成都地区的对外贸易［J］.成都文物，1984（3）.

［21］童恩正.试谈古代四川与东南亚文明的关系［J］.文物，1983（9）.

［22］邹一清.南方丝绸之路对外贸易的研究及展望［J］.中国史研究动态，2016（4）.

［23］蓝勇.明清西南丝路国际贸易研究［J］.西南民族学院学报（哲学社会科学版），1993（3）.

［24］蓝勇.南方陆上丝绸之路研究现状的思考［J］.中华文化论坛，2008（12）.

［25］蓝勇.唐宋南方陆上"丝绸之路"的转输贸易［J］.中国社会经济史研究，1990（4）.

［26］蓝勇.唐宋川滇、滇缅通道上的贸易［J］.中国历史地理论丛，1990（1）.

［27］罗二虎.汉晋时期的中国"西南丝绸之路"［J］.四川大学学报（哲学社会科学版），2000（1）.

［28］朱昌利.南方丝绸之路与中、印、缅经济文化交流［J］.东南亚南亚研究，1991（3）.

［29］李桂芳.秦汉时期的南方丝绸之路与中印交流［J］.中华文化论坛，2015（4）.

［30］王韵.唐代南方丝绸之路上的中缅经济文化交流［J］.中华文

化论坛，2016（8）.

　　［31］颜信.先秦两汉时期中国西南道路与区域交流［J］.中华文化论坛，2015（1）.

　　［32］邱登成.从三星堆遗址考古发现看南方丝绸之路的开通［J］.中华文化论坛，2013（4）.

　　［33］刘弘.巴蜀文化在西南地区的辐射与影响［J］.中华文化论坛，2007（4）.

　　［34］藤泽义美.古代东南亚的文化交流——以滇缅路为中心［J］.南亚与东南亚资料，1982（2）.

　　［35］霍巍."西南夷"与南方丝绸之路［J］.中华文化论坛，2008（12）.

　　［36］余宏模.秦汉僰道与开发夜郎［J］.乌蒙论坛，2008（2）.

　　［37］王友群.西汉中叶以前中国西南与印度交通考［J］.南亚研究，1988（3）.

　　［38］蓝勇.魏晋南北朝隋唐佛教传播与"西南丝路"［J］.西南大学学报（社会科学版），1992（2）.

　　［39］杨维中.佛教传入中土的三条路线再议［J］.中国文化研究，2014（4）.

　　［40］李竞恒.滇蜀地区出土早期佛教造像与西南传播路线［J］.中华文化论坛，2012（1）.

　　［41］胡彬彬.论长江流域早期佛教造像的古印度影响［J］.湖南大学学报（社会科学版），2011（5）.

　　［42］李远国.南方丝绸之路上的宗教文化交流［J］.中华文化论坛，2008（2）.

　　［43］王韵.唐代南方丝绸之路与中印佛教文化交流［J］.中华文化论坛，2015（4）.

　　［44］张权武.明代内地同藏区的茶马贸易［J］.西藏研究,1985（4）.

［45］陈炎.中国同缅甸历史上的文化交流（中）［J］.文献,1986(4).

［46］柳斌.《旧唐书》《新唐书》租庸调数额考［J］.浙江师范大学学报,2000（3）.

［47］林文勋.云南古代货币文化发展的特点［J］.思想战线,1998（6）.

［48］宋之豪.论四川之茶叶［J］.四川经济季刊,1946,3（3）.

［49］李家光.巴蜀茶史三千年［J］.农业考古,1994（4）.

［50］李家光.古蜀名茶的形成与发展［J］.茶业通报,1985（6）.

［51］方铁.云南古代的饮茶与制茶［J］.楚雄师范学院学报,2012（1）.

［52］孙先知.南方丝绸之路上的文化技艺交流和丝绸盐茶贸易（上）［J］.四川蚕业,2016（3）.

［53］孙先知.南方丝绸之路上的文化技艺交流和丝绸盐茶贸易（下）［J］.四川蚕业,2016（4）.

［54］朱建明.蒙山茶与道教［J］.中国道教,1997（3）.

［55］汪启明.蜀茶与古蜀语［J］.文史杂志,2009（6）.

［56］梁中效.蜀道交通与茶文化传播——立足于宋代的考察［J］.成都大学学报（社会科学版）,2009（3）.

［57］徐金华.四川民间文学中的茶俗文化［J］.农业考古,1999(2).

［58］徐金华.四川民俗茶俗文化在民间的传承［J］.农业考古,2004（4）.

［59］刘盛龙.四川宜宾农村的茶俗［J］.农业考古,1994（2）.

［60］赵维标,单治国.对云南南涧茶俗的探究［J］.茶叶通讯,2013（1）.

［61］张海超,徐敏.云南少数民族传统烤茶习俗刍议［J］.云南社会科学,2016（1）.

［62］昌建纳.云南少数民族与茶［J］.茶业通报,2006（2）.

［63］王笛.浅议普洱茶与道文化的内在联系［J］.普洱学院学报，2015（4）.

［64］马林英.凉山彝族茶俗简述［J］.农业考古，1996（4）.

［65］赵世林.西南茶文化起源的民族学考察［J］.西南民族大学学报（人文社科版），2000（11）.

［66］冯祖祥，周重想.古代巴人与茶文化［J］.农业考古，2000（4）.

［67］何莲，何萍，张其生.贵州省内民族茶俗［J］.蚕桑茶叶通讯，2005（2）.

［68］许思敏，郭雅玲.马来西亚饮茶多元化及其发展思考［J］.安徽农业科学，2017（13）.

［69］刘凯欣.新加坡茶文化［J］.农业考古，2000（2）.

［70］冼剑民，王雪萍.中国同东南亚的茶叶贸易与茶文化交流［J］.饮食文化研究，2006.

［71］耿祝芳.越南及其茶文化［J］.农业考古，2012（5）.

［72］罗传沛.中越茶文化对比雏议［J］.商业文化，2014（11）.

［73］李文杰.文化视野下的伊朗茶俗［J］.南宁职业技术学院学报，2006（2）.

［74］李文杰.西亚茶文化探析［J］.饮食文化研究，2009.

［75］李文杰.伊朗的茶俗及文化内涵［J］.饮食文化研究，2006.

［76］勉卫忠，尚衍斌.伊朗茶文化的形成及其影响［J］.饮食文化研究，2006.

［77］林更生.伊朗的茶文化［J］.农业考古，2003（2）.

［78］刘馨秋，朱世桂，王思明.茶的起源及饮茶习俗的全球化［J］.农业考古，2015（5）.

［79］姚伟钧，刘朴兵.从茶文化的传播看中外文化交流［J］.饮食文化研究，2006.

［80］武斌.近代欧洲的茶叶贸易与中国茶文化的西传［J］.中外关

系史论丛第 21 辑——历史上中外文化的和谐与共生：中国中外关系史学会 2013 年学术研讨会论文集，2013.

［81］沈立新.略论中国茶文化在欧洲的传播［J］.史林，1995（3）.

［82］陶德臣.南欧西南欧的茶文化［J］.农业考古，2010（5）.

［83］陶德臣.英属锡兰茶业经济的崛起及其对中国茶产业的影响与打击［J］.中国社会经济史研究，2008（4）.

［84］车垿，蓝江湖.丝绸之路上中国茶文化的传播及其对欧洲的影响［J］.福建茶叶，2017（8）.

［85］麻欣.英国茶文化的起源与发展［J］.福建茶叶，2016（11）.

［86］丁淼.中国茶文化在跨国文化交际中的作用研究［J］.福建茶叶，2017（1）.

［87］刘勤晋.中国茶在世界传播的历史［J］.中国茶叶，2012（8）.

［88］刘勤晋等.我国西南山地民族"吃茶"习俗起源与现状研究［J］.中国茶叶，2003（6）.

［89］吴琳.中英茶文化比较［J］.黑龙江科技信息，2009（18）.

［90］杨春冉.中英茶文化对比研究［J］.福建茶叶，2016（8）.

［91］李晓婧.中英茶文化内涵的对比研究——从物质、精神和语言方面［J］.福建茶叶，2016（7）.

［92］何丽丽.中国茶在欧洲的传播及其影响研究［D］.南京农业大学，2009.

［93］金军华.宋代茶文化文献考述［J］.文艺评论，2015（8）.

［94］刘礼堂，宋时磊.唐代茶叶及茶文化域外传播考［J］.武汉大学学报（人文科学版），2013（3）.

［95］王河.唐宋古逸茶书钩沉［J］.农业考古，1998（2）.

［96］乔本实，陈文怀.茶树起源的探索［J］.茶叶科学简报，1984（3）.

［97］陈椽，陈震古.中国云南是茶树原产地［J］.中国农业科学，

1979（1）.

［98］马湘泳.我国茶树的起源在川东鄂西［J］.中国茶叶，1986(1).

［99］史念书.茶业的起源和传播［J］.中国农史，1982（2）.

［100］赵腊林，陈志鹏.达古达楞格莱标［J］.山茶，1981（2）.

［101］杨莹雪.活的记忆—西南少数民族茶文学的族群认同功能
［D］.上海：复旦大学硕士学位论文，2008.

［102］黄桂枢."普茶"即"濮茶"辨考［J］.世界茶之窗，2011(3).

［103］王全珍.缅甸拌茶漫话［J］.亚非纵横，1994（4）.

［104］黄时鉴.关于茶在北亚和西域的早期传播——兼说马可波罗未
有记茶［J］.历史研究，1993（1）.

［105］陈金凤.云居山禅茶的四大阶段及其文化意蕴［J］.农业考古，
2017（5）.

［106］释仁空.浅谈禅茶文化思想和意义［J］.楚雄师范学院学报，
2014（4）.

［107］杜碧翠.来一杯禅茶－品一品越南茶道［J］.东南亚纵横，
2001（8）.

［108］关剑平.越南茶的文化与产业［J］.饮食文化研究（世界茶文
化研究），2009（下）.

［109］毛荣耀.畲乡茶歌［J］.茶叶，2002（2）.

［110］刀正明.云南傣族的饮茶风俗［J］.农业考古，2003（4）.

［111］赵潽恋.中国少数民族茶文化研究［D］.北京：中央民族大
学，2010.

［112］王建林.畲族与茶文化［J］.中国茶叶加工，2001（2）.

［113］陈希，王泰.擂茶的起源及传说［J］.农业考古，1992（2）.

［114］郁龙余.中印栽培植物交流略谈［J］.南亚研究，1983（2）.

［115］陈一石.清末的边茶股份有限公司［J］.思想战线,1987（2）.

［116］仲伟民.茶叶、鸦片贸易对19世纪中国经济的影响［J］.南

京大学学报（哲学·人文科学·社会科学），2008（2）．

[117] 郭孟良.明代茶叶生产的发展［J］.殷都学刊，2000（2）．

[118] 许蓉生.宋代成都的丝织业［J］.西南民族大学学报（人文社科版），2006（11）．

[119] 卢华语.唐代成都丝织业管窥［J］.中国社会经济史研究，2009（4）．

[120] 王雪梅，文建刚.南充蚕桑丝绸文化考论［J］.地方文化研究，2016（1）．

[121] 陈爱蓉，陈雅劼.如何丝路成坦途——南丝路上蜀锦的过去、现在与将来［J］.四川戏剧，2016（4）．

[122] 武敏.吐鲁番出土蜀锦的研究［J］.文物，1984（6）．

[123] 邱宣充.大理三塔出土的古代纺织品［J］.云南文物，1986（20）．

[124] 蒋猷龙.南亚、东南亚蚕业起源的研究［J］.中国蚕业，1990（3）．

四、论文集

[1] 段渝.南方丝绸之路研究论集［C］.成都：巴蜀书社，2008.

[2] 段渝.南方丝绸之路研究论集（2）（巴蜀文化研究集刊7）［C］.成都：巴蜀书社，2012.

[3] 伍加伦，江玉祥.古代西南丝绸之路的研究［C］.成都：四川大学出版社，1990.

[4] 中国中外关系史学会，暨南大学文学院.“丝绸之路与文明的对话”学术讨论会论文集［C］.乌鲁木齐：新疆人民出版社，2007.

[5] 江玉祥.古代西南丝绸之路研究（第二辑）［C］.成都：四川大学出版社，1990.

[6] 南方丝绸之路文化论编写组主编，刘弘选编.南方丝绸之路文化论 [C] .昆明：云南民族出版社，1991.

[7] 凉山州博物馆编，肖先进.三星堆与南方丝绸之路青铜文化研讨会论文集（三星堆研究第二辑）[C] .北京：文物出版社，2007.